AF577909

Gabriele Wesch-Klein

# Die Provinzen des Imperium Romanum

**GESCHICHTE** KOMPAKT

**Gabriele Wesch-Klein** studierte in Freiburg und Osnabrück und ist außerplanmäßige Professorin für Alte Geschichte an der Universität Heidelberg. Ihre Forschungsschwerpunkte sind Epigraphik, das römische Heerwesen und die Entwicklung der Provinzen.

Herausgegeben von
Kai Brodersen, Martin Kintzinger,
Uwe Puschner, Volker Reinhardt

Herausgeber für den Bereich Antike:
Kai Brodersen

Beratung:
Ernst Baltrusch, Peter Funke,
Charlotte Schubert, Aloys Winterling

Gabriele Wesch-Klein

# Die Provinzen des Imperium Romanum

## Geschichte, Herrschaft, Verwaltung

Die Deutsche Nationalbibliothek verzeichnet diese Publikation in der Deutschen Nationalbibliografie; detaillierte bibliografische Daten sind im Internet über http://dnb.de abrufbar.

Das Werk ist in allen seinen Teilen urheberrechtlich geschützt.
Jede Verwertung ist ohne Zustimmung des Verlags unzulässig.
Das gilt insbesondere für Vervielfältigungen,
Übersetzungen, Mikroverfilmungen und die Einspeicherung in
und Verarbeitung durch elektronische Systeme.

© 2016 by WBG (Wissenschaftliche Buchgesellschaft), Darmstadt
Die Herausgabe dieses Werkes wurde durch
die Vereinsmitglieder der WBG ermöglicht.
Redaktion: Kristine Althöhn, Mainz
Satz: Lichtsatz Michael Glaese GmbH, Hemsbach
Einbandgestaltung: schreiberVIS, Bickenbach unter Verwendung
einer Karte von Peter Palm, Berlin
Gedruckt auf säurefreiem und alterungsbeständigem Papier
Printed in Germany

Besuchen Sie uns im Internet: www.wbg-wissenverbindet.de

ISBN 978-3-534-26438-4

Elektronisch sind folgende Ausgaben erhältlich:
eBook (PDF): 978-3-534-74151-9
eBook (epub): 978-3-534-74152-6

# Inhaltsverzeichnis

**Geschichte kompakt** ... 9
Geschichte kompakt ... 9

**Vorwort** ... 10

**I. Einleitung** ... 11
Ausdehnung ... 12
Grenzen ... 14
Verkehrswege ... 15
Leitlinien der römischen Provinzpolitik ... 16

**II. Eine Provinz entsteht** ... 20
Klientelkönige ... 20
Die Einrichtung einer Provinz ... 26

**III. Die innere Ordnung der Provinzen** ... 35
Die Zeit der Römischen Republik ... 35
Die Teilung der Provinzen im Jahr 27 v. Chr. ... 37
Die Kaiserzeit ... 40
Ein Novum der Prinzipatszeit: Präsidialprokuratoren ... 43
Amtsantritt des Statthalters ... 46
Tätigkeitsfelder des Statthalters ... 49
Helfer des Statthalters ... 67
Das Finanzwesen ... 75

**IV. Die Einbindung der Bevölkerung in das provinziale System** ... 82
Selbstverwaltungseinheiten innerhalb der Provinzen ... 84
Honoratioren mit regionalen und überregionalen Funktionen ... 93

**V. Die einzelnen Provinzen** ... 101
Achaea (Achaia) ... 101
Aegyptus ... 102
Africa vetus, Africa nova, Africa proconsularis ... 103
Alpes Cottiae ... 104
Alpes Graiae (et) Poeninae, Alpes Atrectianae ... 105
Alpes maritimae ... 105
Arabia ... 106
Armenia ... 107
Asia ... 108

Assyria .... 110
Britannia, Britannia superior, Britannia inferior .... 110
Cappadocia .... 113
Caria (et) Phrygia .... 115
Cilicia .... 115
Commagene .... 116
Corsica siehe Sardinia .... 117
Creta (et) Cyrenae .... 117
Cyprus .... 119
Dacia (Dacia superior, Dacia inferior, Tres Daciae, Dacia Apulensis, Dacia Porolissensis, Dacia Malvensis) .... 119
Dalmatia siehe Illyricum .... 121
Epirus .... 121
Galatia .... 121
Gallia .... 123
Gallia Cisalpina .... 125
Germania superior, Germania inferior .... 125
Hispania ulterior (Hispania Baetica), Hispania citerior (Hispania Tarraconensis), Lusitania .... 127
Hispania superior Callaecia .... 129
Illyricum (Dalmatia, Pannonia, Pannonia superior, Pannonia inferior) .... 129
Iudaea, Syria Palaestina .... 131
Lusitania siehe Hispania .... 134
Lycia (et) Pamphylia .... 134
Macedonia .... 136
Marcomannia und Sarmatia .... 137
Mauretania Caesariensis, Mauretania Tingitana .... 137
Mesopotamia .... 138
Moesia, Moesia superior, Moesia inferior .... 139
Noricum .... 139
Numidia .... 140
Osrhoena .... 140
Pannonia, Pannonia superior, Pannonia inferior siehe Illyricum .... 141
Pontus (et) Bithynia .... 141
Das Ende des Königreichs Pontus .... 142
Pontus .... 142
Raetia .... 142
Sardinia (et) Corsica .... 144
Sarmatia siehe Marcomannia .... 145
Sicilia .... 145
Syria, Syria Coele, Syria Phoenice .... 146

Thracia 147
Tres Eparchiae 148

Tabellarische Übersicht über die Provinzen 149

Karte der Provinzen des Imperium Romanum 152

Glossar 154

Quellen und Literatur 156

Abbildungsnachweis 163

## Geschichte kompakt

In der Geschichte,
wie auch sonst,
dürfen Ursachen nicht
postuliert werden,
man muss sie suchen.
(Marc Bloch)

Das Interesse an Geschichte wächst in der Gesellschaft unserer Zeit. Historische Themen in Literatur, Ausstellungen und Filmen finden breiten Zuspruch. Immer mehr junge Menschen entschließen sich zu einem Studium der Geschichte, und auch für Erfahrene bietet die Begegnung mit der Geschichte stets vielfältige, neue Anreize. Die Fülle dessen, was wir über die Vergangenheit wissen, wächst allerdings ebenfalls: Neue Entdeckungen kommen hinzu, veränderte Fragestellungen führen zu neuen Interpretationen bereits bekannter Sachverhalte. Geschichte wird heute nicht mehr nur als Ereignisfolge verstanden, Herrschaft und Politik stehen nicht mehr allein im Mittelpunkt, und die Konzentration auf eine Nationalgeschichte ist zugunsten offenerer, vergleichender Perspektiven überwunden.

Interessierte, Lehrende und Lernende fragen deshalb nach verlässlicher Information, die komplexe und komplizierte Inhalte konzentriert, übersichtlich konzipiert und gut lesbar darstellt. Die Bände der Reihe „Geschichte kompakt“ bieten solche Information. Sie stellen Ereignisse und Zusammenhänge der historischen Epochen der Antike, des Mittelalters, der Neuzeit und der Globalgeschichte verständlich und auf dem Kenntnisstand der heutigen Forschung vor. Hauptthemen des universitären Studiums wie der schulischen Oberstufen und zentrale Themenfelder der Wissenschaft zur deutschen und europäischen Geschichte werden in Einzelbänden erschlossen. Beigefügte Erläuterungen, Register sowie Literatur- und Quellenangaben zum Weiterlesen ergänzen den Text. Die Lektüre eines Bandes erlaubt, sich mit dem behandelten Gegenstand umfassend vertraut zu machen. „Geschichte kompakt“ ist daher ebenso für eine erste Begegnung mit dem Thema wie für eine Prüfungsvorbereitung geeignet, als Arbeitsgrundlage für Lehrende und Studierende ebenso wie als anregende Lektüre für historisch Interessierte.

Die Autorinnen und Autoren sind in Forschung und Lehre erfahrene Wissenschaftlerinnen und Wissenschaftler. Jeder Band ist, trotz der allen gemeinsamen Absicht, ein abgeschlossenes, eigenständiges Werk. Die Reihe „Geschichte kompakt“ soll durch ihre Einzelbände insgesamt den heutigen Wissensstand zur deutschen und europäischen Geschichte repräsentieren. Sie ist in der thematischen Akzentuierung wie in der Anzahl der Bände nicht festgelegt und wird künftig um weitere Themen der aktuellen historischen Arbeit erweitert werden.

Kai Brodersen
Martin Kintzinger
Uwe Puschner
Volker Reinhardt

# Vorwort

Der Anstoß, in der Reihe „Geschichte kompakt“ einen Band den Provinzen des Imperium Romanum zu widmen, ging von Kai Brodersen aus. Ihm gilt hierfür wie für seine Fürsorge mein herzlichster Dank. Ebenso sei Daniel Zimmermann und Anna Frahm von der wissenschaftlichen Buchgesellschaft für die umfassende redaktionelle Betreuung, vor allem das sorgfältige Lektorieren, vielmals gedankt.

Ziel des Bandes ist es, Studierenden der Altertumswissenschaften und der Geschichte eine knappe Einführung in die Genese der römischen Provinzen und deren Verwaltung zu geben, sie zur weiteren Beschäftigung mit dem Imperium Romanum und seinen Eigenarten zu motivieren. Dass in der vorliegenden Darstellung viele Aspekte lediglich kurz angerissen werden konnten, einige keine Berücksichtigung fanden, ist dem Umfang des Buchs geschuldet. Ebenso sind antike Quellen auf einige anschauliche Beispiele beschränkt und, um Sprachbarrieren zu vermeiden, in Übersetzung angeführt. Der Zielgruppe entsprechend beinhaltet diese Darstellung sehr vieles, das dem Fachmann bestens vertraut ist, ja der Erwähnung überflüssig erscheinen mag.

# I. Einleitung

**Quelle**

Dionysios von Halikarnassos (ca. 54 v. Chr.–7 v. Chr.), Römische Altertumskunde 1,3,3:

Der Staat der Römer gebietet der ganzen Erde, soweit sie nicht unzugänglich ist und von Menschen bewohnt wird; er beherrscht das ganze Meer, nicht nur das innerhalb der Säulen des Herkules, sondern auch den Ozean, soweit er schiffbar ist, und machte – nach der Kunde aller Zeiten – zuerst und allein den Aufgang und Niedergang (der Sonne) zu den Grenzen seines Reichs.

Expansion

Rom, die Hauptstadt des Imperium Romanum, entstand aus dem Zusammenschluss einiger dorfartiger Kleinsiedlungen, die auf Anhöhen auf dem Boden der späteren Stadt lagen. Die ersten Siedler waren, soweit sie sich archäologisch fassen lassen, Latiner. Der Palatinhügel soll den Kern Roms gebildet haben. Als Grund für die besondere Bedeutung der Kleinsiedlungen wurde angeführt, dass ungefähr dort, wo später eine erste Holzbrücke über den Tiber gebaut wurde, seit alters her eine Furt bestand. Noch um 450 v. Chr. umfasste das römische Staatsgebiet auf dem Ostufer des Tiber lediglich eine Fläche mit einem Durchmesser von etwa 8 km. Die Zahl der Angehörigen des Gemeinwesens dürfte ca. 10000-15000 betragen haben. Das heißt, die literarische Überlieferung, die für 508 v. Chr. 130000 und für das Jahr 392 v. Chr. 152 573 Bürger tradiert, ist stark übertrieben. Nach Kai Ruffing war das römische Staatsgebiet um 338 v. Chr. 5525 km$^2$, 264 v. Chr. bereits 26 805 km$^2$ groß (Wirtschaft in der griechisch-römischen Antike 2012, S. 89). Zwischen 340 und 290 v. Chr. setzten Landvermessungen ein, die auf eine intensive Nutzung der neu hinzugekommenen Gebiete weisen. Zudem wurden durch Meliorationsmaßnahmen, etwa Trockenlegungen, weitere Nutzflächen gewonnen. Gegen Ende des 4. Jahrhunderts v. Chr. begann man den Raum durch den Bau großer Überlandstraßen zu erschließen. Mit dem Sieg (275 v. Chr. bei Benevent) über König Pyrrhus von *Epirus* (319/318-272 v. Chr.) hatte sich Rom als regionale Großmacht etabliert, der im Westen allein Karthago gegenüberstand. Im späteren 3. Jahrhundert v. Chr. dehnte Rom infolge der Punischen Kriege seinen territorialen Machtbereich über die italische Halbinsel hinaus aus. Die ältesten Provinzen Roms bilden die Inseln Sizilien, Sardinien und Korsika sowie Hispanien; diese Territorien kamen infolge des Kampfes gegen die Karthager unter römische Oberhoheit. Um 200 v. Chr. überwachten die Römer und ihre Verbündeten eine Fläche von ca. 130000 km$^2$ mit einer Bevölkerung von etwa 3 Millionen Freien. Mit der Ausdehnung des Imperium Romanum stieg die Bedeutung Roms von einem kleinen Gemeinwesen über das *caput Italiae* (Hauptstadt von *Italia*) zum *caput orbis*, zur Hauptstadt des Erdkreises.

## Ausdehnung

Trajan

Das Imperium Romanum zählt nicht nur flächenmäßig zu den größten Staatenbildungen der Weltgeschichte überhaupt, sondern gehört mit seiner rund 800-jährigen Geschichte auch zu den wenigen lang dauernden Hochkulturen der Erde. In der Zeit seiner größten Ausdehnung unter Kaiser Trajan (98–117 n. Chr.), zu Beginn des 2. Jahrzehnts des 2. Jahrhunderts n. Chr., erstreckte sich das Römische Reich vom Kap da Roca (*promontorium magnum*) als westlichstem Punkt (38° 46' 60"N; 9° 30' 0 W) bis zur Mündung des Araxes (Arâs) in das Kaspische Meer (*Caspium mare* oder *Hyrcanium mare*) als östlichstem Punkt (40° 1' 6.29" N; 48° 27' 12.54" O), im Norden vom Hadrianswall in Britannien (nördlichster Punkt: Limestone Corner, 55° 0' 38" N; 2° 1' 92" W) bis zum Nilkatarakt von *Syene* (Assuan, Ägypten) im Süden (24° 5' 0" N; 32° 52' 54" O). Das sind rund 59 Längen- und 31 Breitengrade. Die reine Landfläche des Reichs dürfte ca. 6 250 000 km$^2$ betragen haben. Dennoch sollte man die Bezeichnung ‚Weltreich' vermeiden. Das Imperium Romanum nahm nur etwa ein 58stel der Erdoberfläche ein. Zum Vergleich seien die Flächeninhalte von Kanada mit 9 970 610 km$^2$, den USA mit 9 809 431 km$^2$ und der ehemaligen Sowjetunion (UdSSR) mit rund 22,4 Mill. km$^2$ angeführt. Für Zeitzeugen wie den Historiker Polybios (um 200–etwa 120 v. Chr.), der 168 v. Chr. als Geisel nach Rom kam, war das Imperium Romanum schon zu seiner Zeit, also lange vor Abschluss der Expansion, das erste Reich, das die gesamte bewohnte Welt umfasste, (die damals bekannten) drei Kontinente (Europa, Asien, Afrika) beherrschte und das sich als erstaunlich langlebig erwies.

Ebenso wenig wie das Imperium Romanum ein Weltreich im modernen Sinn bildete, war die Kaiserzeit, insbesondere die Dezennien von der Zeitenwende bis zum Beginn des 3. Jahrhunderts n. Chr., eine goldene Zeit in der Menschheitsgeschichte. Es gab scharfe, unüberbrückbare soziale Unterschiede und Sklaverei war Alltag. Andererseits unterscheiden die großen Möglichkeiten der gesellschaftlichen Mobilität und der wirtschaftlichen Performanz das Römische Reich deutlich von anderen vormodernen Reichen, Staaten und Gesellschaften. Während der Kaiserzeit lebten im Imperium Romanum schätzungsweise ungefähr 80 Millionen Menschen, die zum größten Teil auf dem Land zu Hause waren (zivile Siedlungen mit munizipalem Charakter, die ebenfalls von der Landwirtschaft lebten, eingerechnet). Ein Bevölkerungsschwund dürfte im Laufe des 3. Jahrhunderts n. Chr. infolge von Epidemien, Kriegen und Gebietsverlusten eingetreten sein.

Im kaiserzeitlichen Imperium Romanum gab es ca. 2000 Städte, wovon die meisten wohl maximal 10000–15000 Einwohner zählten. Der 79 n. Chr. durch den Vesuvausbruch ausgelöschte Ort Pompeji war eine mittelgroße Stadt mit geschätzten 20000 Einwohnern. Die bedeutende Metropole *Pergamon* hatte zur Zeit des Arztes und Medizinschriftstellers Galen (ca. 130–199 n. Chr.) rund 40000 männliche Bürger; hinzuzurechnen sind Frauen, Kinder und Sklaven.

Der staatliche Verwaltungsapparat des Imperium Romanum war an modernen Verhältnissen gemessen relativ gering. Dies war wohl nur möglich, weil Rom darauf verzichtete, das gesamte Reich einheitlich administrativ zu durchdringen und eine komplexe Bürokratie aufzubauen. Vielmehr begnügte man sich damit, Grundsätzliches festzuschreiben, und beließ den höheren Amtsträgern ein gewisses Maß an Handlungsspielräumen.

Provinzen

Die Größe der Verwaltungseinheiten, in die das Römische Reich unterteilt war (‚Provinzen'; s. S. 101 ff.), schwankte erheblich. Zum Beispiel umfasste die Provinz *Sardinia et Corsica* die zweit- und die drittgrößte Insel des Mittelmeeres mit 23 812 km² (Sardinien) und 8681 km² (Korsika) sowie die kleineren benachbarten Inseln, die dieser Provinz zugerechnet wurden. Dagegen umschloss die Provinz *Germania superior* eine Fläche, die mehr als das 4,5-Fache ihrer Schwesterprovinz *Germania inferior* betrug. Wesentlich größer als Obergermanien waren etwa die Provinzen *Aegyptus, Syria* oder die *Africa proconsularis.* Die mit Abstand größte Provinz bildete die *Hispania Tarraconensis* (einschließlich der Balearen, die seit 123 v. Chr. zu dieser Provinz gehörten). Die reine geografische Ausdehnung sagt freilich nichts über die für Menschen als Siedlungs- und Lebensraum nutzbaren Gebiete der jeweiligen Provinz aus. Klimatisch und landschaftlich waren die römischen Provinzen ebenfalls recht unterschiedlicher Natur. Vom flachen Land geprägt waren namentlich die Provinzen *Germania inferior, Pannonia superior,* die *Cyrenaica* und *Africa proconsularis.* Die Provinzen *Gallia Aquitanica, Gallia Lugdunensis* und *Pannonia inferior* bestanden überwiegend aus Flachland, während andere, so zum Beispiel die Alpenprovinzen, Rätien, Norikum und alle hispanischen Provinzen, überwiegend in einer Gebirgszone lagen. Weitere Provinzen, etwa *Britannia* und *Germania superior,* lagen teilweise in einer Gebirgszone. Große geschlossene Kulturlandschaften bildeten in römischer Zeit die Gebiete der britannischen, der gallischen und der beiden germanischen Provinzen, in zweiter Linie die Provinz Rätien, das nördliche Norikum, Pannonien sowie große Teile Dakiens und des südlichen Hispaniens. Im Mutterland *Italia* bildete die Po-Ebene eine größere geschlossene Kulturlandschaft. Die übrigen Siedlungs- und Anbaulandschaften beschränkten sich vor allem auf die Küstenstreifen an der Adria und am Tyrrhenischen Meer. Ähnlich lagen die Verhältnisse auf der Balkanhalbinsel. In den vorderasiatischen und nordafrikanischen Provinzen gab es hauptsächlich entlang der Küsten schmale Streifen von Kulturland. In

Ägypten war das Niltal ein langer Streifen blühenden landwirtschaftlich genutzten Landes.

## Grenzen

Natürliche Grenzen

In den äußeren wie inneren Grenzen des Römischen Reichs spiegelt sich die Landschaft bildende Bedeutung von Gewässern bzw. Flussläufen wider. So trennten Zweigmeere und Meeresarme, ja selbst schmale Meerengen wie bei Gibraltar oder die Propontis, Provinzen voneinander. Die großen Ströme Rhein, Donau und Euphrat bildeten jahrhundertelang entweder in ihrer gesamten Länge oder über weite Strecken ihres Laufs die Außengrenze des Imperium Romanum, auch wenn es die Römer geraten hielten, das gegenüberliegende Ufer militärisch zu überwachen bzw. zu sichern. Selbst unbedeutende Bäche wie der Vinxtbach oder der Rotenbach dienten als Markierung. Sie bezeichneten die Grenze zwischen den Provinzen *Germania superior* und *inferior* (Vinxtbach) bzw. zwischen der *Germania superior* und *Raetia* (Rotenbach). Da der größte Teil des Imperium Romanum aus Berg- und Gebirgsland bestand, spielten naturgemäß auch Gebirge als natürliche Grenzen und Annäherungshindernisse eine Rolle. Der Atlas mit dem Aurès trennte Numidien und Mauretanien von der Wüste; Hispanien und Gallien waren durch die Pyrenäen voneinander geschieden. Die Alpen bildeten die Grenze zwischen Norditalien und den angrenzenden Provinzen. Das Taurus-Gebirge schied Syrien und Kleinasien. Gebirgszüge umfassten die kleinasiatischen Provinzen ebenso wie die Karpaten die dakischen Provinzen. Wo es geraten schien, schufen die Römer nach und nach künstliche, weithin sichtbare und klar markierte Grenzen wie etwa den Obergermanisch-rätischen Limes oder den Hadrians- und Antoninuswall in Britannien. Sie ermöglichten eine bequeme Kontrolle des Grenzverkehrs und mochten zumindest kleinere Einfälle bzw. Raubzüge in das Reichsgebiet verhindern. Zudem demonstrierten sie Roms technische und architektonische Überlegenheit.

Angemerkt sei, dass der Verlauf der Grenzen des Imperium Romanum über größere Strecken hinweg nicht exakt festzustellen ist. Dies gilt nicht zuletzt im Hinblick auf Schwankungen, denen einzelne Grenzabschnitte etwa durch Vorverlegung, Rücknahme oder Begradigung unterlagen. Auch wurden in menschenleeren Zonen die Grenzen des Reichs von Rom sicherlich niemals exakt definiert. Hinzu kommen die sogenannten unsichtbaren Grenzen zwischen weniger differenzierten benachbarten Ethnien, mit denen man gute Kontakte pflegte, und dem höher entwickelten römischen Staat. Vertraglich mit Rom verbündete, aber rechtlich nicht zum Reich gehörige Stämme oder Stammesverbände dienten vielfach als Puffer zu anderen Völkerschaften. Sie wurden von Personen geführt, die den Römern genehm waren.

## Verkehrswege

Straßenbau

Das wichtigste Mittel, um ein Gebiet zu erschließen, zu überwachen, zu sichern und wirtschaftlich zu nutzen, bilden Verkehrswege. Die Römer erkannten bald den Wert von Straßen für die herrschaftsbezogene Durchdringung des Raumes. Zu ihren größten Leistungen gehört fraglos der Bau von Straßen auch in schwierigem Gelände, über Pässe und Wasserläufe hinweg. Sie begannen früh mit der Anlage von Überlandstraßen, die gleichermaßen dem Handel wie der raschen Übermittlung von Nachrichten und der schnellen Verschiebung von Truppen dienen konnten. Nach und nach legten die Römer ein ganzes Netz von Straßen über *Italia* und die Provinzen. Seinen Anfang nahm der römische Fernstraßenbau mit dem Ausbau bestehender Verkehrswege. Roms Straßen führten zunächst von einem Ausgangspunkt zu einem Endpunkt. Da man bald die Notwendigkeit erkannte, das Land flächig zu erschließen, ging man zu einer komplexeren Anlage von Verkehrswegen über. Man baute von der Hauptlinie abführende Straßen oder schuf ein System von Straßen, die von Querstraßen gekreuzt und so vielfach miteinander verbunden waren. In der Regel wurden Straßen so geführt, dass sie wichtige Siedlungen durchquerten oder nahe daran vorbeiführten. Umgekehrt entstanden an Straßen, insbesondere an Knotenpunkten, Siedlungen, die dank ihrer Lage prosperierten.

Zu welchem Zeitpunkt man anfing, Straßen nach ihrem Erbauer zu benennen, harrt der Klärung. In republikanischer Zeit oblag der Straßenbau den höchsten Magistraten, so heißt die *via Appia* nach Appius Claudius, der die Straße als Zensor (312 v. Chr.) von Rom bis *Formiae* (Formia, Italien) und später als Konsul (307 v. Chr.) bis nach *Capua* (S. Maria Capua Vetere, Italien) bauen ließ. In ihrer letzten Ausbauphase führte die *via Appia* über *Tarentum* (Tarent, Italien) bis nach *Brundisium* (Brindisi, Italien). Das erste Stück der *via Appia* von Rom bis *Tarracina* (Terracina, Italien) bestand wahrscheinlich schon seit der Wende vom 6. zum 5. Jahrhundert v. Chr. Die vom Fluss *Rhodanus* (Rhône) über *Nemausus* (Nîmes, Frankreich), *Forum Domitii* (Montbazin, Frankreich), *Narbo* (Narbonne, Frankreich) bis zum Pyrenäen-Kamm führende *via Domitia* gilt als die älteste *via publica* (öffentliche Straße) Galliens. Sie geht auf den römischen Feldherrn Cnaeus Domitius Ahenobarbus zurück, der 118/117 v. Chr. einen vorhandenen Handelsweg ausbauen ließ. Etwa seit der Mitte des 3. Jahrhunderts v. Chr. erstellte man entlang der Straßen sogenannte Meilensteine, die überwiegend als Säule auf einer viereckigen Basis gearbeitet waren. Für gewöhnlich ist auf einem Meilenstein das *caput viae*, der Ort, von dem aus die Entfernung gezählt wurde, angegeben zusammen mit einer Zahl, welche die Entfernung von diesem Punkt in römischen Meilen benannte. Eine Ausnahme bildet der gallische Raum; hier finden wir ab Septimius Severus (193–211 n. Chr.) eine Zählung nach Leugen (*leuga*, Plural *leugae*) anstatt wie zuvor nach Meilen.

Mit Beginn der Prinzipatszeit wurde es Usus, Straßen allein nach dem regierenden Herrscher zu taufen. So hieß die 12 v. Chr. fertiggestellte *via Iulia Augusta* einerseits nach Caius Iulius Caesar (100–44 v. Chr.), der bereits daran hatte bauen lassen, andererseits nach dem ersten Prinzeps Augustus (63 v. Chr.–14 n. Chr.; Prinzeps: 30 v. Chr.–14 n. Chr.), unter dessen Herrschaft sie vollendet wurde. Die *via Iulia Augusta* führte (in Fortsetzung der *via Aemilii Scauri*) von der Küste Liguriens über *Nicaea* (Nizza, Frankreich), *Forum Iulii* (Fréjus, Frankreich), *Aquae Sextiae* (Aix en Provence, Frankreich), *Arelate* (Arles, Frankreich) an die Rhône. Von dort aus konnte man auf der *via Domitia* weiterreisen. Der regierende Augustus Trajan war namengebend für die sofort nach der Eroberung des Reichs der Nabatäer von den Römern in Angriff genommene *via nova Traiana*. Um das Straßennetz möglichst effizient für den Transfer von Nachrichten nutzen zu können, richtete der erste Prinzeps Augustus ein Kurier- und Transportsystem mit Wechselstationen für Tiere und Unterkünften für zivile und militärische Amtsträger ein.

Wasserwege

Auch Wasserwege nutzten die Römer, zumal der Transport von Menschen, Tieren und Waren zu Wasser oftmals erheblich leichter zu bewerkstelligen war als auf dem Landweg und eine Reise mit dem Schiff wesentlich kürzer sein konnte als zu Land. Außerdem verbanden Flüsse Provinzen miteinander. So ermöglichten die Mosel und die Maas die Schiffsverbindung von der *Gallia Belgica* zu den germanischen Provinzen. Einzelne Teile des Imperium Romanum, etwa Britannien und alle weiteren Inseln, waren ohnedies nur auf dem Seeweg zu erreichen. Die römischen Streitkräfte (*exercitus Romanus*) unterhielten eigene Flotten, denen sowohl Überwachungs- und Sicherungsaufgaben oblagen als auch der Transport von Militärpersonen und Gütern. Die größte Bedeutung hatten die Wasserwege für den Handel und die Versorgung Roms mit Getreide, das vornehmlich aus Nordafrika und Ägypten beigebracht wurde. Da die Schiffe in der antiken Welt nur Wind, Meeresströmungen und Menschenkraft zur Fortbewegung nutzen konnten, vermied man Fahrten über das offene Meer nach Möglichkeit. Stattdessen bevorzugte man Schiffsrouten entlang der Küsten.

## Leitlinien der römischen Provinzpolitik

Bis ins späte 3. Jahrhundert v. Chr. beschränkte sich Rom darauf, Einfluss auf Dritte mittels diplomatischer Beziehungen, Bündnissen und durch ein militärisches Übergewicht auszuüben. Ziel der römischen Politik war es, andere zu schwächen, sich selbst mit geringem Aufwand dauerhaft die Vorherrschaft im Mittelmeerraum zu sichern und dennoch ein Höchstmaß an Stabilität sowie Sicherheit zu erlangen. Erst infolge der Auseinandersetzungen mit Karthago begann man, unterworfene Gebiete außerhalb des italischen Mutterlandes einer direkten Kontrolle zu unterstellen. Ihre wesentlichen Kennzeichen waren die Ausübung der Steuerhoheit, der Jurisdiktion und die militärische Präsenz. Die damalige ‚Provinzorganisation' ist nur sehr bedingt mit der in späterer Zeit zu vergleichen. Man behalf sich damit, Imperiumträger zu entsenden, die mittels ihrer umfassenden Kompetenzen, insbesondere ihrer militärischen Potenz, vor Ort als Statthalter walteten. Als ihre Aufgabe sahen sie die Eintreibung von Abgaben und die Sicherung des Friedens an. Wurden die Interessen Roms nicht gewahrt, griffen die Statthalter ein.

Inbesitznahme von Territorien

Die römischen Provinzen sind allerdings nur teilweise ein Ergebnis erfolgreicher Feldzüge, denn Territorien wurden bisweilen friedlich annektiert. Hinzu kommen Gebiete, die an Rom durch Erbschaft fielen, wie zum Beispiel das Reich der Attaliden (siehe unter *Asia*). Weitere Provinzen entstanden durch die Abschaffung eines bestehenden Klientelreichs, etwa indem Rom nach dem Tod eines Herrschers das Gebiet direkter römischer Kontrolle unterstellte anstatt einen neuen Klientelherrscher einzusetzen. Territorien, die unter Roms Herrschaft gekommen waren, wurden nach einer Zeit des Übergangs für gewöhnlich als gemäß den römischen Gesetzen geleitete Provinzen organisiert. Das heißt, das Imperium Romanum bestand aus Rom, dem ‚Mutterland' *Italia*, welches das Ergebnis der sukzessiven Unterwerfung der dort lebenden Völkerschaften durch die Römer war, und einzelnen *provinciae*, die von römischen Amtsträgern geleitet wurden. Im Verhältnis zur Zahl der Provinzen überrascht immer wieder die relativ geringe Anzahl an Mandataren, mit deren Hilfe Rom die untertänigen Gebiete beherrschte und kontrollierte. Rom beschränkte sich bei der Verwaltung der Provinzen auch in der Kaiserzeit auf ein Minimum an Personen. Daher kann nicht von einer administrativen Durchdringung, geschweige denn von einer umfassenden Verwaltung einer Provinz in der Kaiserzeit und schon gar nicht während der Zeit der Römischen Republik die Rede sein. Pro Provinz wurde ein Statthalter bestimmt, dem je nach Größe seiner Provinz und den dort anhängigen Aufgaben einige wenige Helfer beigegeben wurden. Die Übergabe einer Provinz an einen Mandatar lief dem Prinzip der Kollegialität zuwider und steigerte somit die Bedeutung des Statthalters, der in seiner Provinz quasi omnipotent war, sowie die Gefahr des Amtsmissbrauchs.

Rom verzichtete bewusst darauf, die Provinzen gleichzuschalten, das heißt, einzelne Gebiete hatten jeweils eine eigene Prägung. Die Römer tolerierten ethnische, religiöse und kulturelle Eigenheiten, solange diese ihrer Herrschaft nicht zuwiderliefen. In den Provinzen verschmolzen daher lokale vorrömische Traditionen und römische Kultur auf lange Sicht gesehen miteinander, zumal die Provinzialen vor allem in den westlichen Provinzen für Waren und den Lebensstil der mediterranen Welt empfänglich waren. Zudem lag es den Römern fern, ihre Provinzen bis ins Detail einheitlich zu organisieren und nach identischen Mustern zu verwalten. Rom begnügte sich vielmehr damit,

Leitlinien festzulegen, wobei man sich römischer Sitte gemäß an dem Vorbild der Väter, an Bewährtem und Erprobtem, orientierte. Selbstverständlich sind im Laufe der Zeit Umstrukturierungen und Neuerungen zu verzeichnen, denen teilweise nur temporäre Geltung zukam; diese betrafen vielfach nicht alle Provinzen, sondern einzelne oder Teile davon.

‚Vertikale Integration'

Ein bedeutendes Instrument der Herrschaftssicherung mit geringem personellem Aufwand bildete die sogenannte ‚vertikale Integration', die Einbeziehung zunächst der kooperationswilligen örtlichen sowie regionalen Eliten der italischen Städte und Territorien, dann schrittweise der führenden Familien in den Provinzen. Damit schuf Rom für diesen Personenkreis zugleich neue Aufgaben und ein entsprechendes Selbstverständnis, denn Angehörige der Führungsschicht wurden mit Ämtern und Würden in den Gemeinwesen und auf provinzialer Ebene ausgezeichnet. Sie hatten somit aktiven Anteil an der Stabilisierung der Herrschaft Roms. Zudem integrierte man sie dauerhaft in das Herrschaftssystem; ein Faktum, das im Hinblick auf die Verfestigung der römischen Herrschaft kaum zu überschätzen ist. Zudem gewährte Rom den führenden Familien der lokalen und regionalen Eliten bei entsprechendem Engagement und finanziellen Mitteln den Aufstieg in den Ritterstand und über diesen den kommenden Generationen in den Senatorenstand. Damit ermöglichte man ihnen den Zugang zu führenden Positionen in Rom, in der Provinzverwaltung sowie im *exercitus Romanus*, womit die Bindung an das Imperium Romanum noch enger wurde. Dieser Prozess ist keineswegs ein Novum der Prinzipatszeit, vielmehr wurden schon früh Männer aus führenden Familien italischer Städte, die unter die Vorherrschaft Roms gekommen waren, in den Senat aufgenommen und ihnen der Aufstieg bis zum Konsulat ermöglicht. Die Gebiete außerhalb von *Italia*, die die Römer zuerst unter ihre Herrschaft gebracht hatten, stellten in der ausgehenden Republik und vor allem in der frühen Kaiserzeit nacheinander den Hauptteil der nicht italischen Senatoren: *Gallia Narbonensis, Hispania ulterior (Baetica), Africa proconsularis, Hispania citerior* und die griechischen Provinzen des Imperium. Freilich hing der soziale Aufstieg maßgeblich vom Selbstverständnis der Betreffenden und ihrer Bereitschaft ab, das Angebot der Integration in die Elite der römischen Gesellschaft anzunehmen. Von großer Bedeutung waren dabei die spezifischen geschichtlichen Rahmenbedingungen, das wirtschaftliche, geografische und soziopolitische Umfeld.

Kolonien

Eine wichtige Rolle spielten für die Sicherung der römischen Herrschaft des Weiteren die von den Römern gegründeten Kolonien (meist Veteranenkolonien). Sie entstanden häufig an der Stelle von Vorgängersiedlungen, die in ihnen aufgingen, oder, gerade im Osten, neben bestehenden Gemeinwesen, mit denen sie nach einiger Zeit verschmolzen sind. Gut entwickelte römische Kolonien und griechische Poleis mit einem hohen Anteil an italischstämmiger Bevölkerung brachten tendenziell mehr Senatoren hervor als andere Gemeinwesen. Trotz aller Offenheit gegenüber Fremden gab es Vorbehalte. Nicht nur, dass bestimmten Volksgruppen bisweilen wenig Schmeichelhaftes nachgesagt wurde (so galten etwa Gallier als Hitzköpfe und Afrikaner als wortbrüchig). Römer oder Italiker zu sein, erschien zumindest noch in den ersten Dezennien der Prinzipatszeit vielen als etwas Besseres, als nur Provinziale zu sein. Zudem beäugte mancher die Massen von Fremden, die nach Rom strömten, argwöhnisch. So klagte etwa Juvenal: *Ich vermag nicht, ihr Mitbürger, das griechische Rom zu ertragen. Freilich, welchen Teil der Hefe bilden schon die Achäer? Schon längst ist der syrische Orontes in den Tiber gemündet und hat mit sich geführt die Sprache, die Sitten …* (Satiren 3,60ff.). Sicher sprachen die Worte des Satirikers manchem aus dem Herzen.

Lokale Strukturen

Ein der römischen Provinzpolitik von ihren Anfängen an innewohnender Grundzug war, beim Aufbau des Verwaltungsapparates unterhalb der zentralen Verwaltungsebene auf bestehende Organisationsstrukturen zurückzugreifen. In ihrem Herrschaftsbereich bot sich den Römern ein divergierendes Bild. Im griechischen und im kleinasiatischen Raum sowie in Ägypten trafen die Römer auf eine hochgebildete Elite, geordnete administrative Verhältnisse und auf eine Bevölkerung, die seit Langem daran gewohnt war, verwaltet zu werden und Steuern zu entrichten. Dagegen prägten in den nordwestlichen Provinzen vielfach Ethnien, in sich untergliederte Sippenverbände (*gentes*) oder das System der Großfamilie (*cognatio*) die gesellschaftliche Ordnung. Hier galt es, eine administrative Struktur einzuführen; das geschah durch die Schaffung von *civitates* (s. S. 88f.). Besondere Strukturen trafen die Römer in Ägypten an, das in sogenannte Gaue gegliedert war. Dieses gut funktionierende System machten sich die Römer zu eigen; sie behielten die innere Gliederung im Prinzip bei; die Leiter (Strategen) der Gaue bestimmte der Statthalter (*praefectus Aegypti*). Bei der Umgestaltung des ehemaligen pergamenischen Reichs in eine Provinz legten die Römer die attalidische Struktur ihrer Einteilung des Landes in Diözesen zugrunde. Ein ähnliches Verfahren ist in der Provinz *Iudaea* zu beobachten; hier wurde die innere Aufteilung in Toparchien aufgegriffen und der römischen Administration dienstbar gemacht.

Unser Wissen über die römische Verwaltung darf nicht darüber hinwegtäuschen, dass Fragen offen bleiben. So wissen wir nicht, was mit auf keiner fassbaren soziopolitischen Stufe stehenden Gruppen geschah. Beließ man ihnen ihren Lebensraum und ihre Gewohnheiten? Wie verfuhren die Römer mit menschenleeren Räumen, in denen sich der Aufbau einer Verwaltung kaum realisieren ließ? Hüten müssen wir uns ebenfalls davor, von einer funktionierenden Verwaltung und selbst von einer augenscheinlich erfolgreichen Akkulturierung einer Provinz auf eine allenthalben vorhandene gegenseitige Akzeptanz und Vorurteilslosigkeit zwischen Römern und Provinzialen zu schließen. ■

# II. Eine Provinz entsteht

**Überblick**

In den Besitz seiner Provinzen gelangte Rom auf verschiedene Art und Weise. Neben erfolgreichen kriegerischen Auseinandersetzungen wurden Gebiete auch auf friedlichem Weg in das Imperium Romanum integriert. Bisweilen vererbten fremde Herrscher aus politischen Gründen sogar ihr Reich den Römern. Neben der direkten Ausübung der Herrschaft über ein Territorium übte Rom vielfach über lokale, von ihnen eingesetzte oder zumindest geförderte Herrscher indirekten Einfluss aus. In der Regel waren diese für gewöhnlich als Klientelkönige bezeichneten Männer aufgrund von inneren Problemen oder äußerer Bedrängnis auf den Beistand Roms angewiesen, um sich an der Macht halten zu können. Damit war eine zunehmende Abhängigkeit von Roms Wohlwollen vorgezeichnet.

## Klientelkönige

Zahlreiche Provinzen Roms sind aus Klientelreichen hervorgegangen. In der Fachliteratur werden die von Rom abhängigen Herrscher mit dem modernen Begriff Klientelkönige (oder Klientelfürsten, seltener Vasallenkönige) bzw. im Englischen als „friendly kings“ bezeichnet, was nicht impliziert, dass allen der Titel König zukam. Auch wenn der Terminus Klientelkönig anachronistisch ist, trifft er doch den Charakter der Beziehung zwischen Rom und den betreffenden Herrschern, denn diese war nicht von Gleichrangigkeit, sondern von Unterordnung und Vormachtstellung geprägt. Die antiken Schriftsteller nannten die Klientelherrscher Freunde und Bundesgenossen des römischen Volkes (*reges amici et socii populi Romani*). Sie hatten sich in erster Linie loyal gegenüber Rom zu verhalten, das heißt Treue (*fides*) zu beweisen und die Hoheit (*maiestas*) des römischen Volkes zu akzeptieren. Dieses Verhältnis übertrug sich auf den Prinzeps. Gemäß Sueton (um 70 – nach 122 n. Chr.) verließen die Klientelkönige immer wieder ihre Reiche, um dem Herrn der römischen Welt ihre Aufwartung zu machen, wobei sie als Bürger in der Toga ohne königliche Insignien erschienen. Diese Kleidung brachte einerseits die Zughörigkeit der Klientelkönige zur befriedeten römischen Welt zum Ausdruck, andererseits zeigte sie einmal mehr ihre dem römischen Herrscher untergeordnete Stellung, der als Vater des Vaterlandes über alle und allem waltete.

**Quelle**

Sueton (um 70-nach 122 n. Chr.) über das Verhalten der Klientelkönige (Augustus 60):

Oft verließen sie ihre Königreiche und warteten ihm (= Augustus), so wie es Klienten zu tun pflegen, nicht nur in Rom, sondern auch auf seinen Reisen durch die Provinzen täglich auf und zwar in der Toga und ohne königliche Abzeichen.

Verhältnis Klientelkönige – Rom

In der Regel bestand über längere Zeit hinweg ein Abhängigkeitsverhältnis der jeweiligen Klientelkönige von Rom bzw. in republikanischer Zeit von führenden Männern der *res publica* und von Augustus an vom Herrn der römischen Welt. Gründe für die Abhängigkeit der einzelnen Herrscher von Rom sind vielfältig. Manche gerieten in den Sog der römischen Expansionspolitik, andere bedurften der Hilfe der Römer gegen äußere Bedrohungen oder wegen innerer Probleme, wie zum Beispiel Unruhen, Thronstreitigkeiten mit Verwandten oder rivalisierenden Adligen. Eine ganze Reihe der Klientelkönige wurde von den Römern direkt eingesetzt (*rex datus*). So etwa Archelaos von *Cappadocia*, ein ambitionierter pontischer Adliger, dem Marcus Antonius (um 82-30 v. Chr.) anstelle der bisher in *Cappadocia* herrschenden Dynastie die Königswürde verlieh (37/36 v. Chr.). Die Wahl eines Mannes, der nicht aus der lokalen Elite oder dem bisherigen Herrscherhaus stammte, ist öfter zu konstatieren, bzw. es ist kaum zu weit gegriffen zu sagen, dieses Procedere hatte Methode. Herodes d. Gr. (um 73-4 v. Chr.), der seine Königswürde ebenfalls Marcus Antonius und dem (späteren) Augustus zu verdanken hatte, war kein Spross der hasmonäischen Königsdynastie, sondern Idumäer und somit für die konservativen jüdischen Kreise kein echter Jude, denn die Idumäer hatten erst spät und gezwungenermaßen den jüdischen Glauben angenommen. Die Vorteile der Protektion solcher Männer liegen auf der Hand; die Betreffenden waren zur Durchsetzung und Behauptung ihrer Herrschaft auf Rom angewiesen. Ihre einzige Legitimation bestand in Roms Gnade. Andererseits waren sie fähige Politiker und Feldherrn, auf die Rom bauen konnte.

Gründe für die Einsetzung

Mit Iuba II. (ca. 50 v. Chr.-23 n. Chr.) wählte Augustus im Jahr 25 v. Chr. für Mauretanien einen Klientelkönig, der seinen mauretanischen Untertanen als Sohn des letzten numidischen Königs Iuba I. (ca. 85-46 v. Chr.) eigentlich fremd war und der überdies mit Kleopatra Selene (* 40 v. Chr.) eine Frau zur Gemahlin nahm, welche einen Römer zum Vater hatte (Marcus Antonius) und die zugleich von ihrer Kindheit am Hof ihrer Mutter Kleopatra VII. (69-30 v. Chr.) in *Alexandria* stark geprägt war. Freilich entstammten Archelaos und Iuba ihrem Reich benachbarten Regionen und mochten daher als weniger ‚exotisch' angesehen worden sein als ein Römer. Die Erklärung für die Einsetzung von Königen anstatt der Überführung des Reichs in eine Provinz ist in den Territorien selbst zu suchen. Sie waren wenig der römisch-hellenistischen

Zivilisation angepasst, aufgrund naturräumlicher und klimatischer Gegebenheiten schwer zu kontrollieren und oftmals nicht völlig befriedet. Ferner lagen die Reiche der Klientelherrscher an der Peripherie des Imperium Romanum; sie hatten somit eine Pufferfunktion zwischen Rom und anderen Mächten. Die Einsetzung eines ambitionierten Mannes mochte daher der für Rom bequemste und risikoärmste Weg sein. Zudem konnte die Einsetzung eines Klientelkönigs die wahren Machtverhältnisse sowohl gegenüber fremden Mächten als auch im Inneren verschleiern. Wenn Augustus eine ganze Reihe von Klientelherrschern bestätigte oder neu etablierte, so geschah dies sicher nicht zuletzt, um in den Jahren nach dem Bürgerkrieg, in denen er an der Festigung seiner Position hart arbeiten musste, seine tatsächliche Macht zu kaschieren. Die Klientelreiche waren offiziell nicht Teil seines Machtbereichs, auch wenn die betreffenden Herrscher in Wirklichkeit auf sein Wohlwollen zwingend angewiesen waren.

Römisches Bürgerrecht

Augustus hielt sich in Bezug auf die Klientelreiche im Wesentlichen an die Vorgaben seines Gegners Marcus Antonius, allerdings zeichnete er die Klientelkönige in der Regel mit dem römischen Bürgerrecht, der *civitas Romana*, aus. Dies ist im Gegensatz zur früheren Praxis ein Novum, denn das römische Bürgerrecht wurde bislang nur in Ausnahmefällen an verdiente fremde Herrscher verliehen. So stattete Caius Iulius Caesar Antipater (ca. 100–43 v. Chr.), den Vater von Herodes d. Gr., und seine Angehörigen wegen seiner großen Verdienste mit dem römischen Bürgerrecht aus. Vermutlich wollte Augustus das enge Verhältnis zwischen Römern und Klientelkönigen und vor allem seine übergeordnete Position in der Nomenklatur der Klientelherrscher zum Ausdruck gebracht wissen, denn sie führten fortan als römische Bürger einen Vor- und einen Gentilnamen, die nach ihrem Förderer und Patron lauteten. So trug etwa Iuba II. von Mauretanien das *nomen gentile* Iulius. Auch die in den *Alpes Cottiae* als Präfekten eingesetzten Mitglieder der Königsfamilie waren dank Augustus römische Bürger; sie hatten ebenfalls das *praenomen* und *nomen gentile* Caius Iulius. Togidubnus, ein von Claudius nach der Eroberung Britanniens eingesetzter König, hieß nach diesem römischen Herrscher Tiberius Claudius Togidubnus (s. Quelle S. 30). Die Gewährung der *civitas Romana* hatte zudem juristische Relevanz. Die Betreffenden unterlagen als römische Bürger dem römischen Recht, konnten also gemäß diesem belangt und verurteilt werden.

**Quelle**

Der Umgang des ersten Prinzeps Augustus mit Klientelkönigen (Sueton, Augustus 48):

Verbündete Könige verband er (= Augustus) auch durch wechselseitige verwandtschaftliche Beziehungen eng miteinander. Er war ein äußerst bereitwilliger Vermittler und Förderer jeder verwandtschaftlichen und freundschaftlichen Beziehung. Um alle sorgte er sich so, als seien sie Glieder und Teile des Reichs.

Söhne von Klientelkönigen

Herrscher, die unter römischen Einfluss gerieten, schickten häufig ihre Söhne, sei es als Pfand, sei es freiwillig, nach Rom, um so die Verbindung der nächsten Generation zu der expandierenden Macht in der Mittelmeerwelt zu festigen. Beispielsweise lebte Agrippa I. (10 v. Chr.-44 n. Chr.), ein Enkel von Herodes d. Gr., dem Claudius (41-54 n. Chr.) die Königswürde verlieh, längere Zeit in Rom und sein gleichnamiger Sohn wurde ebenfalls dort erzogen. Iuba II. kam, nachdem sein Vater von Caesar besiegt worden war, als Kleinkind nach Rom, wo er im Jahr 46 v. Chr. im Triumphzug mitgeführt und großgezogen wurde. Er erhielt eine erstklassige Ausbildung. Die Heranbildung in Rom brachte den Kindern nicht allein die römische Welt näher, sie schlossen in Rom Freundschaften, die ihnen später als Herrscher von Vorteil sein konnten. Dabei ist nicht nur an Beziehungen zu Mitgliedern der römischen Oberschicht zu denken, sondern auch an andere in Rom weilende Angehörige fremder Völker. Die Erziehung eines Herrschersohnes in Rom bot indes keine Garantie dafür, dass der Betreffende nach dem Tod seines Vaters die Regierung antreten konnte. Offenbar wollten Klientelkönige vorsorgen, indem sie den Prinzeps zugunsten ihrer Kinder zu beeinflussen versuchten und entsprechende Verfügungen für den Fall ihres Todes trafen. So enthielt das Testament von Herodes d. Gr. eine Nachfolgeregelung. Augustus, dem Herodes lange Zeit gute Dienste geleistet hatte, bestätigte im Wesentlichen den Letzten Willen des verstorbenen Königs. Flavius Iosephus (ca. 37/38-nach 100 n. Chr.) berichtet, Claudius habe Agrippa II. (27 n. Chr.-nach 93 n. Chr.) nach dem frühen Tod seines Vaters entgegen seines eidlichen Versprechens nicht als Nachfolger eingesetzt, weil der Knabe noch zu jung gewesen sei. Vermutlich spielt Iosephus auf eine Zusicherung an, die Claudius Agrippa I. wohl anlässlich von dessen Inthronisation gegeben hatte.

**Quelle**

Caesars Umgang mit loyalen Nachbarn (Alexandrinischer Krieg 65,5):

Der Provinz (= Syria) benachbarte Könige, Herrscher, Machthaber, die alle zu ihm herbeigeeilt waren, entließ er (= Caius Iulius Caesar), nachdem sie in das Treueverhältnis aufgenommen worden waren, unter der Bedingung, die Provinz zu schützen und zu verteidigen, als Freunde sowohl von sich als auch dem römischen Volk.

Die in Rom Erzogenen waren mit der römischen Kultur ebenso vertraut wie mit dem römischen Wertecodex. Den Nutzen der Klientelherrscher für Rom hat Caius Iulius Caesar in wünschenswerter Klarheit formuliert. Sie hatten für Roms Interessen einzutreten, römisches Terrain zu schützen und zu verteidigen, also den Römern Waffenhilfe zu gewähren. Hierin lag freilich aus römischer Sicht eine Gefahr. War ein Heer schlagkräftig genug, um wirkliche Unterstützung leisten zu können bzw. das eigene Territorium selbstständig zu verteidigen, beäugte man dies argwöhnisch. Verfügten die abhängigen Herrscher indes nicht über das notwendige militärische Potenzial und Durchsetzungskraft in ihrem Reich, konnten sie kaum die erwünschte Stabilität garantieren, und überdies waren römische Soldaten aufzubieten, wenn es zu Unruhen oder Angriffen durch Dritte kam. Man musste folglich Truppen, die man möglicherweise gleichzeitig an anderen Orten benötigte, samt geeigneten Befehlshabern entsenden.

Innere Autonomie

Im Gegenzug für ihre Loyalität beließ Rom den abhängigen Herrschern weitgehend ihre innere Autonomie. Dies mag der Grund dafür sein, dass wir nur selten etwas darüber erfahren, wie das Verhältnis eines Klientelkönigs zu seinen Untertanen war, ob er beliebt war, als guter und fähiger Herrscher galt oder ob er schwach war und mit inneren Problemen zu kämpfen hatte. Im Fall von Archelaos von Kappadokien griff Augustus in dessen Regierung ein, freilich nur, weil Archelaos an einer geistigen Schwäche gelitten haben soll. Der Prinzeps stellte ihm bis zu seiner Genesung einen Reichsverweser zur Seite. Von wem dieser Schritt ausging, wissen wir nicht; vorstellbar ist ein Ersuchen der königlichen Familie ebenso wie das einflussreicher Untertanen oder ein Eingreifen des Prinzeps aus eigener Initiative, nachdem er von der gesundheitlichen Verfassung des Königs erfahren hatte. Im Fall von Archelaos, dem Sohn von Herodes d. Gr., wissen wir, dass sich der erste Prinzeps infolge eines Vorstoßes der Untertanen entschloss, ihn abzusetzen.

Im Gegensatz zur selbstständigen Regelung innenpolitischer Angelegenheiten waren außenpolitische Aktivitäten (etwa Bündnisverträge, Kriege, Grenzfestlegungen) und der Bau militärischer Anlagen, selbst die Errichtung von Stadtmauern, allein mit Roms Einverständnis möglich. Offensichtlich legte man Wert darauf, dass die Klientelkönige in ihrem Reich römische Organisationsmuster adaptierten, jedenfalls scheinen sie ihre Truppen nach römischem Vorbild aufgebaut und trainiert zu haben. Sicher überzeugten Schlagkraft und Funktionsfähigkeit des *exercitus Romanus* die Klientelkönige. Andererseits wussten die Römer im Hinblick auf gemeinsame Feldzüge um die Vorteile von Mannschaften, die nach römischem Muster ausgebildet und strukturiert waren. Oft genug wurden die Truppen von Klientelherrschern anlässlich der Provinzialisierung des Klientelreichs in die römischen Streitkräfte inkorporiert.

Akkulturierung

Die von Rom abhängigen Herrscher leisteten auf lange Sicht gesehen einen unschätzbaren Beitrag zur Akkulturierung des ihnen anvertrauten Territoriums, denn für gewöhnlich fühlten sie sich zur hellenistisch-römischen Kultur hingezogen und ließen sich gerne als Bauherren feiern. Sie statteten ihre Städte, die sie häufig nach dem Herrn der römischen Welt benannten, entsprechend aus und brachten so ihren Untertanen die Segnungen der römischen Welt näher, etwa Bäder, großzügige Foren, gute Verkehrswege, Theater und vieles andere mehr. Dies bedeutet zugleich, dass ihre Reiche bei ihrer Annexion mehr oder weniger an ‚römische Standards' angepasst waren. Ein anschauliches Beispiel bietet Iuba II. Er schuf zusammen mit seiner Frau Kleopatra Selene anstelle der unbedeutenden Siedlung *Iol* eine prachtvoll ausgestattete, von hellenistisch-römischer Kultur geprägte Residenzstadt, die er Augustus zu Ehren *Caesarea* (Cherchel, Algerien) taufte. Iuba II. bescherte seinem Reich durch die Produktion von Purpur und Handel wirtschaftliche Prosperität. Die von Herodes d. Gr. an der Stelle einer älteren Siedlung gegründete, ebenfalls *Caesarea* benannte Stadt kann als die prunkvollste unter seinen Städtegründungen bezeichnet werden (zwecks Unterscheidung oft *Caesarea maritima* genannt, Israel). *Caesarea* wurde zu einem Zentrum des Kaiserkults, der Verehrung des römischen Herrschers, auch wenn Herodes noch an weiteren Orten Augustus und dessen Familie Ehrungen zuteilwerden ließ. Das Roma und Augustus dedizierte Heiligtum erhob sich über der Stadt; es bildete das optische Zentrum des Stadtbilds und zeigte unmissverständlich, dass Herodes die übergeordnete Stellung von Augustus anerkannte. Die günstige Lage von *Caesarea* ließ die Stadt zu einem bedeutenden Handelshafen werden, der Herodes gute Einnahmen bescherte sowie jedem, der nach *Caesarea* kam, die enge Verbundenheit des Landes und seines Königs mit Rom und vor allem der römischen Herrscherfamilie demonstrierte. Freilich führte die schön ausgestaltete Stadt dem Besucher zugleich die Größe und das Vermögen ihres Gründers Herodes auch noch lange nach dessen Tod vor Augen. Im Fall von Iuba II. wie von Herodes d. Gr. dürften die Römer die Anlage der *Caesarea* genannten Städte aus wirtschaftlichen Gründen und aus strategischen Erwägungen begrüßt haben. Beide lagen günstig zu wichtigen Handelsrouten und entstanden an Küsten, an denen es an modernen, großen Häfen fehlte. Sie leisteten somit einen Beitrag zur wirtschaftlichen Prosperität im Imperium Romanum. Zudem konnten diese Häfen genutzt werden, wenn es galt, römische Soldaten per Schiff in Krisengebiete zu transportieren.

**Rückgang der Klientelkönige**

Trotz aller Vorteile, die Klientelkönige boten, ist ihre Zahl von Augustus an rückläufig. Zwar setzte Caius (Caligula, 37–41 n. Chr.) nochmals einige Herrscher ein, aber ihren Reichen sollte keine Dauer beschieden sein. Es handelte sich um Prinzen, die längere Zeit in Rom verbracht hatten und vermutlich mit Caius aufgewachsen waren. Das Handeln des dritten Prinzeps bestimmten folglich persönliche Motive. Ebenso erhob Claudius nach seiner Thronbesteigung (41 n. Chr.) aus Dankbarkeit Agrippa I. zum König (s. S. 23). Das Modell ‚Klientelkönig‘ verlor mit der Verfestigung des Prinzipats und sei-

**Abb. 1** Mamorbüste von König Iuba II. von Mauretanien; heute in der Ny Carlsberg Glyptotek in Kopenhagen.

ner monarchischen Strukturen zunehmend an Attraktivität. Das heißt, nach und nach gingen diese von Rom abhängigen Reiche im Provinzialverband auf. Die Gründe dafür sind vielschichtig. Der Wunsch des römischen Herrschers, direkte Kontrolle auszuüben, mochte ebenso eine Rolle gespielt haben wie der unmittelbare Zugriff auf Einnahmen, Rohstoffe, Grund und Boden. Außerdem bescherten neue Provinzen weitere Posten für ambitionierte Männer der römischen Oberschicht.

Freilich bestand das Imperium Romanum nicht allein aus Klientelreichen und Provinzen wie uns Strabon tradiert:

**Quelle**

Strabon (ca. 63 v. Chr.–nach 23 n. Chr.), Geographica 17,3,24 [839C]:

Dieses gesamte den Römern untertane Land wird teils von Königen regiert, teils besitzen sie es selber unter dem Namen ‚Provinzen' und entsenden Statthalter und Steuereinnehmer dorthin. Es gibt auch einige freie Städte, teils solche, die sich an die Römer von Anfang an freundschaftlich angeschlossen hatten; anderen haben sie selber die Freiheit als Auszeichnung geschenkt. Unter ihrer Oberherrschaft stehen auch ein paar Fürsten, Stammeshäupter und Priester; diese leben nach altüberlieferten Gesetzen.

Die von Strabon neben den Klientelherrschern erwähnten Tempelstaaten genossen innere Autonomie. Da sie aber für gewöhnlich innerhalb römischer Territorien lagen, waren sie auf ein gedeihliches Miteinander mit Rom zwingend angewiesen, um nicht ihre Privilegien zu verlieren. Die autonomen Städte waren Gemeinwesen, die schon vor der Provinzialisierung zu den Römern freundschaftliche Beziehungen gepflegt hatten. Sie galten, falls sie ihr Verhältnis mit Rom vertraglich definiert und ratifiziert hatten, als *civitates foederatae* oder als freie und von Abgaben befreite Kommunen (*civitates sine foedere, immunes et liberae*). Sie waren rechtlich gesehen nicht Teil des römischen Provinzterritoriums, konnten sich aber gegenüber der römischen Vormacht nicht wehren, das heißt, sie verloren zunehmend ihre Eigenständigkeit und wurden im Laufe der Zeit immer stärker in die sie umgebende Provinz einbezogen. Auch brachten diese Städte Rechtshändel vor den römischen Statthalter. Was blieb, war die Steuerfreiheit, sofern diese ihnen nicht irgendwann genommen wurde.

## Die Einrichtung einer Provinz

### Provincia, Republik

*In formam provinciae redacta*

*In formam provinciae redacta* (in eine Provinz umgewandelt) oder *provincia facta* (zur Provinz gemacht) - so oder ähnlich umschreiben antike Schriftsteller den Akt der Überführung eines faktisch unter Roms Herrschaft stehenden Gebietes in eine reguläre römische Provinz. *Provincia* bezeichnete zunächst den Aufgaben- und Zuständigkeitsbereich, innerhalb dessen ein römischer Mandatsträger seine Befehlsgewalt ausübte. Davon ausgehend gebrauchte man *provincia* bereits im frühen 2. Jahrhundert v. Chr. als Bezeichnung für außerhalb des römischen Kernlandes gelegene untertänige Gebiete (*praedia populi Romani*), in denen die römische Ordnung galt und ein von Rom entsandter Statthalter seine Amtsgewalt wahrnahm. In der Kaiserzeit fielen in der Regel der Geltungsbereich der einem Mandatar übertragenen Befehlsgewalt (*imperium*) und der geografische Raum, über den er zum Statthalter bestellt war, zusammen.

*Provincia* fand nicht nur als Bezeichnung für eine Statthalterprovinz, sondern auch für einen Teilbereich einer Provinz (Subprovinz) Verwendung. Mit anderen Worten: Innerhalb einer *provincia* im territorialen Sinn konnte es verschiedene *provinciae* geben, so etwa das Aufgabengebiet (im territorialen wie im administrativen Sinn) des dem Statthalter beigegebenen Legaten, des ihm unterstellten Präfekten oder der Finanzprokuratoren.

Nach einem gewonnenen Krieg war es die Aufgabe des siegreichen Feldherrn, an Ort und Stelle die Weichen für die Provinzialisierung der Unterworfenen und ihres Territoriums zu stellen. In Fällen, in denen ein Gebiet auf friedlichem Wege, etwa per Erbschaft, an Rom fiel, war es die Aufgabe des Senats, einen Mann aus seinen Reihen mit der Einführung der römischen Ordnung zu beauftragen und ihn mit einem *imperium* zu bestallen, das es ihm ermöglichte, die notwendigen Rechtsakte durchzuführen. In der Frühzeit der Geschichte der römischen Provinzen ist zu beobachten, dass die Einrichtung einer Provinz ein längerer Prozess war, eine Provinz also erst nach und nach ihr Gesicht erhielt.

Makedonien

Beachtung verdient die Einnahme Makedoniens durch die Römer. Nach dem Sieg in der Schlacht bei *Pydna* (168 v. Chr.) oblag die Ordnung der Verhältnisse dem Feldherrn Aemilius Paullus zusammen mit einer aus zehn Männern bestehenden Kommission, die ihm der Senat aus Rom schickte. Durch diese Gesandten und die in Rom im Senat getroffenen Regelungen nahm das Gremium auf die künftige Gestaltung von Anfang an direkten Einfluss und nicht erst im Nachhinein durch die Absegnung bereits vor Ort ergangener Beschlüsse. Die von den Gesandten überbrachten Anweisungen regelten grundsätzliche politische und wirtschaftliche Fragen einschließlich der Besteuerung. Die Klärung weiterer offener Fragen überließ der Senat Aemilius Paullus und seinen Ratgebern. Die juristischen und administrativen Angelegenheiten konnten somit in einem Zug vor Ort geregelt werden. Dazu gehörte ebenfalls die Klärung des Status der Kommunen. Aus diesem Grund beorderte Aemilius Paullus aus den einzelnen Gemeinden je zehn führende Männer nach *Amphipolis* (Griechenland). Das Ergebnis der Gespräche floss sicher in die gemäß Livius (ca. 59 v. Chr.-um 17 n. Chr.) sorgfältig ausgearbeiteten Gesetze ein, die Aemilius Paullus erließ. Allerdings wurde Makedonien erst 20 Jahre später als Provinz eingerichtet. Offenbar glaubte man zunächst, auf die permanente Anwesenheit eines römischen Oberbeamten verzichten und stattdessen die Herrschaft indirekt ausüben zu können. Indes war der Aufteilung des ehemaligen Königreichs in vier Teilrepubliken, die untereinander keinen Kontakt haben sollten, auf Dauer kein Erfolg beschieden. Unzufriedenheit führte zu Unruhen, die auf ganz Griechenland übergriffen. Die Politik der indirekten Herrschaft war gescheitert. Rom rächte sich bitter an den Aufständischen und im Jahr 146 v. Chr. wurde die Provinz *Macedonia* ins Leben gerufen.

Pergamon

Im Jahr 133 v. Chr. verstarb Attalos III. von *Pergamon* (Türkei, etwa 110 km nördlich von İzmir) kinderlos. In seinem Testament hatte er sein Königreich Rom zugedacht, womit die direkte römische Herrschaft in Kleinasien ihren Anfang nahm. Die Römer sahen sich zum ersten Mal in ihrer Geschichte damit konfrontiert, einen bislang souveränen Staat nicht als Sieger, sondern entsprechend dem Wunsch des bisherigen Herrschers in ihr Reich zu inkorporieren. Um die Eingliederung möglichst gut vollziehen zu können, schickte man eine Delegation nach *Pergamon*, welche die aktuelle Lage erkunden sollte. 132 v. Chr. wurde ein *senatus consultum* verabschiedet, das den neuen Untertanen die uneingeschränkte Gültigkeit der Verfügungen von Attalos III. und seinen Vorgängern verbürgte (S. 108). Indes hinderte der Aufstand des Aristonikus Rom zunächst an der friedlichen Übernahme des pergamenischen Reichs. Obwohl Aristonikus Anfang 130 v. Chr. den Römern eine schwere Niederlage zufügte, konnten diese Monate später den Aufstand beenden. Inwieweit Marcus Perperna, der bald darauf in *Pergamon* verstarb, die Provinzialisierung einleitete, ist unklar. Die Hauptarbeit dürfte seinem Nachfolger, dem Konsul Manius Aquillius, zugefallen sein. Er kam 129 v. Chr. zusammen mit einer zehnköpfigen Gesandtschaft und weiteren Helfern nach Kleinasien. Nach Ausweis von Meilensteinen wurde sofort mit dem Ausbau bzw. der Erneuerung des Fernstraßensystems begonnen. Auch nahm Manius Aquillius die Umformung des Königreichs in eine Provinz umgehend in Angriff, sicherlich auf Grundlage der von der 133 v. Chr. entsandten Kommission erarbeiteten und mittlerweile vom Senat bestätigten Vorschläge. Manius Aquillius teilte das Königreich in einzelne Distrikte und Bezirke auf. Bei der Schaffung der Provinzordnung bemühte sich Manius Aquillius um die Zusammenarbeit mit den örtlichen Honoratioren und um deren Zustimmung.

Zypern

Wie sehr Tagespolitik und das Schicksal von Provinzen miteinander verwoben sein konnten, zeigt die Einziehung der zum Reich der Ptolemäer gehörigen Insel Zypern im Jahr 58 v. Chr., die der Volkstribun Publius Clodius erfolgreich betrieb. Als Vorwand diente die angebliche Unterstützung der Seeräuber durch König Ptolemaios (80-58 v. Chr.). Indes ging es Publius Clodius allein um die Finanzierung seines Getreidegesetzes, das die kostenlose Austeilung an arme Bürger zum Gegenstand hatte. Die Aufgabe, Zypern zu annektieren, wurde dem jüngeren Cato übertragen, den Clodius für einige Zeit aus Rom entfernt wissen wollte. Bemerkenswert ist, dass Cato (95–46 v. Chr.) zu diesem Zeitpunkt lediglich die Quästur bekleidet hatte. Unterstützt wurde er von einem Quästor und weiterem Hilfspersonal. Er sollte den zypriotischen Herrscher Ptolemaios absetzen und das königliche Vermögen zugunsten des römischen Volkes verkaufen. Cato löste seine Aufgabe erfolgreich.

## Kaiserzeit

Provinzgründer Augustus

In der Prinzipatszeit ist die Konstituierung einer Provinz Prärogative des Herrschers. Dessen unbeschadet wurde die Überstellung eines Landes unter direkte römische Herrschaft weiterhin vom Senat förmlich beschlossen. Ein neu in das Imperium Romanum inkorporiertes Gebiet war noch immer gemäß der offiziellen Terminologie Eigentum des römischen Volkes. So sagte Augustus von sich, er habe Ägypten dem Herrschaftsbereich des römischen Volkes hinzugefügt (s. Quelle S. 102). Der politischen Realität näher kommt eine unter Tiberius (14–37 n. Chr.) gefertigte Inschrift, die von einem Feldherrn berichtet, er habe ein Gebiet bzw. eine Ethnie in die Gewalt des Caesar Augustus und des römischen Volkes gebracht (CIL 14, 3613). Der Herrscher betraute meist einen ihm gegenüber besonders loyalen und seit Langem vertrauten Mann mit der Gründung einer Provinz. Hierzu einige Beispiele: Bereits nach der Eroberung Ägyptens nahm der künftige Augustus das Recht in Anspruch, das Land ohne Mitwirkung des Senats als Provinz einzurichten. Er betraute 30 v. Chr. seinen Freund und Weggefährten, den römischen Ritter Caius Cornelius Gallus, mit dieser Aufgabe, den er zum ersten *praefectus Aegypti* bestellte. Dem Senator Marcus Lollius, der zu seinen engsten Vertrauten zählte, überantwortete Augustus nach dem Tod des galatischen Königs Amyntas die Provinzialisierung von dessen Reich. Über die Aufgaben, die Lollius in *Galatia* erwarteten, sind wir relativ gut informiert. Zunächst galt es, den Frieden in der Provinz zu sichern und die römische Ordnung einzuführen. Des Weiteren hatte er Veteranen anzusiedeln und Bürgerrechtsverleihungen vorzunehmen. Im Gegensatz zu Gallus erledigte Lollius seine Aufgabe zur Zufriedenheit des Prinzeps, der ihn für das Jahr 21 v. Chr. zum Konsul (*consul ordinarius*) bestellte. Marcus Lollius war somit einer derjenigen, die während der im Jahr 22 v. Chr. begonnenen Reise des Prinzeps durch den Osten des Reichs für das politische Geschehen in Rom die Verantwortung trugen.

Ebenso wie Marcus Lollius zählte Publius Sulpicius Quirinius zu den treuesten Anhängern des Prinzeps. Zudem unterhielt er gute Beziehungen zur Familie des Augustus. Während seiner Statthalterschaft in *Syria* gehörte es zu seinen Aufgaben, die Ethnarchie des Archelaos dem römischen Provinzialverband anzugliedern (6 n. Chr.). Sie sollte fortan eine von einem Präfekten geleitete Subprovinz von *Syria* mit Namen *Iudaea* bilden. Der erste Präfekt, Coponius, reiste zusammen mit Publius Sulpicius Quirinius in die Provinz; das heißt, man wollte die Überführung der Ethnarchie möglichst rasch durchführen. Im Zuge der Einführung der römischen Ordnung oblag es Sulpicius Quirinius, den durch das Weihnachtsevangelium berühmt gewordenen Zensus abzuhalten. Ebenso musste er den Hohepriester Joazar, einen Rom gewogenen Mann, aufgrund innerer Unruhen seines Amts entheben und dessen Nachfolger bestimmen. Außerdem waren Rechte und Pflichten des Hohen Rates, der fortan die jüdische Selbstverwaltung ausüben sollte, festzuschreiben. Sulpicius Quirinius nahm also auf innerjüdische Belange direkten Einfluss.

Die Eroberung Britanniens legte Claudius im Jahr 43 n. Chr. in die Hände von Aulus Plautius, dem schließlich die Organisation der neuen Provinz *Britannia* zufiel (s. S. 110ff.). Insgesamt verbrachte Aulus Plautius rund vier Jahre in Britannien. Claudius gestattete ihm für seinen militärischen Erfolg einen kleinen Triumph (*ovatio*).

**Quelle**

Tacitus (ca. 55–etwa 125 n. Chr.) beschreibt die Vorgehensweise der Römer nach der Eroberung Britanniens im Jahr 43 n. Chr. (Agricola 14,1). Der Name des im Text genannten Königs Cogidumnus lautet nach Ausweis einer in Großbritannien gefundenen Inschrift (CIL 7, 11 = RIB 1, 91 = AE 2008, 772) korrekt Togidubnus. Es handelt es sich somit um einen Irrtum, der sich im Zuge der handschriftlichen Überlieferung des Tacitus-Textes einschlich.

Einige Ethnien schenkte man König Cogidumnus (= Togidubnus) – er blieb bis auf unsere Zeit der treueste Freund – gemäß der alten und schon früh angenommenen Gewohnheit des römischen Volkes, selbst Könige als Werkzeuge für die Versklavung zu nutzen.

Arabia

Im Jahr 106 n. Chr. nahm Aulus Cornelius Palma Frontonianus das Königreich der Nabatäer für Rom in Besitz und konstituierte es als Provinz, die den Namen *Arabia* erhielt. Indes kann die Organisation der Provinz erst durch Caius Claudius Severus, den ersten uns bekannten Statthalter von *Arabia*, erfolgt sein, der spätestens ab März 107 n. Chr. seines Amtes waltete und wenigstens acht Jahre in der neuen Provinz zubrachte. An der Annektierung des Nabatäerlandes war Claudius Severus als Kommandeur einer Heeresabteilung beteiligt gewesen. Er war somit den Soldaten, die zur Besatzungsarmee der neuen Provinz gehörten, kein Unbekannter. Claudius Severus widmete seine Kraft nicht nur dem Aufbau der inneren Organisation der neuen Provinz *Arabia*, sondern auch dem Bauwesen. Unter seiner Oberaufsicht wurde die für Handel und Militär gleichermaßen wichtige *via nova Traiana* von der Grenze der Provinz *Syria* bis ans Rote Meer geführt. Die erhaltenen Meilensteine zeugen davon, dass die Straße abschnittsweise zwischen 111-114 n. Chr. fertiggestellt werden konnte. Ebenso hatte Claudius Severus den Bau des Legionslagers in *Bostra* (Busrâ, Syrien) zu überwachen. Die Schaffung der *cohortes Ulpiae Petraeorum* fiel ebenfalls in seine Kompetenz; vermutlich handelt es sich dabei um vormals nabatäische Truppen, die in das römische Heer aufgenommen wurden.

Wie stolz Severus selbst auf seine Leistungen war, zeigt die Namengebung für seinen sicher gegen Ende seiner Statthalterschaft geborenen Sohn, der den wohlklingenden Beinamen Arabianus erhielt (*consul ordinarius* 146 n. Chr.).

## Maßnahmen zur Umsetzung der römischen Ordnung

Abgaben

Vergleicht man die den antiken Autoren in Bezug auf die Einrichtung einer Provinz zu entnehmenden Aussagen, lässt sich etwa folgende Vorgehensweise rekonstruieren: Sofern nötig, wurde das neu erworbene Territorium militärisch gesichert, was zugleich den Bau von militärischen Anlagen und Zuwegen implizierte. Auch mussten gegnerische Truppen bzw. im Fall einer friedlichen Übernahme vorhandene Streitkräfte aufgelöst oder in den *exercitus Romanus* überführt werden. Bestehende Verkehrswege wurden soweit nötig ausgebaut und gegebenenfalls neue angelegt. Gleichzeitig bemühte man sich, das neue Provinzgebiet umfassend kennenzulernen. Hierzu gehörte eine Erkundung der geografischen und klimatischen Bedingungen ebenso wie eine Erfassung der vorhandenen Siedlungsplätze und ihrer Strukturen. Ebenso mussten territoriale Grenzen sowohl innerhalb der Provinz als auch zu benachbarten Provinzen gezogen werden. Des Weiteren galt es, die angetroffenen politischen und sozialen Verhältnisse zu analysieren, sich nutzbar zu machen und langfristig der römischen Ordnung anzupassen bzw. diese einzuführen. Das bedeutete zugleich, der römischen Herrschaft positiv gegenüberstehende Honoratioren zu fördern und politisch unliebsame Personen auszuschalten. Oftmals schien es geraten, die jungen, wehrfähigen Männer einzuziehen, um so potenziellem Widerstand die Basis zu entziehen. Des Weiteren waren gegebenenfalls römische Veteranen anzusiedeln. Zudem galt es, möglichst schnell die von den neuen Untertanen zu leistenden Abgaben festzulegen. Dazu war es in der Regel notwendig, einen Zensus durchzuführen. Auffällig ist, dass die Römer vielfach die Steuern senkten, die neuen Untertanen also weniger aufzubringen hatten als früher. So wurden etwa nach der Einnahme von *Illyricum* und von *Cappadocia* die Abgaben auf die Hälfte dessen festgesetzt, was zuvor abzuführen war. Vermutlich wollte man damit den Provinzialen sowohl die römische Ordnung schmackhaft machen als auch die Wirtschaft in der Region ankurbeln. Insgesamt war die Einrichtung einer Provinz ein längere Zeit in Anspruch nehmendes Vorhaben, für dessen Umsetzung man wohl von fünf und mehr Jahren ausgehen darf.

## Provinzstatut

‚Grundgesetz'

Die sukzessive Vergrößerung des Imperium Romanum und das Eingehen auf die vorgefundenen Verhältnisse sind wohl der Grund dafür, dass die Römer niemals ein reichsweit gültiges Grundgesetz erlassen haben, sondern über Jahrhunderte hinweg von Provinz zu Provinz andere Bedingungen, zum Beispiel im Hinblick auf die zu leistenden Abgaben, gelten konnten. Vermutlich wurden bei der Überführung eines Gebiets in eine römische Provinz stets die grundsätzlichen Belange geregelt und schriftlich festgehalten. Außerdem dürfte regelmäßig eine systematische Erkundung des Landes erfolgt und eine Landesbeschreibung angefertigt worden sein, die alles Wissenswerte hinsichtlich einzelner Gemeinwesen, ansässiger Ethnien, Verkehrswegen, örtlicher Gegebenheiten, Klima, Flora und Fauna enthielt. So erkundete Suetonius Paulinus, den Claudius mit der Befriedung Mauretaniens beauftragt hatte, das Land. Er überquerte als erster römischer Heerführer den Atlas; seine Erkenntnisse legte er schriftlich nieder.

### Namengebung

Den Benennungen römischer Provinzen liegen in der Regel geografische oder ethnische Bezeichnungen zugrunde. Vielfach kommt ein Adjektiv hinzu, das die Provinz näher kennzeichnet. Dieser Zusatz war insbesondere dann sinnvoll, wenn mehrere Provinzen gleichen Namens existierten, so etwa die beiden germanischen Provinzen *Germania superior* (Obergermanien) und *Germania inferior* (Niedergermanien) oder die zwei nordafrikanischen Provinzen *Mauretania Caesariensis* und *Mauretania Tingitana*. Der Zusatz *Caesariensis* leitet sich ebenso wie *Tingitana* von der Hauptstadt, dem Sitz des Statthalters und seines Stabes, dem *caput provinciae*, ab. Das Gleiche gilt für die Provinzen *Gallia Narbonensis* und *Hispania (citerior) Tarraconensis*. Die Adjektive *superior* und *inferior* nehmen im Fall der germanischen Provinzen auf deren geografische Gegebenheiten Bezug. Die *Germania inferior* war im Vergleich zur *Germania superior*, deren Bild zahlreiche Gebirgszüge prägten, eine flache und tiefer gelegene Landschaft; möglicherweise war auch die Lage der Provinzen am Ober- bzw. am Unterlauf des Rheins für die Bezeichnung ausschlaggebend.

‚Doppelprovinzen'

Da Provinzen gleichen Namens stets aneinandergrenzen, werden sie in antiken Texten bisweilen summarisch angesprochen, etwa als *Germaniae duae* (beide Germanien). Provinzen, die einen aus zwei geografischen Bezeichnungen bestehenden Namen tragen wie *Lycia et Pamphylia, Pontus et Bithynia*, werden in der Fachliteratur häufig als ‚Doppelprovinzen' bezeichnet, was zu Missverständnissen führen kann, denn es handelt sich um eine Provinz, die ihren Doppelnamen infolge der Vereinigung zweier zuvor eigenständiger Territorien erhalten hat. So entstand zum Beispiel die Provinz *Creta et Cyrenae* durch den Anschluss der Insel an die schon länger bestehende Provinz *Cyrenae*. Die Provinz *Galatia et Cappadocia* kam dagegen durch den Zusammenschluss von zwei vormals eigenständigen Provinzen zustande. Das ‚*et*' im Namen ist nicht zwingend; vielfach werden die Namen einfach aneinandergereiht, also *Lycia Pamphylia*. Bisweilen spiegelt sich in der Namengebung der Blick von Rom aus auf die Provinzen; so liegt die *Gallia Cisalpina* von Rom aus gesehen diesseits der Alpen, ihre Namensschwester *Gallia Transalpina* jenseits.

## Provinz-Ären

Zeitrechnung

Einige Provinzen hatten eine eigene Jahreszählung, die mit der Annexion durch die Römer einsetzte. Den Römern war diese Art der Zeitrechnung fremd. Somit dürfen wir davon ausgehen, dass diese Ären von den Provinzialen selbst eingeführt wurden, um den Anbruch einer neuen Epoche zu kennzeichnen oder um ihre Loyalität gegenüber Rom unter Beweis zu stellen. Selbstverständlich existierte die offizielle römische Datierung nach Konsuln bzw. Kaisern in den betreffenden Provinzen weiter. In den mauretanischen Provinzen bedienten sich selbst die römischen Magistrate bisweilen neben der römischen Zeitrechnung der im Land äußerst beliebten Datierung nach der provinzialen Ära. Diese Jahreszählung rechnet ab dem Tod des letzten mauretanischen Königs Ptolemaios († 40 n. Chr.) und damit ab dem Jahr, in dem Rom dessen Erbe antrat, und nicht erst ab dem Datum der tatsächlichen Überführung des Königreichs in zwei Provinzen. Der Beginn dieser Jahreszählung wurde dem römischen Kalender entsprechend auf den 1. Januar gelegt. Dagegen rechnet die Provinz-Ära der Provinz *Arabia* ab dem 22. März 106 n. Chr. In diesem Jahr annektierte Rom das Reich der Nabatäer. Ebenso datiert die Provinz-Ära von *Galatia* ab 25/24 v. Chr., also ab der Übernahme des Reichs des verstorbenen Königs Amyntas durch die Römer und nicht erst ab dem Abschluss der Umwandlung in eine Provinz. Die makedonische Ära geht auf das Jahr 148 v. Chr. zurück und damit auf die Niederschlagung des Aristonikus-Aufstandes durch Rom. Man rechnete folglich ab dem faktischen Übergang eines Gebietes unter die unmittelbare Herrschaft Roms; in welcher Form diese (zunächst) ausgeübt wurde, war sekundär. Neben den in der gesamten Provinz gebräuchlichen Ären kennen wir eine ganze Reihe lokaler Datierungen. Asianische Gemeinwesen benutzten noch während der Kaiserzeit eine Zeitrechnung, die auf das Jahr 85/84 v. Chr. zurückging. Damals hatte Sulla (um 138–78 v. Chr.) die Provinz nach dem Friedensschluss mit Mithradates VI. Eupator von Pontos (ca. 120–63 v. Chr.) in *Dardanos* (lat. *Dardanum*, Türkei) neu organisiert. ■

### Auf einen Blick

Das Kapitel erklärt den Begriff *provincia*, der sowohl für Aufgaben- und Zuständigkeitsbereich eines römischen Mandatsträgers, als auch für die Rom untertänigen Gebiete stehen konnte. Beides fiel in der Kaiserzeit häufig zusammen.

Geschildert werden die grundlegenden Veränderungen, die mit der Einrichtung einer Provinz einhergingen. Die neu erworbenen Territorien wurden nicht nur militärisch gesichert, sondern auch die politischen und sozialen Verhältnisse der römischen Ordnung angepasst. In einigen Provinzen gab es eine eigene Jahreszählung, die mit der Annexion durch die Römer einsetzte.

Die sogenannten Klientelkönige waren von Rom abhängig und verhielten sich den römischen Herrschern gegenüber loyal. Im Gegenzug beließ Rom den abhängigen Herrschern weitgehend ihre innere Autonomie. Die Klientelkönige traten für Roms Interessen ein, unterstützten Rom militärisch und verbreiteten die römische Kultur in den Provinzen.

Neben den zahlreichen Vorteilen, die Klientelkönige Rom boten, erläutert das Kapitel auch die Nachteile dieser Herrschaftsform. Mit der Verfestigung des Prinzipats verlor das Klientelkönigtum im 1. Jahrhundert an Attraktivität.

## Literaturhinweise

**Badian, E.**, Foreign Clientelae, 264 – 70 B.C., Oxford 1958.

**Braund, D.**, Royal Wills and Rome. Papers of the British School at Rome 51, 1983, 16–57.

**Weber, F.** Herodes – König von Roms Gnaden? Herodes als Modell eines römischen Klientelkönigs in spätrepublikanischer und augusteischer Zeit, Berlin 2003.

# III. Die innere Ordnung der Provinzen

**Überblick**

Mit der dauerhaften Inbesitznahme von Territorien durch die Römer stellte sich die Frage nach deren Kontrolle. Diese Aufgabe wies man von Anfang an hohen Mandataren zu, also Männern, die zur Elite der Gesellschaft zählten und die höchsten Ämter im Staatswesen erlangt hatten. Sie wurden regelmäßig abgelöst. Die Vergabepraxis der Provinzen an Mandatare änderte sich im Laufe der Zeit ebenso wie die Aufgaben der Statthalter Roms, die innerhalb ihrer Provinz quasi omnipotent waren, anderseits für Fehler in ihrer Amtsführung die Verantwortung gegenüber dem Senat und in der Kaiserzeit vor allem gegenüber dem Herrscher tragen mussten. Zur Bewältigung ihrer vielfältigen Aufgaben standen den Statthaltern Helfer zur Seite, die teilweise vom Senat bzw. vom Herrscher eingesetzt wurden. Hinzu kamen Personen, die ein Mandatar sich zu seinen Beratern und Gehilfen erwählte. Dies war nötig, denn ein Statthalter sah sich einer Vielzahl von unterschiedlichen Aufgaben gegenüber; hierzu zählten vor allem das Gerichtswesen, der Dialog mit den Kommunen und Notabeln der Provinz, die Gewährleistung der inneren Sicherheit und der Loyalität der Provinz gegenüber Rom und seinem Herrscher.

## Die Zeit der Römischen Republik

Prolongierung von Mandaten

Nach der Inbesitznahme der drei größten Inseln des Mittelmeeres erkannte man allmählich die Notwendigkeit, diese außeritalischen Gebiete permanent zu überwachen, das heißt Herrschaftsgebiete im territorialen und politischen Sinn außerhalb des italischen Mutterlandes einzurichten und dorthin regelmäßig wechselnde Mandatare zu entsenden, die mit unbeschränkten militärischen Befugnissen ausgestattet waren. Um dies leisten zu können, schuf man zwei neue Prätorenstellen, die erstmals 227 v. Chr. besetzt wurden. Nach Einrichtung der beiden hispanischen Provinzen (197 v. Chr.) kamen zwei weitere Präturen hinzu. Allerdings setzte man diese Praxis nicht fort, denn für weitere Provinzen richtete man keine neuen Stellen ein. Immerhin gab es bis um die Mitte des 2. Jahrhunderts v. Chr. sechs Provinzen: *Sicilia, Sardinia (et) Corsica*, die beiden Hispanien, seit 148 v. Chr. *Macedonia* und seit 146 v. Chr. *Africa*. Ihre Zahl sollte weiter steigen. Die unausweichliche Konsequenz daraus waren personelle Engpässe. Um diese zu beheben, wurden bestehende Mandate prolongiert, d.h. über das eigentliche Amtsjahr hinaus verlängert. Dies war seit alters her eine bewährte Praxis, wenn Mandatare fehlten. Genau genommen wurde nicht das Amt verlängert, sondern die Amtsgewalt. Ab und zu wurden zusätzlich Privatpersonen, gemeint sind Männer, die nicht unmittelbar zuvor ein entsprechendes Amt bekleidet hatten, ersatzweise zu Statthaltern berufen und mit entsprechenden Befugnissen ausgestattet. Die Entscheidung darüber, ob die Konsuln mit Aufgaben außerhalb von *Italia* betraut werden sollten, fiel in der ersten Senatssitzung des jeweiligen Amtsjahres. Die Senatoren berieten über die Lage in den überseeischen Provinzen und entschieden, ob dort aufgrund besonderer Umstände der Einsatz von Konsuln nötig war. Wurde dies positiv beschieden, konnten die Konsuln um ihren künftigen Aufgabenbereich losen oder sich einvernehmlich einigen. Des Weiteren wurde die militärische und finanzielle Ausstattung der Provinzen festgelegt. Im Jahr 123 v. Chr. trat die *lex Sempronia de provinciis consularibus* des Caius Sempronius Gracchus in Kraft. Dieses Gesetz legte fest, dass die konsularen Provinzen nicht mehr nach, sondern bereits vor der Wahl der Konsuln zu bestimmen seien. Sinn des Gesetzes war es nicht, wie öfter angenommen, den Einfluss der großen Familien auf die Provinzpolitik zu schmälern, sondern den Konsuln mehr Zeit zur Vorbereitung zu geben, denn der Senat musste sich nunmehr bis November des laufenden Jahres (und nicht mehr erst nach Beginn des neuen Amtsjahres) mit der Lage in den Provinzen und mit ihrer Verteilung auseinandersetzen. Somit konnten die designierten Konsuln bereits vor Amtsantritt um ihre künftigen Provinzen losen. Da Konsuln für gewöhnlich Kriegsschauplätze zu übernehmen hatten, war diese Änderung von großer Bedeutung, denn sie hatten nun gegenüber der früheren Zeit mehrere Wochen gewonnen, um die notwendigen Anordnungen zu treffen, vor allen Dingen Truppenaushebungen beschließen und Manöver durchführen zu lassen, was im Hinblick auf die Kriegführung von nicht zu unterschätzendem Vorteil war.

Abhilfe bezüglich der Engpässe bei der Besetzung der Statthalterschaften suchte Lucius Cornelius Sulla zu schaffen. Wahrscheinlich im Jahr 81 v. Chr. wurde die Zahl der Präturen von sechs auf acht erhöht. Alle Prätoren, nicht nur der *praetor urbanus* und der *praetor peregrinus*, hatten zunächst in Rom und in *Italia* die Zivil- und Strafgerichtsbarkeit auszuüben. Außerdem hatten von nun an die Konsuln regelmäßig, also nicht mehr nur in Kriegssituationen, Provinzen zu übernehmen. Mit diesen Neuerungen dürfte die Vorverlegung der Wahlen der künftigen Prätoren und Konsuln von November auf Juli einhergegangen sein. Damit verblieb den künftigen Mandataren mehr Zeit zur Vorbereitung auf die sie erwartenden Pflichten. Erst nach Beendigung ihrer Tätigkeit in Rom bzw. *Italia* gingen die Prätoren ebenso wie die beiden Konsuln als Promagistrate in die Provinzen ab, um diese ein Jahr lang zu leiten. Damit stand unter Einschluss der Konsuln für jede der damals zehn Provinzen ein Statthalter zur Verfügung, sofern kein Prätor bzw. Konsul verhindert war.

Sulla vollzog mit seinen Reformen einen wichtigen Schritt in Richtung der Statthalterschaften, wie sie uns in der Prinzipatszeit begegnen. Allerdings bildete Sullas Reform keine dauerhafte Lösung, denn die Zahl der Provinzen vergrößerte sich weiter und damit mussten wiederum Statthalterschaften prolongiert werden, um alle Stellen besetzen zu können.

Sulla

Knapp 30 Jahre später wurde ein Intervall von vermutlich fünf Jahren zwischen der Bekleidung der Prätur und der Ausübung einer Statthalterschaft vorgeschrieben. Diese Reform ist maßgeblich auf ein Gesetz des Cnaeus Pompeius (106–48 v. Chr.) zurückzuführen (*lex Pompeia*; 52 v. Chr.). Durch sie avancierten die Statthalterschaften faktisch zu einer eigenständigen, von einem vorausgegangenen Amt unabhängigen Magistratur. Da die Betreffenden nunmehr bei Amtsantritt Privatpersonen und keine Magistrate waren, musste ihnen eine entsprechende Befehlsgewalt (*imperium*) eigens übertragen werden. Allerdings war der Neuerung aufgrund der Wirren der Zeit und des Interesses der Prätoren, möglichst schnell eine Statthalterschaft zu erhalten, um ihre durch den Wahlkampf in Unordnung geratenen Finanzen sanieren zu können, kein Erfolg beschieden.

Pompeius

Im Jahr 46 v. Chr. stellte Caius Iulius Caesar die direkte Abfolge von stadtrömischer Magistratur und Statthalterschaft wieder her. Zugleich beschränkte er die Dauer der Statthalterschaften auf ein Jahr für die von Prätoren geleiteten Provinzen und auf höchstens zwei Jahre für die konsularen Provinzen. Damit wirkte er der Praxis verlängerter Statthalterschaften entgegen, denn diese barg Risiken: Mit der steigenden Vertrautheit der Statthalter mit den ihrem Befehl unterstellten Truppen wuchs die Gefahr einer Usurpation. Caesars Adoptivsohn Augustus griff indes wieder auf die Vorgaben von Pompeius zurück. Fortan durften alle Bewerber erst an der Losung um eine Provinz teilnehmen, wenn fünf Jahre seit ihrer Magistratur in Rom vergangen waren. Diese Reglementierung war von enormer politischer Tragweite, da sie im Gegensatz zu der Regelung des Pompeius auch die Konsuln betraf und somit den Konsulat auf eine maximal einjährige zivile Aufgabe reduzierte. Offenbar wollte Augustus den Konsuln bzw. ehemaligen Konsuln grundsätzlich nur bedingt und in größeren zeitlichen Abständen die Möglichkeit einräumen, eine Statthalterschaft zu übernehmen.

Caius Iulius Caesar

## Die Teilung der Provinzen im Jahr 27 v. Chr.

Am 13. Januar 27 v. Chr. kam es im Zuge der Neuordnung des römischen Staatswesens zur Teilung der Provinzen zwischen Senat und Volk sowie dem ersten Prinzeps, dessen Werk sie maßgeblich ist. Ziel dieser Maßnahme war es, die politische Struktur des Imperium Romanum zunehmend monarchisch auszurichten und dem Prinzeps den direkten Zugriff auf eine ganze Reihe von

Neuordnung zu Beginn der Prinzipatszeit

Provinzen sowie die militärische Macht im Reich zu sichern, denn fast alle Legionen und die Mehrzahl der Auxiliareinheiten waren fortan in den dem Prinzeps überantworteten Provinzen garnisoniert.

**Quelle**

Cassius Dio (um 163–nach 229 n. Chr.), Römische Geschichte 53,12,3–4:

Diese Regelung traf Caesar (= Augustus), wie er sagte, damit der Senat ungefährdet aus den Teilen des Reichs seinen Nutzen ziehen könne, er selbst aber die Mühen und Gefahren auf sich zu nehmen habe. In Wirklichkeit aber sollten die Senatoren unter diesem Vorwand unbewaffnet und zu keinem kriegerischen Unternehmen fähig sein, während er allein über Waffen verfügte und Soldaten unterhielt. Und so galten als Besitz von Volk und Senat: Afrika, Numidien, Asia, Griechenland samt Epirus, die Bezirke Dalmatien und Makedonien, Sizilien, Kreta samt dem kyrenäischen Teil Libyens, Bithynien mit dem angrenzenden Pontus, Sardinien, Baetica.

**Quelle**

Strabon (ca. 63 v. Chr.–23 n. Chr.) über die kaiserzeitliche Provinzordnung (Geographica 17,3,25 [840C]):

Nachdem ihm nämlich sein Vaterland den Vorstand der Herrschaft übertragen hatte und er (= Augustus) auf Lebenszeit Herr über Krieg und Frieden geworden war, hat er das ganze Land in zwei Teile geteilt und den einen sich selber, den anderen dem Volk zugewiesen; sich selber alles, was militärischen Schutz braucht, … dem Volk alles übrige, das friedlich und leicht ohne Waffen zu beherrschen ist. Jeden der beiden Teile hat er in mehrere Provinzen aufgeteilt, von denen die einen ‚Provinzen Caesars (= des Herrschers)', die anderen ‚Provinzen des Volkes' genannt werden; in seine Provinzen schickt der Herrscher Statthalter und Verwalter, wobei er die Länder bald so, bald anders einteilt und seine Politik nach den jeweiligen Umständen richtet; in die Provinzen des Volkes entsendet das Volk Prätoren oder Konsuln; auch sie werden verschieden eingeteilt, wenn es der Nutzen verlangt.

In der ersten Prinzipatszeit wurden noch mehr als zehn Provinzen von einem Prokonsul verwaltet, später reduzierte man ihre Anzahl auf zehn. Im Zuge der Aufteilung erfolgte eine Reihe von Umstrukturierungen. Anstelle der bisher zwei hispanischen Provinzen traten nun drei. Die Insel *Creta* und die nordafrikanische Küstenprovinz *Cyrenaica* bildeten fortan eine Verwaltungseinheit und *Achaea* wurde als eigene Provinz kreiert. Die Maßnahmen des Jahres 27 v. Chr. bildeten die Grundlage der kaiserzeitlichen Provinzverwaltung, die man stets pragmatisch und flexibel handhabte. Auf Dauer gesehen verlor der Senat an Einfluss, aus Sicht der Provinzialen war der Prinzeps das politische Zentrum des Reichs. Zudem wurden nach 27 v. Chr. neu dem Provinzialverband angefügte Provinzen grundsätzlich dem Herrscher unterstellt. Auch vor *Italia* machte die Neuordnung des Staates nicht halt. Die Halbinsel wurde zur besseren administrativen Durchdringung in elf Regionen aufgegliedert, die durchnummeriert wurden. Da die Kapitale Rom, die gemäß dem älteren Plinius (ca. 23-79 n. Chr.) Teil der ersten Region war, de facto als eigene Einheit aufzufassen ist, dürfen wir von zwölf Teilgebieten ausgehen. Die Stadt Rom selbst wurde im Jahr 5 n. Chr. ebenfalls in 14 Regionen aufgeteilt. Diese gliederten sich in 265 *vici*, zu Verwaltungseinheiten zusammengeschlossene Häusergruppen bzw. Straßenzüge.

Statthalter

Die Provinzen waren wie dargelegt Verwaltungseinheiten innerhalb des Imperium Romanum; an ihrer Spitze stand jeweils ein Statthalter. Soziale Stellung und Titulatur eines Statthalters waren von verschiedenen Faktoren abhängig. In republikanischer Zeit war in der Regel die Wahl zum Prätor die Voraussetzung für die Übernahme einer Statthalterschaft. Die Konsuln wurden bis zur Reform Sullas nur herangezogen, wenn dies Notsituationen erforderten. Auch in der Kaiserzeit mussten die Statthalter eine bestimmte Stufe innerhalb der senatorischen Laufbahn (*cursus honorum*) erreicht, in der Regel die Prätur bekleidet haben, bevor sie eine Statthalterschaft erlangen konnten.

In der Kaiserzeit unterscheiden wir infolge der skizzierten Teilung des Jahres 27 v. Chr. zwischen den dem Prinzeps unterstellten Provinzen, den *provinciae Caesaris* und den *provinciae publicae* bzw. *provinciae senatus populique Romani*. Letztere werden häufig senatorische bzw. Volk und Senat zugeteilte Provinzen oder nach dem Amtstitel des Statthalters prokonsulare Provinzen genannt. Da in den Senat und Volk anvertrauten Provinzen verhältnismäßig wenige Soldaten, und vor allem seit Caius (Caligula) keine Legion mehr stationiert war, bezeichnet man sie bisweilen als *provinciae inermes* (unbewaffnete Provinzen). Die *provinciae Caesaris* werden in der modernen Literatur gerne als kaiserliche Provinzen angesprochen.

## Die Bestimmung der Dienstprovinzen für die Prokonsuln

Losung

In republikanischer Zeit stellte der Senat gewöhnlich zu Anfang des Amtsjahres (seit 222 v. Chr.: 15. März; ab 153 v. Chr.: 1. Januar) die Geschäftsbereiche der Prätoren und Konsuln fest, im Anschluss daran wurden die Statthalterschaften ausgelost. Die Konsuln wurden bisweilen vom Senat aufgefordert, die für sie vorgesehenen Provinzen untereinander aufzuteilen oder darum öffentlich zu losen.

**Quelle**

Livius (59 v. Chr.–17 n. Chr.) berichtet über die Losung um die Aufgabenbereiche im Jahr 192 v. Chr. (Römische Geschichte 35,20,8–11):

Darauf losten die Prätoren um ihre Aufgabenbereiche … Lucius Valerius Tappo erhielt Sizilien, Quintus Salonius Sarra Sardinien, Marcus Baebius Tamphilus das diesseitige Hispanien, Aulus Atilius Serranus das jenseitige. Aber für diese beiden wurden zunächst auf Senatsbeschluss, dann auf Anordnung des Volkes die Aufgabenbereiche geändert; für Atilius wurde die Flotte und Makedonien bestimmt, für Baebius das Gebiet der Bruttier. Flaminius und Fulvius wurde das Kommando in Hispanien verlängert.

Die Losung um die von den Konsuln geleiteten Provinzen fand meist im Jupitertempel auf dem Kapitol, für die prätorischen Provinzen wohl im Tempel des Saturn oder des Jupiter öffentlich, das heißt, bei geöffneten Türen statt. Die Bevölkerung konnte somit das Verfahren verfolgen. Dies bildete indes keinen Schutz vor Manipulationen, denn bisweilen wurden Bewerber einfach übergangen oder das Los fiel so, wie es die Kandidaten bzw. einflussreiche Männer wünschten. Wie das Los manipuliert wurde, wissen wir nicht, vorstellbar sind sowohl eine Markierung oder Gewichtsveränderung des Loses als auch die Verkündung eines falschen Ergebnisses. Auf jeden Fall ist davon auszugehen, dass nicht nur der vorsitzende Konsul, der die mit den Namen der Provinzen gekennzeichneten Lose warf, sondern auch die ihn umgebenden Senatoren, allen voran die offiziellen Wahlbeobachter (Wahlwächter und Auguren), mit der Wahlbeeinflussung einverstanden waren oder sie zumindest stillschweigend duldeten. Bisweilen wurden die erlosten Provinzen getauscht. Zum einen konnte es aufgrund der konkreten Situation in einer Provinz geraten sein, einen anderen, qualifizierteren Mann zu entsenden oder die bereits vor Ort tätigen Mandatare dort länger zu belassen. Zum anderen konnte der Fall eintreten, dass sich mit dem Ergebnis der Losung unzufriedene Senatoren untereinander einigten, ihre Aufgabenbereiche zu tauschen. Grundsätzlich musste die Umwidmung (*permutatio*) durch den Senat beschlossen und durch einen Volksbeschluss bestätigt werden.

**Quelle**

Der bekannte Redner und Staatsmann Cicero (106–43 v. Chr.) schreibt im Jahr 62 v. Chr. an den Prokonsul Quintus Metellus Celer bezüglich der Losung um seine Provinz (An seine Freunde 5,2,3):

Aber so viel darf ich sagen, dass ich mir sofort, als ich in der Volksversammlung auf die Provinz verzichtet hatte, überlegt habe, wie ich sie Dir übergeben könnte. Über Eure Losung will ich schweigen, nur so viel darfst Du als sicher betrachten, dass in dieser Angelegenheit von meinem Kollegen nichts ohne mein Wissen geschehen ist.

## Die Kaiserzeit

***Provinciae publicae***

In der Kaiserzeit wurde um die *provinciae publicae* weiterhin gelost. Dabei ist zu unterscheiden zwischen der Losung im Fall eines Überhangs an Bewerbern und der eigentlichen Sortition (Losung) um die Provinz. Gab es mehr Kandidaten als Provinzen, entschied das Los (*sors*), wer zum Zuge kam. An wievielter Stelle dann ein ausgeloster Bewerber seine künftige Dienstprovinz wählen durfte, wurde offenbar von mehreren Faktoren bestimmt. Eine wichtige Rolle spielte fraglos die Zahl der legitimen Kinder; Väter, die sich mehrerer Kinder erfreuten, wurden bevorzugt. Nach Möglichkeit dürften sich die Betreffenden Provinzen gewünscht haben, die ihnen von Klima, Kultur und

Sprache her zusagten oder die sie im Rahmen einer früheren Tätigkeit, sei es beim Militär, sei es als Begleiter eines Statthalters, kennengelernt hatten. So übten Senatoren, die aus dem Osten des Reichs stammten, gerne Statthalterschaften in diesem Raum aus.

Ausschluss von der Losung

Kandidaten, deren Lebens- oder Amtsführung nicht untadelig war, konnten von der Sortition ausgeschlossen werden. So verbot Tiberius dem Patrizier Caius Sulpicius Galba, einem Konsular und ehemaligen Statthalter der Provinz *Achaea*, dessen Vermögensverhältnisse in schwere Schieflage geraten waren, sich an der Losung um die Provinz *Asia* zu beteiligen. Galba nahm sich daraufhin das Leben, sei es, weil er den Ausschluss als schwere Schande empfand, sei es, weil er aus seiner finanziellen Situation keinen Ausweg mehr sah.

In besonderen Situationen wurden die Prokonsuln nicht per Los gewählt, sondern direkt, also *extra sortem* oder *sine sorte*, ernannt. Im Jahr 6 n. Chr. wurden die Statthalter für die prokonsularen Provinzen aufgrund der unruhigen Lage direkt und zudem - entgegen der Praxis - für zwei Jahre bestellt. Sicher wollte man in Krisenzeiten mit dieser Maßnahme sicherstellen, dass jeweils die geeignetsten Männer in die Provinzen entsandt wurden. Öfter lässt sich beobachten, dass der Prinzeps auf die Wahl der Prokonsuln Einfluss ausübte, indem er den Senat wissen ließ, wen er für den Richtigen hielt.

Den Statthaltern der *provinciae publicae* eignete ein rechtlich unabhängiges *imperium*. Über den ihnen zugeordneten *quaestor* hatten die *proconsules* die Kontrolle über die Steuereinnahmen ihrer Provinz. Ihre Amtszeit betrug auch während der Prinzipatszeit republikanischem Usus gemäß gewöhnlich ein Jahr. Dies galt ebenso für die ihnen nachgeordneten Amtsträger und Gehilfen. Die Statthalter der *publicae provinciae* führten unabhängig davon, ob sie ehemalige Prätoren oder Konsuln waren, den Amtstitel *proconsul*. Als deutliches Zeichen ihrer Gewalt über Leben und Tod begleiteten sie seit alters her Liktoren (*lictores*), die ihnen Rutenbündel vorantrugen, aus denen ein Beil herausragte (*fasces*). Den Statthaltern von *Asia* und *Africa* standen als ehemaligen Konsuln zwölf Liktoren, den übrigen Prokonsuln als Prätorier sechs Liktoren und damit sechs *fasces* zu.

**Abb. 2** Römische Marmortafel (heute im Kreuzgang San Paolo fuori le mura in Rom) mit *fasces*.

### Die Bestimmung der Dienstprovinzen für die *legati Augusti pro praetore*

Die Statthalter seiner Provinzen wählte der Prinzeps nach seinem Gutdünken aus. Sofern es sich um Provinzen handelte, die er von einem Senator geleitet wissen wollte, suchte der Herrscher seine Mandatare aus dem Kreis der ehemaligen Prätoren und Konsuln aus. Allerdings war es dem Herrscher freigestellt, andere Senatoren zu berufen. Nero (54–68 n. Chr.) erwählte Marcus Salvius Otho, obwohl dieser lediglich die Quästur bekleidet hatte, zum Statthalter der hispanischen Provinz *Lusitania*. Diese außergewöhnliche Beförderung hatte wohl private Gründe, denn Nero, der eine Liebesbeziehung zu Othos Frau unterhalten haben soll, wollte offenbar in Rom ungestört sein. Otho leitete die Provinz rund zehn Jahre lang (58–68 n. Chr.).

Seine Provinzstatthalter (*legati Augusti pro praetore*) berief der Prinzeps aus eigener Machtvollkommenheit, also ohne Rücksprache mit Senat und Volk. Er delegierte ihnen seine Amtsgewalt; die *legati Augusti pro praetore* waren somit im wörtlichen Sinn die Statthalter des regierenden Augustus. Entsprechend gestaltete sich das persönliche Verhältnis zwischen Herrscher und seinem Legaten, was sich etwa in einer in *Comama* (Șerefönü, Türkei) unter Augustus gesetzten Bauinschrift spiegelt:

**Quelle**

CIL 3, 6974:

Der Imperator Caesar Augustus … ließ (dieses Bauvorhaben) unter der Obhut seines Legaten Cornutus Aquila ausführen.

Bestellung der Statthalter durch den Herrscher

Die erstmals von Augustus praktizierte Einsetzung eigener Legaten für die Verwaltung seiner *provinciae* folgte fraglos republikanischen Vorbildern. So delegierten Roms Feldherrn seit alters her Teile ihrer Pflichten an ihre Legaten. Das direkte Vorbild könnte Pompeius geliefert haben; er überließ die Leitung der ihm anvertrauten hispanischen Provinzen fortgesetzt zwei *legati*, während er es aus politischen Gründen vorzog, in der Umgebung von Rom zu bleiben.

Ebenso einheitlich wie die Bezeichnung der Senatoren, welche die *provinciae publicae* leiteten, war die ihrer Kollegen in den kaiserlichen Provinzen. Ihnen kam ohne Unterschied die Bezeichnung *legatus Augusti pro praetore* zu. In dem umfänglichen und schwerfälligen Amtstitel des kaiserlichen Statthalters spiegelt sich die ihm zugrunde liegende Rechts- bzw. Machtkonstruktion wider. Dem Prinzeps kam aufgrund seines *imperium proconsulare* die höchste Gewalt in seinen Provinzen zu; diese mandatierte er an seine Stellvertreter vor Ort, daher die Bezeichnung *legatus Augusti*. Der Zusatz *pro praetore*, den die Statthalter führten, egal ob sie ehemalige Konsuln oder Prätoren waren, zeigte unmissverständlich, dass ihnen allein prätorische Befugnisse zukamen, sie also der übergeordneten Gewalt ihres Prinzeps unterstanden. Die Zahl der ihnen vorausgetragenen *fasces* belief sich auf fünf, weswegen diese Statthalter umgangssprachlich auch *quinquefascales* genannt wurden. Grundsätzlich hatte jeder Statthalter in seiner Provinz nach dem Herrscher die größte Befehlsgewalt: *und deswegen hat er in der Provinz gegenüber allen nach dem Herrscher die größte Befehlsgewalt* (Digesten 1,16,8). Mit der Verfestigung des Prinzipats erstreckte sich die übergeordnete Befehlsgewalt des Herrschers (*imperium proconsulare maius*) auch auf die *provinciae publicae.*

Ehemalige Konsuln

Ehemalige Konsuln wurden normalerweise in den kaiserlichen Provinzen eingesetzt, die über zwei oder mehr Legionen verfügten. Damit setzte der Prinzeps die republikanische Praxis fort, denn das Heer eines Konsuls umfasste wenigstens zwei Legionen, das eines Prätors hingegen nur eine Legion. Allerdings kennen wir Ausnahmen. So wählte der Herrscher den Statthalter der *Hispania citerior*, nachdem die Provinz nur noch über eine Legion verfügte, weiterhin aus den gewesenen Konsuln aus. Vermutlich wollte der Prinzeps damit dem hohen Ansehen, das diese alte römische Provinz genoss, Rechnung tragen. Außerdem gab es entgegen den üblichen Gepflogenheiten für die in der *Hispania citerior* stationierte Legion nach wie vor einen eigenen, dem Statthalter untergeordneten Legionslegaten. Zudem stand dem Statthalter ein *legatus iuridicus* zur Seite. Diese Besonderheiten finden ihre Erklärung in der großen Entfernung zwischen dem am Meer gelegenen Statthaltersitz *Tarraco* (Tarragona, Spanien) und dem weit nördlich im Landesinneren angesiedelten Stationierungsort der Legion, dem heutigen Léon (Spanien), sowie dem konsularen Rang des Statthalters, denn ehemalige Konsuln, die Provinzen leiteten, in denen Legionen lagen, verfügten pro Legion über einen Legaten. Aus räumlichen Gründen war es für den Statthalter ebenfalls schwierig, seine ganze Provinz zu bereisen, um Recht zu sprechen; hier half ein *legatus iuridicus.*

Das im Statthalterstab (*officium*) der *legati Augusti pro praetore* benötigte Personal bildeten aus den in der Provinz stationierten Einheiten abgeordnete Soldaten. Diese *officiales* blieben oft länger im Amt, durch sie wurde folglich bei einem Statthalterwechsel ein gewisses Maß an Kontinuität in der Verwaltung gewahrt. Die Legaten des Herrschers hatten im Gegensatz zu ihren Kollegen in den *publicae provinciae* keine Kontrolle über die Finanzen. Die Fiskalverwaltung einschließlich der Steuereinnahmen oblag Prokuratoren im Ritterrang, die der Prinzeps nach seinem Gutdünken auswählte und einsetzte.

## Ein Novum der Prinzipatszeit: Präsidialprokuratoren

Statthalter aus dem Ritterstand

In der julisch-claudischen Zeit fanden Ritter (*equites Romani*) als Statthalter Verwendung, allerdings ausschließlich in den *provinciae Caesaris*. Dies war ein Novum. Zum ersten Mal praktizierte der erste Prinzeps Augustus die Einsetzung eines Ritters als seinen Vertreter vor Ort, als er im Jahr 30 v. Chr.

Ägypten Cornelius Gallus anvertraute. Dieser beaufsichtigte fortan als *praefectus Aegypti* die neu geschaffene kaiserliche Provinz. Ihm oblagen wie anderen Statthaltern die Verwaltung, Rechtsprechung und der Oberbefehl über die in Ägypten stationierten Legionen. Präfekten wurden seit alters her von Mandataren als ihre Beauftragten für bestimmte Angelegenheiten ernannt. Somit bestand eine direkte Bindung des *praefectus* an denjenigen, der ihn ausgesucht hatte. Diese Abhängigkeit wünschte Augustus sich gerade im Fall der wichtigen Provinz *Aegyptus*.

**Quelle**

Cassius Dio (um 163–nach 229 n. Chr.) über die Leitung der Provinz Ägypten (Römische Geschichte 51,17,1):

Dann machte er Ägypten zur Provinz und übertrug deren Leitung Cornelius Gallus, denn er wagte es nicht im Hinblick auf die Menschenmassen in Stadt und Land, die wandelhafte, unbeständige Wesensart der Bevölkerung, die Bedeutung für die Getreideversorgung und den allgemeinen Wohlstand, das Land einem Senator anzuvertrauen.

In der Folgezeit ließ Augustus wiederholt Ritter an der Provinzverwaltung teilhaben. Zum Beispiel im Jahr 6 n. Chr., als Archelaos, ein Sohn von Herodes d. Gr., in Ungnade fiel und nach *Vienna* (Vienne, Frankreich) exiliert wurde, übertrug Augustus dessen Herrschaftsgebiet einem *praefectus*, welchen er der Kontrolle des Statthalters der benachbarten kaiserlichen Provinz *Syria* unterstellte.

Claudius

Ab Claudius wurde es üblich, Ritter als Statthalter einzusetzen und sie mit dem Titel *procurator* zu versehen; eine Bezeichnung, die bis dahin allein für die kaiserlichen Finanzprokuratoren Verwendung fand, also für diejenigen, die in den kaiserlichen Provinzen für die gesamten finanziellen Angelegenheiten, in den Volk und Senat übergebenen Provinzen hingegen nur für den Privatbesitz des Herrschers verantwortlich waren. Die permanente Einbeziehung der Angehörigen des Ritterstands in die Reichsverwaltung war eine Konsequenz aus der weitreichenden Umstrukturierung der römischen Gesellschaft um die Zeitenwende. Neben dem *ordo senatorius* (Senatorenstand) als höchste soziale Rangklasse mit klar definierten Zugangskriterien entstand als nachgeordnete Elite der *ordo equester* (Ritterstand), für den sich ebenfalls allmählich feste Karrierestrukturen und eine interne Hierarchie ausbildeten. Die Gründe für die verstärkte Einsetzung von *equites Romani* als Statthalter liegen in dem Bestreben, diesen Personenkreis zu Verwaltungsaufgaben heranzuziehen und damit fest in das Gefüge des Imperium Romanum einzubinden. Eine weitere Rolle dürfte gespielt haben, dass Ritter geringer bezahlt wurden als Senatoren, man also Kosten sparen konnte. Aufgrund ihrer Laufbahn konnten ritterliche Statthalter mit einschlägigen Erfahrungen aufwarten. Nach Absolvierung einer Offizierslaufbahn wirkten sie auf verschiedenen Ebenen in der kaiserlichen Verwaltung, bevor ihnen die Leitung einer Provinz anvertraut wurde. Danach konnten besonders fähige Männer in weitere Spitzenpositionen aufrücken. Den Höhepunkt einer prokuratorischen Laufbahn bildete die Ausübung der Prätorianerpräfektur in Rom oder der Oberbefehl über eine der römischen Kriegsflotten.

**Quelle**

Auszug aus der während der Samtherrschaft zweier Augusti gefertigten Weihinschrift des Präsidialprokurators Titus Pomponius Victor (CIL 12, 103):

Ich vertrete das Recht und verwalte die Sache der Herrscher.

Prokuratorische Provinzen

Die von dem Ritterstand angehörenden Statthaltern geleiteten Provinzen bezeichnet man gerne dem Amtstitel (*procuator*) gemäß als prokuratorische Provinzen, obwohl sie besser ebenfalls als kaiserliche Provinzen angesprochen werden sollten. Bisweilen werden die ritterlichen Statthalter in der Fachliteratur ihrer Stellung als Leiter der Provinz entsprechend zwecks Unterscheidung von anderen Prokuratoren als Präses bzw. Präsidialprokurator angesprochen. Da die ritterlichen Statthalter in der sozialen Hierarchie deutlich unter ihren Kollegen aus dem *ordo senatorius* standen, wurden ihnen bei ihren Amtshandlungen keine *fasces* vorangetragen. Im Hinblick auf ihre Befugnisse konnten sich die ritterlichen Mandatare freilich mit ihren senatorischen Kollegen messen. Ihnen oblagen adäquate Aufgaben wie ihren dem Senatorenstand angehörigen Kollegen. Im Gegensatz zu diesen kam ihnen sogar voll und ganz die Finanzverwaltung zu. Als Verwaltungspersonal standen ihnen kaiserliche Sklaven und Freigelassene zur Seite. Außerdem verfügten sie wie ihre senatorischen Kollegen über militärische *officiales*, die aus den in der Provinz liegenden Hilfstruppen abkommandiert wurden. In den von Präsidialprokuratoren geleiteten Provinzen waren, von Ägypten und der von Septimius Severus eingerichteten Provinz *Mesopotamia* abgesehen, keine Legionen stationiert, wohl aber Auxiliareinheiten, deren Stärke durchaus der von einer oder zwei Legionen entsprechen konnte. Lagen in einer von einem Ritter geleiteten Provinz Legionen, so stand an deren Spitze jeweils ein *eques Romanus* mit dem Titel *praefectus legionis* anstelle eines dem Senatorenstand angehörigen Legionslegaten. Diese Ausnahme war nötig, um dem niedrigeren Rang des dem Legionskommandeur vorgesetzten ritterlichen Statthalters gerecht zu werden. Unter dem Oberkommando der ritterlichen Statthalter konnten also ansehnliche Truppenverbände stehen.

**Quelle**

Die Bezeichnung Präses (Digesten 1,18,1):

Der Begriff des Provinzstatthalters (praeses) ist ein allgemeiner, und deshalb werden die Prokonsuln, die kaiserlichen Legaten und auch sonst alle, die Provinzen verwalten, selbst wenn sie Senatoren sind, praeses genannt. Der Begriff des Prokonsuls ist dagegen ein spezieller.

Im 3. Jahrhundert n. Chr. trat an die Stelle der traditionellen Titulaturen der Statthalter (*legatus Augusti pro praetore, proconsul, procurator*) die bis dahin nur gelegentlich und inoffiziell gebrauchte Bezeichnung *praeses* (Präses, Vorsteher, Leiter). Sie setzte sich erst nach und nach durch. Anfänglich wurden relativ häufig die alte und neue Bezeichnung nebeneinander verwendet, also ein Statthalter beispielsweise als *procurator et praeses* angesprochen. Ebenfalls im Laufe des 3. Jahrhunderts n. Chr. ist zudem eine deutliche Zunahme ritterlicher Statthalter zu konstatieren. Zunächst treffen wir auf Ritter, die als Stellvertreter für einen Statthalter senatorischen Rangs fungierten (*agens vice praesidis*), doch ging man bald dazu über, ritterliche *praesides* dauerhaft anstelle von Senatoren einzusetzen und dies aufgrund ihrer einschlägigen Erfahrung bevorzugt in Provinzen, die ein militärisches Kommando beinhalteten.

Vergütung

Seit Augustus empfingen die Statthalter ein Gehalt. Es belief sich für die Prokonsuln der Provinzen *Africa proconsularis* und *Asia* im Jahr 217/218 n. Chr. auf eine Million Sesterzen. Wie hoch die Summe in früherer Zeit war, ist ebenso unbekannt wie die Höhe der Bezahlung für andere Statthalter. Mit der Einführung einer festen Vergütung schaffte Augustus zugleich die bisherige, immer wieder zu Unmut führende Praxis ab. In republikanischer Zeit erhielten ursprünglich wohl die Statthalter und ihre von Staats wegen bestimmten Begleiter Verpflegungsleistungen; diese wurden im Laufe der Zeit nicht mehr in Naturalien, sondern in Geld ausgezahlt. Zur Zeit von Cicero war es üblich, dass die öffentlich bestellten Begleiter ein Salär und die weiteren Begleiter (Freunde) eine Abfindung erhielten. Ciceros Ausführungen in einem Brief an Atticus (110–32 v. Chr.) legen es nahe, dass die Höhe der Zuwendungen dem Statthalter überlassen blieb, was durchaus Unzufriedenheit zur Folge haben konnte.

**Quelle**

Cicero (106–43 v. Chr.) über die ihm zugebilligte Aufwandsentschädigung (Briefe an Atticus 7,1,6):

Während ich es nämlich für richtig und ruhmvoll hielt, von der jährlichen Aufwandsentschädigung, welche mir zuerkannt worden war, dem Quästor Caius Coelius ein Jahresgehalt zu überlassen und der Staatskasse etwa eine Million Sesterzen zurückzuerstatten, stöhnte meine Begleitmannschaft auf und meinte, alles solle an sie verteilt werden.

## Amtsantritt des Statthalters

Beschaffung von Informationen

Es musste im Interesse eines jeden zukünftigen Statthalters liegen, sich über seine Provinz ins Bild zu setzen. Möglichkeiten, um Erkundigungen einzuziehen, gab es mehrere. Zunächst kannten einige designierte Statthalter ihre künftige Provinz aus eigener Anschauung, weil sie diese bereits im Laufe ihrer

Zeit beim Heer oder als Begleiter bzw. Mitarbeiter eines Statthalters kennengelernt hatten. Im Zuge ihres Aufenthaltes hatten sie sicher Kontakte geknüpft, die ihnen von Vorteil sein konnten. Des Weiteren konnte der Betreffende früher in der Provinz tätige Mandatare befragen sowie Verwandte, Freunde, Klienten, die ihrerseits die Provinz kannten oder Beziehungen zu dort lebenden Personen hatten. Schließlich bestand die Möglichkeit, sich mit dem derzeitigen Statthalter in Verbindung zu setzen, um ihn um Informationen und eine reibungslose Übernahme der Dienstgeschäfte zu ersuchen. So sind uns Briefe erhalten, die Marcus Tullius Cicero als künftiger Statthalter Kilikiens an den amtierenden Prokonsul Appius Claudius Pulcher richtete.

Vornehmlich in republikanischer Zeit schrieben bedeutende Persönlichkeiten gerne ihre eigenen Biografien oder Memoiren bzw. ließen diese verfassen, um ihre Taten aus ihrer eigenen Sicht darzustellen, ins rechte Licht zu rücken und der Nachwelt zu tradieren. Erinnert sei nur an die Kriegsberichte von Caius Iulius Caesar. Solche Schriften standen künftigen Mandataren als (freilich sehr subjektive) Quelle ebenfalls zur Verfügung.

Zu dem selbst beschafften Wissen der Mandatare kamen die offiziellen Unterweisungen des Senates, an deren Stelle in der Prinzipatszeit die Dienstvorschriften (*mandata*) des Herrschers traten. Seit dem ersten Prinzeps Augustus war es Usus, dass die in die Provinzen abgehenden Mandatare vom Prinzeps persönlich Instruktionen entgegennahmen. Diese strikt vertraulichen Mitteilungen empfingen nicht nur die kaiserlichen Statthalter, sondern auch alle übrigen. Sie enthielten konkrete Weisungen, die sowohl für einen bestimmten Fall als auch generell gelten konnten. Plinius untersagte den Vorgaben von Trajan entsprechend in seiner Provinz Zusammenkünfte. Die *mandata* beinhalteten sicherlich zudem Wissenswertes über bestehende Probleme, die aktuelle politische, wirtschaftliche und soziale Lage, das Militärwesen sowie in der Provinz tätige Mandatare.

**Quelle**

Plinius (62–ca. 113 n. Chr.) schreibt an Trajan bezüglich der in der Provinz lebenden Christen und ihrer Treffen (Briefe 10,96,7):

... aber selbst dies hätten sie nach meinem Edikt, durch das ich gemäß Deinen Dienstanweisungen Versammlungen verbot, unterlassen.

In der Provinz angekommen bestand die Möglichkeit zu einem persönlichen Gespräch mit dem scheidenden Statthalter und weiteren Amtsträgern. Zudem werden kooperationswillige Honoratioren und in der Provinz tätige Römer, etwa Kaufleute, dem Statthalter gerne mit ihrem Wissen geholfen haben. Bei Bedarf erhielten die Statthalter während ihrer Amtszeit weitere Richtlinien aus Rom. Selbstverständlich konnten sich die Statthalter ihrerseits, wenn sie eine Angelegenheit nicht eigenständig entscheiden wollten oder dies ihre Kompetenzen überschritten hätte, nach Rom wenden und um entsprechende Direktiven nachsuchen.

**Quelle**

Pflicht des Statthalters Recht zu sprechen (Digesten 1,16,10 pr.):

Man muss sich merken, dass der Prokonsul bis zur Ankunft seines Nachfolgers alles auszuüben hat, weil es nur ein Prokonsulat gibt und das Wohl der Provinz verlangt, dass es jemanden gibt, mit dessen Hilfe die Einwohner der Provinz ihre Angelegenheiten regeln können; daher muss er bis zur Ankunft des Nachfolgers Recht sprechen.

Abgang in die Provinz

Designierte Prokonsuln ließen sich gerne mit ihrem Abgang in ihre Dienstprovinz Zeit. So sah sich Tiberius (14-37 n. Chr.) veranlasst, den Antritt der Reise bis spätestens 1. Juni vorzuschreiben. Die Anordnung betraf laut dem Historiker Dio allein die *proconsules*; mit seinen eigenen Statthaltern regelte der Prinzeps den Zeitpunkt der Abreise sicher individuell. Claudius (41-54 n. Chr.) schärfte die Vorschrift erneut ein, wobei er den Termin auf die Zeit vor Mitte April vorverlegte. Bei der Wahl dieses Datums orientierte sich der Herrscher an der Wiederaufnahme der Schifffahrt nach der Winterpause.

**Quelle**

Dio (um 163–nach 229 n. Chr.) über den Abgang der Statthalter in ihre Dienstprovinzen (Römische Geschichte 57,14,5):

Und da viele von denen, die Provinzen erlost hatten, sich gewöhnlich lang in Rom und anderen Teilen Italiens aufhielten, so dass ihre Amtsvorgänger über die festgesetzte Zeit hinaus ihre Tätigkeit ausübten, ordnete Tiberius an, dass sie spätestens bis zum 1. Juni ihre Reise anzutreten hätten.

Beginn der Statthalterschaft

Die Amtszeit eines Statthalters begann mit dem Tag, an dem er an seinem Amtssitz ankam (*adventus*), und nicht schon mit seinem Eintreffen in der Provinz. Ein scheidender Statthalter musste bis zur Ankunft seines Nachfolgers im Amt bleiben. War dieser eingetroffen, hatte er mit ihm über die aktuelle Lage und Anhängiges zu sprechen. Nach der Übergabe der Amtsgeschäfte sollte der bisherige Statthalter umgehend seine Heimreise antreten.

Gemäß Livius (40,39,3-4) informierte Tiberius Sempronius Gracchus in seiner Eigenschaft als künftiger Statthalter der *Hispania citerior* den amtierenden Statthalter Quintus Fulvius Flaccus über den Tag seiner Ankunft in *Tarraco* (Tarragona, Spanien) und die vor Ort beabsichtigte Heerschau (180 v. Chr.). An dieser Mitteilungspflicht änderte sich bis in die Spätzeit nichts. Künftige Statthalter waren gehalten, vor Betreten ihrer Dienstprovinz den Tag ihrer geplanten Ankunft bekannt zu geben sowie die übliche Reiseroute zu wählen. Sinn dieser Vorschriften war es, den Amtsinhaber ins Bild zu setzen, damit er seinen eigenen Aufbruch planen konnte, sowie etwaiger Ungewissheit und möglicherweise daraus resultierenden Turbulenzen bei der Provinzbevölkerung vorzubeugen. Die Benutzung des üblichen Reisewegs war geraten, da die Bewohner der Provinz auf die Beachtung von Gepflogenheiten und Vorrechten größten Wert legten. Außerdem empfahlen sich eine festgesetzte Reiseroute und ein Zeitplan aus praktischen Erwägungen, denn die Provinzialen mussten sich auf den Statthalter und seine Begleiter einstellen, gegebenenfalls Quartier und Verpflegung für Mensch und Tier vorhalten.

Ankunft in der Provinz

Der Eintritt (*ingressus*) des künftigen Statthalters in seine Dienstprovinz war insbesondere für die Bevölkerung ein wichtiges Ereignis, für das sich ein sicherlich reichsweit gleiches oder zumindest sehr ähnliches Zeremoniell herausbildete. Zum Ritual gehörte bei der Ankunft eines Statthalters in seiner neuen Dienstprovinz offenbar die Darbringung eines Opfers. Jedenfalls opferte der spätere Herrscher Galba nach seiner Ankunft in der Provinz *Hispania Tarraconensis* öffentlich in einem Heiligtum. Zur Zeit Ciceros war es üblich, dass dem künftigen Statthalter auf seinem Weg in die Provinz Gesandtschaften und Privatleute entgegenreisten, die sich von einem persönlichen Gespräch Vorteile erhofften und die ihn mit ihren Anliegen bedrängten. Diese Unsitte bestand fort, denn der römische Jurist Ulpian († 228 n. Chr.) riet designierten Statthaltern, die Bewohner der Provinz daran zu hindern, ihnen entgegenzuziehen. Sie sollten ihn stattdessen in ihrer Heimatgemeinde empfangen.

Die Ankunft eines Statthalters in einer Stadt innerhalb seiner Provinz war für deren Einwohner stets etwas Besonderes. Die ‚Stadtväter' empfingen den seinem Rang entsprechend gekleideten und von seinen Begleitern eskortierten Mandatar vor der Stadt und geleiteten ihn feierlich hinein.

**Quelle**

Cicero (106–43 v. Chr.) über den Beginn seiner Statthalterschaft (Briefe an Atticus 5,15,1):

In Laodicea bin ich am 31. Juli angekommen. Von diesem Tag an musst Du mein Amtsjahr rechnen. Wie sehnlich hatte man auf meine Ankunft gewartet, wie herzlich begrüßte man mich!

## Tätigkeitsfelder des Statthalters

**Quelle**

Die Kompetenz des Statthalters (Digesten 1,16,9 pr.):

Und es gibt überhaupt nichts in der Provinz, das nicht von ihm (= dem Statthalter) selbst erledigt werden kann.

Für die Provinzbewohner spielte es kaum eine Rolle, ob der ihnen vorgesetzte Statthalter Senator oder Ritter war, ob er den Titel *proconsul, legatus Au-*

*gusti pro praetore* oder *procurator* führte, ob und wenn, wie viele Rutenbündel ihm vorangetragen wurden, denn sie alle vertraten Rom. Zu den vordringlichen Pflichten jedes Statthalters gehörte es, für Ruhe und Ordnung in seiner Provinz zu sorgen. Dabei stützte er sich maßgeblich auf das ihm unterstellte militärische Personal. Die innere Sicherheit in einer Provinz konnte, wie der folgende Text veranschaulicht, etwa durch Kriminalität gefährdet werden.

## Die Aufrechterhaltung von Ruhe und Ordnung

**Quelle**

Die Gewährleistung von Ruhe und Ordnung (Digesten 1,18,13 pr.):

Es gehört sich für einen guten und verantwortungsvollen Statthalter, dafür Sorge zu tragen, dass die Provinz, die er leitet, friedlich und ruhig ist. Dies wird nicht schwer gelingen, wenn er sich nachdrücklich bemüht, seine Provinz von üblen Menschen freizuhalten und diese zu verfolgen. Denn er muss sowohl Tempelräuber, Wegelagerer und Diebe aufspüren und jeden gemäß seinem Vergehen verurteilen als auch deren Hehler bestrafen, ohne die sich ein Räuber nicht längere Zeit verborgen halten kann.

Öffentliche Sicherheit

Gemäß der vorstehend zitierten Passage musste der Statthalter die Ruhe und Ordnung in seiner Provinz gewährleisten und Verbrecher verfolgen. Besonderen Wert legte man auf die Bestrafung von Räubern und Dieben. Indes bedrohten nicht allein diese Personengruppen das friedliche Leben in einer Provinz; von unzufriedenen Einwohnern konnte ebenfalls Gefahr ausgehen. Widerstand gegen die römische Obrigkeit regte sich vielfach in Zusammenhang mit der Eintreibung von Geld seitens der Römer. So musste der erste Präfekt Ägyptens Cornelius Gallus eine Revolte niederschlagen, die in Zusammenhang mit der Besteuerung ausgebrochen war. Nach dem Tod von Herodes d. Gr. († 4 v. Chr.) kam es in Jerusalem zu schweren Unruhen, weil Sabinus, der in *Syria* ansässige Finanzprokurator, sofort zur Stelle war, um das in der Stadt vorhandene Vermögen von Herodes zu konfiszieren. Dabei beschlagnahmte er eine große Menge Silbergeldes aus dem Tempelschatz; für gläubige Juden eine Ungeheuerlichkeit. Dieses Vorgehen führte zu Aufruhr, der von dem damaligen syrischen Statthalter Publius Quinctilius Varus (47/46 v. Chr. – 9 n. Chr.), der später nach Germanien beordert wurde, und seinen Truppen blutig niedergeschlagen werden musste.

Die anlässlich der Einrichtung der drei gallischen Provinzen durchgeführte Schätzung der Bevölkerung erregte ebenfalls massiven Unmut. Ebenso kam es in den Provinzen *Cappadocia* und *Britannia* anlässlich der Abhaltung eines Zensus zu Ausschreitungen. Der Versuch des Publius Quinctilius Varus, die römische Ordnung in Germanien umzusetzen, war, wenn nicht der alleinige Grund, so doch maßgeblich für den Tod und Vernichtung bringenden Angriff auf die römischen Truppen im Jahr 9 n. Chr. verantwortlich. Schwere

Aufstände, wie zum Beispiel der des Bar Kokhba in *Iudaea* (132–135 n. Chr.) oder des Tacfarinas in Nordafrika (17–24 n. Chr.) zeigen, dass es auch in seit Längerem dem römischen Provinzialverband angehörenden Gebieten zu schweren Problemen kommen konnte. Diese hatten ihre Ursache nicht nur im Freiheits- und Selbstbestimmungsdrang der Revoltierenden, sondern auch in ethnischen und religiösen Eigenheiten, die mit der römischen Ordnung unvereinbar waren, sowie im teilweise zu harten, verständnislosen Durchgreifen römischer Amtsträger. Letztlich mussten sich die Aufständischen der überlegenen römischen Militärmacht geschlagen geben.

## Rechtsprechung und personenrechtliche Angelegenheiten

**Quelle**

Cicero (106–43 v. Chr.) berichtet über seine Tätigkeit als Statthalter von Kilikien im Jahr 50 v. Chr. (Briefe an Atticus 5,21,9):

Heute, am 13. Februar, an dem ich dies schreibe, beginne ich, in Laodicea Gerichtstage abzuhalten für Cibyra und Apamea; vom 15. März ab ebenda für Synnada und Pamphylien, Lycaonien, Isaurien.

Die Ausübung der Rechtsprechung gehörte von Anfang an zu den wichtigsten und umfänglichsten Dienstpflichten des Statthalters. Dabei fiel nicht nur die streitige Gerichtsbarkeit, sondern auch die Zuteilung unstreitiger Rechte in seine Kompetenz. Sein Konvent war der zentrale Ort, an dem sich die Rechtsuchenden einfanden. Der Statthalter war einerseits mit weitgehenden Vollmachten ausgestattet, die es ihm ermöglichten, sich mit den unterschiedlichsten Angelegenheiten zu befassen, anderseits stand es jedem Provinzbewohner ebenso wie Gemeinschaften und Städten frei, sich mit ihren Anliegen an den Statthalter zu wenden. In der Kaiserzeit hatte jeder Statthalter, gleichgültig, ob er als Legat des Herrschers oder als Prokonsul amtierte, die Gerichtsbarkeit über die in seinem Amtsgebiet lebenden römischen Bürger und die Peregrinen inne. Normalerweise lag der Gerichtsstand in der Heimat des Beschuldigten. Indes hatten sich auf frischer Tat gestellte Straftäter vor Ort zu verantworten. Der Statthalter hatte folglich bisweilen über Personen zu urteilen, die nicht in seiner Provinz beheimatet waren. Den Statthaltern kam, im Gegensatz zu anderen in der Provinz tätigen Mandataren, das *ius gladii* (Schwertrecht) zu. Sie hatten somit das Recht, die Todesstrafe auszusprechen.

**Quelle**

Die richterliche Kompetenz des Statthalters (Digesten 1,18,11):

Alle (juristischen) Anliegen innerhalb der Provinz, für die es in Rom verschiedene Richter gibt, fallen in die Kompetenz des Statthalters.

Ritterlichen Statthaltern kamen seit Claudius (41–54 n. Chr.) im Prinzip dieselben Rechte zu wie ihren senatorischen Amtskollegen. Grundsätzlich galt das Urteil eines Statthalters solange er seines Amtes waltete. Nach Beendigung seiner Tätigkeit konnte die Angelegenheit erneut verhandelt werden. Römischen Bürgern stand es frei, gegen das Urteil des Statthalters Einspruch beim Herrscher einzulegen. Grundsätzlich war eine Appellation bei jedem Prozess und in jedem Stadium eines Verfahrens möglich. Der Herrscher konnte aufgrund seines *imperium proconsulare maius* und vor allem der ihm eigenen unumschränkten Gerichtsgewalt die Urteile aller Statthalter überprüfen, gegebenenfalls aufheben oder abändern.

**Quelle**

Klage der Britannier über die römische Herrschaft (Tacitus, Agricola 15,2):

Einst habe jeder Stamm einen König gehabt, jetzt würden ihnen zwei aufgebürdet, von denen der Statthalter gegen ihr Leben, der Prokurator gegen ihr Hab und Gut wüte.

## Conventus

Der Statthalter reiste regelmäßig durch seine Provinz, um sich mit den Sorgen und Nöten der Bevölkerung auseinanderzusetzen und an bestimmten Orten Recht zu sprechen. Um den Provinzialen möglichst gerecht zu werden, waren wohl alle Provinzen in einzelne Gerichtsbezirke unterteilt, auch wenn dafür aus einigen Provinzen keine Zeugnisse vorhanden sind.

**Quelle**

Strabon (ca. 63 v. Chr.–nach 23. n. Chr.) über die innere Gliederung der Provinz *Asia* (Geographica 13,4,12 [629C]):

... dass die Römer die Bewohner nicht nach Stämmen eingeteilt, sondern die Bezirke, in denen sie die Geschäftssitzungen und die Rechtsprechung halten, auf andere Art geordnet haben.

Gerichtsbezirke

Diese Bezirke hießen ebenso wie die Gerichtstage *conventus* (griech. *dioíkesis*). Eine Einteilung in Konventsbezirke kennen wir etwa aus der Provinz *Asia* und aus Hispanien. Für die Provinz *Asia* sind Konventsbezirke erstmals 62 v. Chr. bezeugt, doch haben sie ein wesentlich höheres Alter. Vermutlich gehen sie auf vorrömische Strukturen zurück. Insgesamt kennen wir in *Asia* 18 solcher Bezirke, die freilich nicht alle zugleich bestanden; man darf von ungefähr zwölf gleichzeitig existierenden Bezirken ausgehen. Meist waren die *conventus* nach ihren Hauptorten, den Städten benannt, in denen der Statthalter Gericht hielt und amtliche Bekanntmachungen veröffentlicht wurden. In Provinzen, in denen Konventsbezirke zu fehlen scheinen, könnten diese mit anderen territorialen Einteilungen, etwa mit einer *civitas* oder einer *colonia* samt dem zugehörigen Umland identisch gewesen sein. Die Gerichtstage erfreuten sich regen Zuspruchs. Sie stellten zudem für die Orte, an denen sie stattfanden, Spielen und Festen vergleichbar einen wichtigen wirtschaftlichen Faktor dar. Konventstadt zu sein, galt als Ehre.

Wie groß die auf den Statthalter zukommende Arbeit sein konnte, veranschaulicht ein Beispiel aus Ägypten. Um 208/210 n. Chr. wurden dem *praefectus Aegypti* während eines dreitägigen Termins in der Gauhauptstadt *Arsinoe* 1804 Petitionen übergeben (P.Yale 61). Leichtere Fälle konnte der Statthalter an Helfer delegieren. Von ihm zu entscheiden waren schwerwiegende Tatbestände. Als solche bezeichnet ein zwischen 133–137 n. Chr. ausgefertigtes Edikt des ägyptischen Statthalters Marcus Petronius Mamertinus (133–137 n. Chr.) Mord (Giftmord eingeschlossen), Straßenraub, Menschenraub, Viehdiebstahl, Gewaltdelikte, die mit Waffen verübt wurden, Fälschungen und Falschaussagen, vorzeitiges Öffnen von Testamenten, schwere Persönlichkeitsverletzungen, Klagen von Personen, die Sklaven freigelassen hatten, über ihre Freigelassenen, von Eltern über ihre Kinder (P.Yale 1606). Für gewöhnlich entschieden die Statthalter die Eingaben nicht direkt vor Ort, sondern nahmen diese nur entgegen, um später an ihrem Dienstsitz ein Urteil zu fällen. Ein anderes Vorgehen war vermutlich aufgrund der großen Nachfrage nicht möglich.

Die Gründe, warum die einheimische Bevölkerung das Urteil des Statthalters wünschte bzw. benötigte, waren unterschiedlicher Natur. Vielfach ging es um die Familie betreffende Angelegenheiten, denn vor dem Statthalter konnten Adoptionen und Freilassungen vorgenommen werden. Außerdem fielen Vormundschaftsangelegenheiten in seine Kompetenz. So wandte sich eine Frau namens Babatha bezüglich der Vormundschaft über ihren minderjährigen Sohn an den Statthalter von *Arabia*. Die Tutoren waren ursprünglich vom Stadtrat von *Petra* (Jordanien) bestellt worden. Als sich Streit einstellte, suchte die Mutter den Schiedsspruch des Statthalters (P.Yadin 12–15). Freilich wurde eine Vielzahl von minderschweren Delikten nicht vor dem Statthalter verhandelt. Alltags- und Kleinkriminalität ahndeten normalerweise die lokalen Mandatare, etwa die Ädilen, an Ort und Stelle, indem sie Geldbußen oder Prügelstrafen verhängten. Gegen eine derartige Sanktion konnte der Betroffene Widerspruch einlegen und den zuständigen Dekurionenrat um Überprüfung der Sachlage bitten. Missfiel der Entscheid der Honoratioren, konnte man die Angelegenheit vor den Statthalter bringen.

Den Personenstand betreffende Angelegenheiten

In den Provinzen existierte wohl seit der späten Republik ein Geburtsregister (*album professionis liberorum civium Romanorum natorum*). Römische Bürger mussten die Ankunft eines Kindes, das qua Geburt Anspruch auf das römische Bürgerrecht hatte, innerhalb von 30 Tagen beim Statthalter anzeigen und registrieren lassen. Zwar lässt sich aufgrund der spärlichen Quellenlage nicht mit Sicherheit sagen, ob dies für alle römischen Bürger reichsweit galt, doch erscheint dies angesichts der rechtlichen und gesellschaftlichen Bedeutung der *civitas Romana* plausibel. Wie der nachstehend wiedergegebene Auszug aus einem kaiserlichen Schreiben zeigt, waren die Statthalter auch in die Verleihung der *civitas Romana* an Provinziale involviert. Sie leiteten die entsprechenden Gesuche der Provinzialen zusammen mit einer eigenen Stellungnahme nach Rom an den Herrscher weiter. Die Entscheidung des Herrschers über das Bürgerrechtsbegehren wurde dem Statthalter mitgeteilt, der dann entsprechend zu handeln hatte.

**Quelle**

Auszug aus einem Schreiben von Marc Aurel und seinem Sohn Commodus an den Statthalter der Provinz *Mauretania Tingitana* Vallius Maximianus aus dem Jahr 177 n. Chr. (AE 1971 ,534):

Wir haben die Bittschrift des Stammesfürsten der Zegrensen gelesen und gesehen, wie er seitens Deines Vorgängers Epidius Quadratus gefördert und unterstützt wird. Daher haben wir in Hinblick auf dessen Zeugnis, seine eigenen Verdienste und auf die Beispiele, die er vorbringt, seiner Frau sowie seinen Kindern das römische Bürgerrecht verliehen unbeschadet der Beibehaltung der Verpflichtungen ihrem Volk gegenüber. Damit dies in unsere Amtsbücher eingetragen werden kann, erkunde das Alter eines jeden und schreibe es uns!

Dienstreisen

Während seiner Dienstreisen durch die Provinz sprach der Statthalter nicht nur Recht, sondern erledigte vor Ort auch administrative Aufgaben, befasste sich etwa mit den Anliegen der Gemeinwesen und deren Finanzlage. Wir dürfen davon ausgehen, dass ein Statthalter rund ein Viertel des Jahres oder etwas länger in seiner Provinz in amtlichen Angelegenheiten unterwegs war. Marcus Tullius Cicero begab sich zu Anfang seiner Statthalterschaft in *Cilicia* auf eine Reise durch die Provinz. Insgesamt benötigte er zweieinhalb Monate und damit etwas weniger an Zeit, als er vorausberechnet hatte (Briefe an Atticus 5,21,9; 6,2,4; vgl. 6,1,24). Vielerorts waren die Statthalter durch die klimatischen Verhältnisse in der Reisezeit eingeschränkt. So konnte etwa der Statthalter von *Creta (et) Cyrene* in der Winterzeit, während die Schifffahrt eingestellt war, nicht von einem in den anderen Teil seiner Provinz gelangen. Die Reisen sowohl durch die Provinz als auch in diese waren für die Betreffenden teilweise äußerst strapaziös. Dem jüngeren Plinius setzten auf seinem Weg in seine künftige Dienstprovinz brütende Hitze und Fieberanfälle zu (Briefe 10,17a).

## Schutz der Bevölkerung

**Quelle**

Fürsorgeverpflichtung des Statthalters (Digesten 1,18,2-3):

Zur gewissenhaften Amtsführung des Provinzstatthalters gehört es, dafür Sorge zu tragen, dass die Mächtigen den kleinen Leuten kein Unrecht zufügen und dass ihre Vertreter sie, obwohl unschuldig, nicht mit schikanösen Anklagen verfolgen … Und er hat zu verhindern, dass es unter dem Anschein von Steuereinhebungen zu ungesetzlichen Einforderungen kommt.

Zu den Hauptaufgaben des Statthalters gehörte die Sorge für das Wohlergehen der in seiner Provinz lebenden Menschen, insbesondere derjenigen, die aufgrund fehlenden Vermögens und Einflusses leicht das Opfer anderer werden konnten. Allerdings wurden die Statthalter diesem Problem nur bedingt Herr, denn immer wieder kam es in den Provinzen zu widerrechtlichen Eintreibungen oder zu Gewalttätigkeiten gegenüber der einfachen Bevölkerung seitens einflussreicher Persönlichkeiten bzw. ihrer Beauftragten oder durch römische Mandatare, Soldaten und Offiziere. Viele scheinen sich gerne das von ihnen Benötigte oder Gewünschte erpresst zu haben. Dabei mochte der Übergang von Recht zu Unrecht bisweilen fließend sein, denn die Provinzialen waren in einem bestimmten Umfang zu Spanndiensten und weiteren Hilfeleistungen im Rahmen der Beförderung von Mandataren und sonstigen im Staatsinteresse reisenden Personen verpflichtet.

**Quelle**

Aelius Aristides (2. Jh. n. Chr.) über die Bestimmung der Statthalter durch den Herrscher (Romrede 36):

… und ernennt eure Statthalter … damit sie eure Untertanen schützen und für sie sorgen, nicht damit sie sie unterdrücken.

## Zensus

Vermögensdeklaration

Die Bevölkerung und ihr Vermögen wurden in den Provinzen in größeren zeitlichen Abständen erfasst (Zensus). Zum Beispiel war in Ägypten zunächst wohl ein siebenjähriger, spätestens ab 61/62 n. Chr. bis 257/258 n. Chr. ein 14-jähriger Zyklus für den Provinzialzensus Usus. Die Eigentümer mussten ihre Grundstücke und sonstigen Immobilien exakt deklarieren, also Lage, Größe, Ertragsart und Menge, Einnahmen aus Vermietung und Verpachtung, schriftlich angeben (vgl. Dig. 50,15,4). Mit dem Zensus waren die Statthalter in den *provinciae Caesaris* nur teilweise befasst. Entsprechend der Bedeutung des Zensus übertrug der Herrscher die Durchführung für gewöhnlich allein Statthaltern im konsularen Rang bzw. setzte als Sonderbeauftragte für die Durchführung des Zensus ehemalige Konsuln (*legati censitores*) ein. Allerdings kennen wir Fälle, in denen ritterliche Statthalter den Zensus vornahmen. Auffällig ist das Fehlen von Zeugnissen für die Durchführung eines Provinzialzensus durch die Statthalter in den *provinciae publicae*. Daher ist anzunehmen, dass in diesen Provinzen die Steuerveranlagung anders als in den kaiserlichen Provinzen erfolgte. Vermutlich mussten in den *provinciae publicae* die Gemeinwesen festgesetzte Steuersummen abführen, für deren Eintreibung und Weiterleitung an die römische Obrigkeit sie selbst zu sorgen hatten. Damit wäre erklärt, warum man die *provinciae Caesaris* bisweilen als *provinciae tributariae* (tributpflichtige Provinzen) bezeichnete, während die Volk und Senat zugewiesenen

Provinzen als *provinciae stipendiariae* (steuerpflichtige Provinzen) angesprochen wurden.

## Grenzziehung

Termination

Zu den Aufgaben der Statthalter zählte die Wahrung und Festsetzung von Grenzen, die Beilegung von Grenzstreitigkeiten sowie die Klärung von örtlichen Zuständigkeiten innerhalb seiner Provinz. Mit anderen Worten: Die Statthalter hatten Grenzkonflikte zwischen einzelnen Gemeinden, Ethnien und Privatleuten zu schlichten. Selbstverständlich konnten die Statthalter derartige Aufgaben an ihre Legaten, Quästoren oder in der Provinz tätige Prokuratoren delegieren. In besonderen Fällen setzte der Herrscher sogar Sonderbeauftragte ein, um Grenzprobleme zu bereinigen. Bisweilen mussten sich die Statthalter mit den von ihren Amtsvorgängern getroffenen Grenzfestsetzungen erneut befassen. So bestätigte der Prokonsul Lucius Helvius Agrippa als Statthalter Sardiniens im März 69 n. Chr. eine Grenzregelung, die über 180 Jahre zuvor, nämlich 115 v. Chr., der damalige Statthalter Marcus Metellus getroffen hatte (CIL 10, 7852).

Die Vermessung im Gelände wurde erfahrenen Männern anvertraut; so finden wir oft Zenturionen mit Terminationen betraut. Aus den zahlreichen auf uns gekommenen Grenzsteinen (Terminalcippi) können wir das Verfahren rekonstruieren. Häufig wandten sich die gegnerischen Parteien an den Herrscher, der die Angelegenheit meist nicht persönlich entschied, sondern sie an den Statthalter vor Ort verwies, welcher wiederum seine Mitarbeiter involvierte.

## Bauwesen und städtische Finanzen

Zu den Rechten und Pflichten der Statthalter gehörte die Überwachung öffentlicher, sakraler und profaner Bauten sowie der städtischen Finanzen. Im Stadtgesetz der hispanischen Stadt *Irni* (Provinz *Hispania Baetica*) ist verankert, dass größere Anleihen der Zustimmung des Statthalters bedürfen. Offenbar sollte die Kommune dadurch vor Fehlplanungen geschützt werden. Dennoch häuften sich in vielen Städten die Folgen schlechten Wirtschaftens und fehlenden Weitblicks. Zudem sahen sich die Kommunen des Öfteren Bauruinen und sanierungsbedürftigen Bauten gegenübergestellt.

**Quelle**

Fürsorgepflicht des Statthalters für Bauwerke (Digesten 1,16,7,1):

Er (= der Statthalter) muss um die Heiligtümer und öffentlichen Bauwerke herumgehen und inspizieren, ob sie sich in gutem Zustand befinden oder ausgebessert werden müssen, und er muss dafür Sorge tragen, dass, wenn etwas begonnen wurde, es fertiggestellt wird, so wie es die Mittel des jeweiligen Gemeinwesens gestatten. Er muss für die Bauten in förmlicher Weise pflichtbewusste Kuratoren einsetzen.

Sonderbeauftragte

Da sich der Statthalter in Anbetracht seiner vielfältigen Aufgaben kaum um die Sorgen einer Stadt intensiv kümmern konnte, wurden, falls nötig, spätestens seit Trajan vom Statthalter oder vom Herrscher selbst Sonderbeauftragte (*curatores*) eingesetzt. Sie gehörten meist dem Ritter- oder sogar dem Senatorenstand an. Daneben sind Angehörige der provinzialen Eliten anzutreffen. Das Mandat dieser Sonderbeauftragten war zeitlich nicht limitiert. Seit dem Beginn des 2. Jahrhunderts n. Chr. lassen sich zudem vom Herrscher bestellte Korrektoren (*correctores*) nachweisen. Sie hatten einen größeren Aufgabenbereich als die Kuratoren zu bewältigen, denn ihr Mandat konnte sich über große Teile, wenn nicht über die gesamte Provinz erstrecken. So oblag Sextus Quinctilius Valerius Maximus die Überprüfung und Neufestsetzung des Status der freien Gemeinden (*civitates liberae*) in der Provinz *Achaea* (109 n. Chr.). Wegen der Bedeutung ihrer Aufgabe wurden die Korrektoren vom Herrscher mit einem *imperium* ausgestattet; sie verfügten folglich im Gegensatz zu den *curatores* über Befehlsgewalt.

## Kultische Funktionen

Der Statthalter hatte als oberster Repräsentant Roms in der Provinz offizielle kultische Funktionen wahrzunehmen. Daher gehörten zu seinem Personal ein *victimarius* (Opferdiener) und ein *haruspex* (Opferschauer); Letzterer deutete die Zeichen beim Opfer. Plinius berichtet in seinen Briefen, die er während seiner Statthalterschaft in *Pontus (et) Bithynia* (ca. 110-113 n. Chr.) an Trajan schrieb, vom Vollzug und der Erneuerung der feierlichen Gelübde für das Wohlergehen des Herrschers im Verein mit den Provinzialen. Ebenso beging Plinius zusammen mit Soldaten und Provinzialen den Tag des Regierungsantritts von Trajan regelmäßig mit einer feierlichen religiösen Zeremonie.

**Quelle**

Briefwechsel zwischen Plinius und Trajan über die Erfüllung von Gelübden (Plinius, Briefe 10,35–36):

Unsere feierlichen Gelübde für Dein Wohlergehen, auf dem das öffentliche Wohl beruht, haben wir erfüllt, Herr, und zugleich erneuert mit dem Gebet zu den Göttern, dass es uns gegönnt sein möge, sie stets zu erfüllen und immer zu erneuern.

Mein lieber Secundus (= Plinius), aus Deinem Schreiben ersehe ich mit Genugtuung, dass Ihr zusammen mit den Provinzialen den unsterblichen Göttern die Gelübde für meine Gesundheit und mein Leben erfüllt und erneuert habt.

**Quelle**

Briefwechsel zwischen Plinius und Trajan über die Feier des Regierungsjubiläums (Plinius, Briefe 10,102–103):

Den Tag, an welchem der Schutz der Menschheit in glücklicher Nachfolge auf Dich übergegangen ist, haben wir mit der gebotenen Ehrfurcht gefeiert, indem wir den Göttern, den Garanten Deiner Herrschaft, die Wünsche und frohen Erwartungen von uns allen empfohlen haben.

Dass mein Regierungsantritt mit der gebotenen Dankbarkeit und Ehrfurcht von Soldaten und Provinzialen unter Deiner Anleitung gefeiert worden ist, habe ich mit Genugtuung aus Deinem Schreiben ersehen.

## Militärwesen

Aushebung

Die Aushebung von Soldaten (*dilectus*) gehörte in der Kaiserzeit zu den Vorrechten des Herrschers. Diese Aufgabe delegierte er meist an ranghohe Personen, die sein Vertrauen genossen, bzw. an die Statthalter. Folglich waren diese, zusammen mit einer ganzen Schar von Helfern, immer wieder mit der Rekrutierung befasst, sei es für ihr eigenes Provinzheer, sei es für in anderen Provinzen stationierte Einheiten. Da sich in der Regel genügend Freiwillige fanden, stellte die Aushebung neuer Soldaten normalerweise kein größeres Problem dar. Freilich konnten in Notzeiten zwangsweise Rekrutierungen notwendig sein. Die als künftige Soldaten in Betracht kommenden Männer mussten auf ihre Wehrtauglichkeit geprüft werden (*probatio*). Auch hier war der Statthalter gefragt; er führte den Vorsitz in einer Kommission, welche die jungen Männer nach ihren Lebensumständen, ihren Fähigkeiten befragte und sich ein Bild von ihrem physischen Zustand machte. Schließlich gehörte es zu den Aufgaben des Statthalters, die Rekruten einer Truppengattung (Infanterie, Reiterei, Flotte) zuzuweisen. Des Weiteren oblag es ihm, die Rekruten, die er entweder selbst hatte ausheben lassen oder die ihm aus einer anderen Provinz geschickt worden waren, einer bestimmten Einheit zuzuweisen und für ihre Überstellung zu sorgen.

Entlassung

Ebenso wie die Aushebung war die Entlassung (*missio*) der Soldaten Prärogative des Herrschers, doch wurde diese Aufgabe für gewöhnlich ebenfalls den Statthaltern übertragen. Grundsätzlich trugen die Statthalter für die Aufrechterhaltung der militärischen Disziplin Sorge. Zudem lag die Kapitalgerichtsbarkeit über alle in ihrer Provinz stationierten Soldaten in ihrer Verantwortung. Auch mussten sie die von den Truppenkommandeuren an sie verwiesenen Rechtsfälle entscheiden. Sie sprachen also nicht nur in zivilen, sondern auch in der Militärgerichtsbarkeit unterliegenden Angelegenheiten Recht.

## Unterrichtung des Senats, des Herrschers

**Quelle**

Cicero (106–43 v. Chr.) schreibt an seinen Freund Atticus (Briefe an Atticus 5,20,7):

Das wäre alles! Jetzt will ich einen dienstlichen Bericht nach Rom schicken; er wird eingehender ausfallen, als wenn ich ihn vom Amanus (= Teil des Taurus) aus gesendet hätte.

Information des Senats

Seit jeher war es üblich, den Senat in Rom über die Ereignisse in der Ferne auf dem Laufenden zu halten. Dies konnte auf unterschiedlichen Wegen geschehen. Zunächst, wie oben von Cicero beschrieben, durch offizielle Schreiben an den Senat, die von Boten überbracht wurden. In diesen berichteten die Statthalter von der Lage in der Provinz und ihrer Tätigkeit, gegebenenfalls von ihren militärischen Erfolgen. Des Weiteren sandten Mandatare private Briefe an ihre Verwandten und Freunde. Dadurch wurden Neuigkeiten auf informellem Weg verbreitet. In wichtigen Angelegenheiten schickten Amtsträger Berichterstatter an den Senat. Zum Beispiel sandte Publius Cornelius Scipio (235–183 v. Chr.) seinen Legaten Caius Laelius nach Rom, um den Senat über seine militärischen Erfolge in Hispanien zu informieren und um Gefangene zu überbringen (209 v. Chr. und 203 v. Chr.). In der Kaiserzeit blieb es Usus, während der Amtszeit Nachrichten nach Rom zu übermitteln. Nunmehr unterrichteten die in den kaiserlichen Provinzen aktiven Mandatare den Herrscher, die in den übrigen Provinzen Tätigen hatten weiterhin an den Senat bzw. an Senat und Herrscher Bericht zu erstatten.

## Dokumentation und Archivierung

Erstaunlicherweise begann man erst in der Prinzipatszeit in den einzelnen Provinzen Statthalterarchive zu unterhalten. Vermutlich führte Kaiser Claudius diese ein. Nunmehr waren die Rechenschaftsberichte der Statthalter in der Provinz ebenso greifbar wie die Amtstagebücher (*commentarii*). Sicherlich stieg die Zahl der jährlich archivierten Schriftstücke im Laufe der Zeit, auf jeden Fall wurden spätestens gegen Ende des 2. Jahrhunderts n. Chr. alle Entscheidungen des Herrschers, soweit sie Provinzangelegenheiten (auch außerhalb der eigenen Provinz) betrafen, aufbewahrt. Da römische Magistrate und Herrscher bei ihrer Entscheidungsfindung seit jeher gerne auf die Entscheidungen ihrer Vorgänger zurückgriffen, war es für die Statthalter unter diesem Aspekt von Bedeutung zu wissen, was ihre Vorgänger veranlasst bzw. entschieden hatten. Außerdem war es wichtig, auf archivierte Unterlagen zurückgreifen zu können, etwa wenn eine Gemeinde um Auskunft oder Abschriften bat, weil ihr die entsprechenden Schriftstücke abhandengekommen waren.

## Beschränkungen für Statthalter

Statthalter mussten die Hoheit von Senat, Volk und später des Herrschers akzeptieren. Des Weiteren unterlagen Statthalter, solange sie ihres Amtes walteten, einer ganzen Anzahl von persönlichen Beschränkungen, die einerseits einer möglichen Vorteilsnahme sowie andererseits zu engen Beziehungen zwischen Statthalter und Provinzialen vorbeugen sollten. Grundsätzlich durften Statthalter keine privaten Handels- und Zinsgeschäfte betreiben. Zu den weiteren Beschränkungen zählte das Verbot, während der Amtszeit in der Dienstprovinz Grund und Boden zu erwerben. Sulla brachte ein Gesetz auf den Weg, das, auf früheren Gesetzen fußend, Statthaltern explizit untersagte, ohne Erlaubnis von Volk und Senat ihre Provinz zu verlassen, mit einem Heer die Provinzgrenze zu überschreiten oder Krieg zu beginnen. Sullas Vorgaben wurden in der Folgezeit wiederholt. Für die Kaiserzeit maßgeblich wurden die Vorschriften des ersten Prinzeps Augustus. Er verbot Statthaltern unter anderem eigenmächtig Krieg anzufangen, Aushebungen ohne entsprechenden Auftrag vorzunehmen oder höhere Abgaben als festgesetzt einzutreiben.

Anspruch auf Urlaub hatten Statthalter ebenso wenig wie andere Amtsträger. Freilich stand es ihnen frei, sich mit einer entsprechenden Bitte nach Rom zu wenden. Der jüngere Plinius erbat sich während seiner Statthalterschaft von Trajan erfolgreich einen Monat Urlaub, um sich um seine privaten Angelegenheiten kümmern zu können (Briefe 10,8–9).

## Vertretung einer Statthalterschaft

Wie andere Amtsträger konnten Statthalter bisweilen ihr Amt nicht bis zum vorgesehenen Ende wahrnehmen. Dafür kennen wir eine ganze Reihe von Gründen: Zunächst starben immer wieder Mandatare in Ausübung ihrer Tätigkeit, sei es eines natürlichen, sei es eines gewaltsamen Todes. Bisweilen wurden sie, etwa infolge von gravierenden Unstimmigkeiten mit dem Herrscher, ihres Amtes enthoben. In diesen Fällen war es notwendig, bis zum Eintreffen des Nachfolgers die Statthalterschaft kommissarisch zu besetzen. Dies galt ebenso, wenn ein Statthalter außerhalb seiner Provinz weilte, etwa um Krieg zu führen, oder, obwohl es nicht erwünscht war, seine Provinz verließ, bevor sein Nachfolger angekommen war. Seit republikanischer Zeit war es Usus, den Legaten des Statthalters mit dessen Vertretung zu betrauen. Allerdings kennen wir eine ganze Reihe anderer Regelungen. So konnten Provinzquästoren, *legati iuridici*, Legionslegaten und Prokuratoren herangezogen werden. Hierzu einige Beispiele:

Vorzeitiges Verlassen der Provinz

Als Marcus Tullius Cicero seine Provinz *Cilicia* im Juli 50 v. Chr. vorzeitig verließ, um in Rom am politischen Geschehen teilhaben zu können, führte sein Provinzquästor die Amtsgeschäfte fort, offenbar bis im darauffolgenden Jahr der Nachfolger Ciceros eingetroffen war. Als der syrische Statthalter wegen des im Jahr 132 n. Chr. ausgebrochenen Bar Kokhba-Aufstandes in *Iudaea* benötigt wurde, übernahm dessen Vertretung der Legat der in seiner Provinz stehenden *legio IV Scythica*. Bisweilen wurden die statthalterlichen Aufgaben auf mehrere Schultern gelegt: So teilten sich, nachdem der Prokonsul von *Achaea* im Jahr 6 v. Chr. verstorben war, der Provinzquästor und der Legat des Statthalters dessen Amtsgebiet und damit die anfallenden Pflichten. Selbst Prokuratoren kamen als Vertreter infrage. Caius Minicius Italus wurde während seiner Tätigkeit als *procurator provinciae Asiae* von Domitian (81-96 n. Chr.) zum Vertreter des dortigen verstorbenen Prokonsuls bestimmt (ca. 88 n. Chr.).

## Rechenschaftsbericht

Über seine Tätigkeit auf der Insel Zypern (58-56 v. Chr.) führte der jüngere Cato gemäß Plutarch genau Buch. Damit kam er seiner Pflicht nach, denn Magistrate hatten seit alters her nach Beendigung ihres Amtes über ihre Tätigkeit und die finanziellen Angelegenheiten, mit denen sie betraut waren, Rechenschaft abzulegen.

**Quelle**

Plutarch (etwa 46–ca. 120 n. Chr.) berichtet über den jüngeren Cato (38,2-4):

Der peinlich genau geführte Verwaltungsbericht aber ging verloren, obwohl Cato ihn in zwei Exemplaren hatte ausfertigen lassen. Das eine hatte sein Freigelassener Philargyros in Verwahrung. Er verlor es, als sein Schiff nach der Ausfahrt aus dem Hafen von Kenchreai (= Hafen von Korinth) havarierte und mitsamt der Ladung unterging. Das andere hatte er in eigene Obhut genommen und brachte es glücklich bis nach Korfu. Hier ließ er die Zelte auf dem Marktplatz aufbauen. Weil es aber eine kalte Nacht war, zündeten die Seeleute ein großes Feuer an; die Flammen griffen auf die Zelte über und vernichteten auch Catos Rechenschaftsbericht. Der Verlust traf ihn empfindlich, nicht etwa wegen der bösen Mäuler seiner Feinde. Die waren leicht zum Schweigen zu bringen, da er die königlichen Verwalter bei sich hatte. Aber er konnte es nicht verwinden, dass sein ehrgeiziger Plan gescheitert war. Er hatte nämlich die Bücher vorlegen wollen, weniger um seine Redlichkeit zu belegen denn als Vorbild und Muster einer exakten Geschäftsführung.

Die auf Caius Iulius Caesar zurückgehende *lex Iulia de pecuniis repetundis* (59 v. Chr.) verlangte von Statthaltern und ihren Quästoren, mit Ablauf ihrer Amtszeit einen Bericht über die Einnahmen und Ausgaben für das *aerarium* in Rom anzufertigen und zwei Abschriften davon in verschiedenen Städten ihrer Provinz zu hinterlegen. Da derartige Unterlagen im Falle eines Repetundenverfahrens von entscheidender Bedeutung sein konnten, wollte man sich offensichtlich sowohl vor dem Verlust als auch vor nachträglichen Änderungen im Bericht schützen. Wie schnell Schriftstücke verloren gehen konnten, zeigt ebenfalls der Fall des jüngeren Cato. Er ließ immerhin zwei Exemplare anfertigen, die er zudem auf getrennten Wegen nach Rom beförderte, dennoch wurden beide aufgrund widriger Umstände vernichtet.

## Vergehen der Statthalter

**Quelle**

Darf ein Statthalter Geschenke annehmen? Antwort von Septimius Severus und seinem Sohn Caracalla (gegeben um 197–211 n. Chr.; Digesten 1,16,6,3):

Der Prokonsul braucht sich der Annahme von Geschenken nicht gänzlich zu enthalten, sondern er soll dabei das richtige Maß einhalten, so dass er weder überängstlich alles ausschlägt, noch habgierig bei der Annahme von Geschenken jedes Maß überschreitet. Zu dieser Frage haben der vergöttlichte Severus und der Imperator Antoninus in einem Brief in höchst treffender Weise eine Regel gegeben; die Worte dieses Briefes lauten: 'Soweit es die Geschenke betrifft, höre, was wir für richtig halten: Es gibt ein altes Sprichwort: Weder alles noch alle Zeit noch von aller Welt. Denn es ist wenig menschlich, von niemandem etwas anzunehmen, aber unterschiedslos zu nehmen, ist sehr verächtlich, und alles zu nehmen, sehr habgierig.'

Repetundenklagen

Das Wort Repetundenklagen leitet sich von dem lateinischen Begriff *pecuniae repetundae* (die wiederzuerstattenden Gelder) her. Insbesondere während der Zeit der Republik sahen Statthalter (und ihre Helfer) vielfach die ihnen zugewiesenen Provinzen als Objekt zur persönlichen Bereicherung bzw. als Möglichkeit an, die Kosten, die ihnen ihre Karriere verursacht hatte, zu decken und sich persönlich zu sanieren. Nicht wenige neigten dazu, Geschenke und Sonderabgaben von den Provinzialen einzufordern oder mit den Steuerpächtern zum Nachteil der Provinzialen zusammenzuarbeiten. Klagen der Provinzialen über das Fehlverhalten der Statthalter war anfänglich nur mäßiger Erfolg beschieden. Eine Besserung brachte das von dem Volkstribun Lucius Calpurnius Piso Frugi im Jahr 149 v. Chr. eingebrachte Gesetz (*lex Calpurnia*). Allerdings hatte laut diesem Gesetz der schuldig gesprochene Mandatar nur Ersatz für das widerrechtlich an sich Genommene zu leisten, bestraft wurde er nicht. Von den in der Folgezeit erlassenen Gesetzen ist vor allen Dingen die *lex Acilia* aus der Gracchenzeit zu nennen. Durch dieses Gesetz wurde aus der simplen Ersatzklage ein regelrechtes Strafverfahren. Die detaillierten Bestimmungen sorgten für eine recht objektive und zügige Urteilsfindung. Zugleich schrieb das Gesetz vor, Mandatare erst nach Beendigung ihrer amtlichen Tätigkeit anzuklagen. Ein für schuldig befundener Mandatar musste fortan das Doppelte des widerrechtlich Angeeigneten zahlen, außerdem hatte eine Verurteilung nunmehr infamierende Wirkung. Dennoch kam es weiterhin zu Übergriffen seitens der Statthalter. 59 v. Chr. wurde die nach Caius Iulius Caesar benannte *lex Iulia de pecuniis repetundis* erlassen, die sich in über 100 Kapiteln dem Fehlverhalten von Mandataren widmete. Sie bildete die Grundlage für die kaiserzeitliche Rechtspraxis, denn auch die Statthalter der Kaiserzeit und ihre Helfer waren bisweilen bestechlich.

Ein spektakulärer Fall wurde unter Trajan am Ende des 1. Jahrhunderts n. Chr. im Senat in Rom verhandelt. Marius Priscus war nach Beendigung seines Prokonsulats in der Provinz *Africa proconsularis* von zahlreichen Privatpersonen und einer Stadt der schwersten Vergehen beschuldigt worden, insbesondere soll er Unschuldige gegen Geldzahlungen verurteilt und sogar hinrichten lassen haben. Priscus wurde seiner Repetundenvergehen wegen aus dem Senat ausgeschlossen; zudem erkannte man ihm seine Priesterwürde ab. Doch ließ man es dabei nicht bewenden. Aufgrund der Schwere seiner Taten wurde Priscus im Senat angeklagt und für schuldig befunden. Er musste das Geld, welches er für seine Schandtaten genommen hatte, an die Staatskasse abführen und wurde aus Rom und Italien verbannt. Hostilius Firminus, den Legaten des Marius Priscus, zog man ebenfalls zur Rechenschaft. Er war in die Machenschaften seines Vorgesetzten tief verstrickt. Das Urteil der Senatoren ihm gegenüber fiel milder aus: Hostilius Firminus durfte Mitglied des Senats bleiben, wurde aber von der Losung um die Provinzen ausgeschlossen, womit seine Karriere beendet war.

Annahme von Geschenken

Wie etwa die vorstehend zitierte Passage aus den Digesten zeigt, bestand selbst in der fortgeschrittenen Kaiserzeit Rechtsunsicherheit bezüglich der Frage, was ein Statthalter annehmen durfte und was nicht. Immerhin wollten auch korrekte Mandatare ihre Untertanen nicht vor den Kopf stoßen. Die Antwort der severischen Herrscher fiel vielleicht weniger konkret aus, als sich dies ein Statthalter wünschen mochte, anderseits ermöglichte sie ihm einen gewissen Handlungsspielraum, um frei entscheiden zu können, was er für richtig hielt und was nicht.

Freilich waren die widerrechtliche Aneignung von Geld und Bestechlichkeit nicht die einzigen Vergehen, deren sich Statthalter schuldig machen konnten, ebenso hatte eine schlechte Amtsführung unliebsame Konsequenzen. Im Jahr 44 n. Chr. stieß der Prinzeps Claudius den ehemaligen Statthalter der Provinz *Baetica*, Umbonius Silio, aus dem Senat aus mit der Begründung, er habe den in Mauretanien stationierten Truppen zu wenig Getreide liefern lassen.

## *Excusatio:* Verzicht auf eine Statthalterschaft

Der Senator und Schriftsteller Tacitus schreibt, sein Schwiegervater Gnaeus Iulius Agricola habe im Jahr 90 n. Chr. von der Losung um die Prokonsulate von *Asia* und *Africa* Abstand genommen, weil Domitian dies wünschte (Agricola 42,1-2). Der Wille des Prinzeps wurde Agricola von einigen von dessen Getreuen hinterbracht, die ihn schließlich zum Herrscher führten. Agricola entschuldigte sich; Domitian zeigte sich gnädig und erlaubte Agricola, von der Ausübung eines Prokonsulats Abstand zu nehmen, wofür ihm dieser gebührend dankte. Die Schilderung des Tacitus erscheint als eine große Farce. Immerhin zeigt sie, mag Tacitus auch übertrieben haben, dass es in der Kaiserzeit vom Herrscher abhing, ob ein Mann, selbst in einer Volk und Senat gehörigen Provinz, einen Posten übernehmen durfte bzw. musste oder nicht. Wollte man indes eine angebotene Statthalterschaft ablehnen, galt es, dafür gute Gründe beizubringen und demütig um Dispens zu ersuchen. Selbstverständlich lag die Entscheidung allein im Ermessen des Prinzeps.

Entschuldigungsgründe

Grundsätzlich galten fortgeschrittenes Alter, Krankheit, religiöse Verpflichtungen sowie wichtige familiäre Ereignisse, etwa die anstehende Verheiratung einer Tochter, als anerkannte Entschuldigungsgründe, um ein Amt nicht ausüben zu müssen. Religiöse Pflichten waren ebenfalls seit alters her ein gewichtiger Grund. Gemäß Livius baten im Jahr 176 v. Chr. gleich drei Senatoren darum, kein Amt in einer Provinz übernehmen zu müssen. Marcus Popilius Laenas, dem Sardinien als künftige *provincia* zugefallen war, ersuchte um Erlass dieser Aufgabe, da er es für unklug hielt, die dortigen Kriegshandlungen durch einen Wechsel des Oberkommandierenden zu gefährden, zumal Roms Truppen unter Tiberius Sempronius Gracchus erfolgreich kämpften. Seine Argumente überzeugten. Publius Licinius Crassus, dem die *Hispania citerior* zugefallen war, erklärte, er werde durch Opfer daran gehindert, in die Provinz zu gehen; dies machte auch Marcus Cornelius Scipio Maluginensis, dem die *Hispania ulterior* bestimmt worden war, geltend. Offenbar misstraute man beiden Prätoren, denn sie mussten vor der Volksversammlung schwören, dass sie tatsächlich durch Opfer gebunden seien. Daraufhin wurden Marcus Titinius Curvus und Titus Fonteius Capito aufgefordert, ein weiteres Jahr in Hispanien zu bleiben. Unter der Regierung von Trajan (98–117 n. Chr.) verzichtete Caius Salvius Liberalis Nonius Bassus auf die ehrenvolle Statthalterschaft in der Provinz *Asia*; vermutlich veranlasste ihn sein fortgeschrittenes Alter zu seiner Absage.

## Mehrfache Statthalterschaften

Im Durchschnitt versahen die *legati Augusti pro praetore* ihr Amt etwa drei Jahre. Diese Zeitspanne schien der goldene Mittelweg zu sein zwischen einer zu kurzen Amtszeit und der Gefahr einer Usurpation aufgrund einer zu großen Vertrautheit des Statthalters mit Land und Leuten, insbesondere den unter seinem Oberbefehl stehenden Truppen. In den *provinciae publicae* blieb dagegen das republikanische Prinzip der Annuität des Amtes, von wenigen Ausnahmen abgesehen, gewahrt.

**Quelle**

Anfang einer Ehreninschrift aus *Nedinum* (Nadin, Kroatien; CIL 3, 9960):

Dem Caius Octavius Tidius Tossianus Iavolenus Priscus, Sohn des Lucius, ... Statthalter im konsularen Rang der Provinz Obergermanien, Statthalter im konsularen Rang der Provinz Syrien, Prokonsul der Provinz Africa ...

Karrieren von Statthaltern

Wir kennen zahlreiche Männer, die im Laufe ihres Lebens mehrere Statthalterschaften ausübten, wobei sie durchaus zwischen den *provinciae Caesaris* und den *provinciae publicae* wechseln konnten. Normalerweise erhielt ein Senator nach erfolgreicher Absolvierung der Prätur eine erste Statthalterschaft. Eine zweite und gegebenenfalls weitere folgten in der Regel nach der Bekleidung des Konsulats. Die Furcht vor einer Usurpation ließ die Herrscher offenbar davon Abstand nehmen, ein und denselben Mann ein zweites Mal in einer Provinz als Statthalter einzusetzen. Innerhalb der Statthalterschaften bildete sich im Laufe des 1. Jahrhunderts n. Chr. eine Rangfolge aus, für die unterschiedliche Faktoren verantwortlich sein konnten, namentlich die strategische Bedeutung, die Wirtschaftskraft, das Alter der Provinz, die dort gepflegte Kultur sowie die Anzahl der vor Ort stationierten Truppen. Zu den begehrtesten Statthalterschaften entwickelten sich in der Prinzipatszeit die Prokonsulate von *Africa* und *Asia*. Sie wurden gewöhnlich allein an seit Jahren in vielen Ämtern bewährte Senatoren im fortgeschrittenen Alter vergeben und stellten daher vielfach den Höhe- und Schlusspunkt einer bedeutenden senatorischen Karriere dar. Ebenso bildete die Statthalterschaft in der Grenzprovinz *Britannia* öfter das angesehene Ende einer Laufbahn. Wie weit es ein Senator im Laufe seines *cursus honorum* brachte, hing einerseits von seinen eigenen Bemühungen um seine Karriere ab, anderseits in einem nicht zu unterschätzenden Maße von der Förderung, die ihm seine Familie und Freunde angedeihen ließen, und in der Kaiserzeit vor allem von der Gunst des Herrschers. Er konnte durch sein persönliches Eintreten das Vorankommen beschleunigen, bzw. falls ihm ein Mann nicht zusagte, dessen Laufbahn erheblich beeinträchtigen oder für deren Ende sorgen. In den kaiserlichen Provinzen, insbesondere in denen von herausragender militärischer Bedeutung, kamen als Statthalter bevorzugt Senatoren zum Zuge, deren Familien bislang keine namhaften Persönlichkeiten hervorgebracht hatten. Die Betreffenden mussten also ihre gesellschaftliche Position selbst erwerben, die anderen in die Wiege gelegt wurde. Vermutlich galten sie daher bei den Herrschern als besonders loyal, dienstbeflissen und belastbar.

Aufsteiger

Ein anschauliches Beispiel für einen Aufsteiger ist der berühmte Jurist der flavisch-trajanischen Zeit Caius Octavius Tidius Tossianus Lucius Iavolenus Priscus, dem die oben zitierte Inschrift gewidmet ist. Seine Karriere hatte er Vespasian (69–79 n. Chr.) zu verdanken, der den begabten Rechtsgelehrten in den Senat aufnahm, und zwar vermutlich im Rang eines ehemaligen Prätors. Trifft dies das Richtige, so konnte er seine senatorische Laufbahn mit zwei Legionskommandos beginnen. Gegen Ende des Jahres 86 n. Chr. erlangte Lucius Iavolenus Priscus den Konsulat und wenige Jahre später nacheinander die Statthalterschaften in den Provinzen *Germania superior* und *Syria*. Anfang des 2. Jahrhunderts n. Chr. bekleidete er als Höhepunkt seiner Karriere den Prokonsulat in der Provinz *Africa proconsularis*.

Die Förderung von Männern, die aus unbedeutenden Familien stammten, verringerte die Gefahr von Umsturzversuchen, denn es waren vor allem die Angehörigen der Nobilität, die aufgrund ihres Ansehens und Einflusses als mögliche Usurpatoren infrage kamen. Betrachtet man die Reihe der römischen Herrscher, die im 1. Jahrhundert n. Chr. den Thron nicht aufgrund dynastischer Regelungen bestiegen, so erkennt man schnell, dass die Stellung eines senatorischen Legaten für eine Usurpation prädestiniert war: Galba wurde als Statthalter der Provinz *Hispania citerior*, Vitellius als Oberbefehlshaber des niedergermanischen Heeresbezirks, Vespasian als Befehlshaber der zur Niederschlagung des jüdischen Aufstandes aufgestellten Armee zum Herrscher ausgerufen.

## Austausch und simultane Leitung von Provinzen

Mit der Teilung der Provinzen im Jahr 27 v. Chr. wurden keine unumstößlichen Tatsachen geschaffen, vielmehr ist häufiger ein Tausch in der Zuständigkeit für einzelne Provinzen zu konstatieren. Bei diesen Maßnahmen spielten militärische ebenso wie wirtschaftliche Gründe eine Rolle. So wurde um 171/172 n. Chr. die Provinz *Hispania Baetica* wegen der von den Mauren ausgehenden Bedrohung kurzzeitig dem Herrscher unterstellt, der sie aus strategischen Gründen mit der *Hispania citerior* vereinigte. Im Gegenzug übertrug Marc Aurel (161-180 n. Chr.) die Provinz *Sardinia et Corsica* an Senat und Volk.

Simultane Verwaltung

Seit republikanischer Zeit wurden Provinzen in Ausnahmefällen zeitweise mit anderen vereinigt. Dabei handelt es sich um einander benachbarte Provinzen. Indem sie von einem Mandatar geleitet wurden, hatte dieser einen größeren Handlungsspielraum gerade in militärischer Hinsicht, da ihm nicht nur ein größeres Territorium samt den daraus resultierenden Aufgaben, sondern ebenso die dort stationierten Streitkräfte anvertraut wurden. In den letzten Jahrzehnten der Römischen Republik wurden auffallend häufig zwei oder mehr Provinzen einem Mann anvertraut. Dies war ein Resultat weniger der konkreten politischen Lage als des Machtstrebens Einzelner. Zum Beispiel herrschten Pompeius und Caesar jeweils über mehrere Jahre hinweg über ganze Provinzkomplexe. In der Kaiserzeit ist der temporäre Zusammenschluss von Provinzen nur selten zu konstatieren und überdies eine Eigenheit der *provinciae Caesaris*. Die Gründe, die zu einer simultanen Verwaltung führten, waren überwiegend militärischer Natur. Hierzu einige Beispiele: 69 n. Chr. überantwortete Galba seinem Parteigänger Albinus, dem damaligen Statthalter der *Mauretania Caesariensis*, auch die Schwesterprovinz *Mauretania Tingitana*. Sicher bildeten die Wirren des Vierkaiserjahres (69 n. Chr.) den Anlass dafür, die beiden Provinzen und damit die dort stationierten Truppen einem verlässlichen Mann anzuvertrauen. Wenige Jahre später bestimmte Vespasian den Senator Sextus Sentius Caecilianus zum Statthalter über beide mauretanischen Provinzen. Ob wiederum konkrete politische oder militärische Gründe den Einsatz eines kaiserlichen Legaten in den beiden, sonst von Präsidalprokuratoren geleiteten Provinzen erforderten, muss, da konkrete Anhaltspunkte fehlen, offenbleiben.

Um 173 n. Chr. erhob Marc Aurel den Senator Caerellius (Priscus?) zum Statthalter der Provinz *Raetia*. Ihm wurde zudem die *Germania superior* übertragen. Der Grund für diese insgesamt kaum länger als zwei Jahre andauernde simultane Statthalterschaft könnte in den personellen Engpässen zu finden sein, denn Marc Aurels Kriege forderten ihren Tribut. Möglich ist ferner, dass zum Bau des neuen Legionslagers *Castra regina* (Regensburg, Deutschland) und zur Beseitigung von durch einen Germaneneinfall verursachten Schäden Material und sonstige Hilfe aus Obergermanien nötig waren und der Herrscher, um Kompetenzstreitigkeiten zu vermeiden, die Leitung beider Provinzen in eine Hand legte.

## Helfer des Statthalters

### Legatus legionis

Kommando über Legionen

Aufgrund der politischen Situation befehligten in den letzten Dezennien der Römischen Republik mächtige Einzelpersönlichkeiten oft über Jahre hinweg mehrere Legionen samt Hilfstruppen. Caius Iulius Caesar setzte zeitweise eigene Legaten ein, die unter seinem Oberkommando stehende Legionen zu kommandieren hatten. Diese Praxis institutionalisierte sein Adoptivsohn, der erste Prinzeps Augustus. Stand während der Kaiserzeit in einer Provinz eine Legion, war der Statthalter zugleich deren Kommandeur. Garnisonierten in einer Provinz zwei oder mehr Legionen, wurden sie (von Ausnahmen in der frühen Prinzipatszeit sowie dem Sonderfall *Numidia* abgesehen) jeweils von einem eigenen *legatus legionis* befehligt, der seinerseits dem Statthalter nachgeordnet war. Die Legionslegaten wählte der Herrscher üblicherweise aus dem Kreis der Senatoren, die die Prätur absolviert hatten. Da die Leitung der Provinz Ägypten Statthalter im Ritterrang innehatten, wurden die dort stationierten Legionen von Männern, die dem *ordo equester* angehörten, kommandiert. Sie führten den Titel *praefectus legionis.* Auf dieses Vorbild griff Septimius Severus bei Einrichtung der Provinz *Mesopotamia* zurück. In Friedenszeiten belief sich die Dauer einer Legionslegatur auf durchschnittlich zweieinhalb bis drei Jahre. In ihrer Stationierungsprovinz wurden die Legionslegaten zur Entlastung des Statthalters öfter mit Tätigkeiten betraut, die über ihr eigentliches militärisches Kommando hinausgingen.

### Legatus proconsulis

Die Prokonsuln verfügten über einen Legaten (*legatus proconsulis*), in den Provinzen *Africa proconsularis* und *Asia* über drei ihnen persönlich unterstellte Legaten. Seine(n) Legaten suchte sich der künftige Statthalter selbst aus, wobei persönliche Freunde und Verwandte bevorzugt wurden. Die Wahl fiel in der Regel auf Männer, die bereits die Prätur absolviert hatten, also über einige Erfahrung, insbesondere in der Rechtsprechung, verfügten. Ein Senator konnte zur Zeit der Römischen Republik und in der Kaiserzeit wiederholt als Legat eines Statthalters wirken. Da ehemalige Prätoren oft lange warten mussten, bis sie eine Statthalterschaft erhielten, mochte die Ausübung einer Legatur eine gute Gelegenheit sein, sich zu betätigen und weitere Erfahrungen zu sammeln. In Ausnahmefällen wurden Senatoren, die noch nicht die Prätur absolviert hatten, oder ehemalige Konsuln zu Legaten bestimmt. Gemäß Dio durften sich freilich allein die Statthalter von *Africa* und *Asia* einen ehemaligen Konsul als Legat auswählen.

Der *legatus proconsulis* war gehalten, spätestens mit dem künftigen Prokonsul in der Provinz einzutreffen und nicht vor diesem abzureisen. Er war Mitglied des *consilium*, des Rates des Statthalters, in dem er aufgrund seines hohen Ranges den ersten Platz einnahm.

**Quelle**

Die richterliche Kompetenz des *legatus proconsulis* (Digesten 1,16,11):

Wenn eine Sache nach strengerer Bestrafung verlangt, muss der Legat (des Prokonsuls) sie an den Prokonsul verweisen. Denn er hat nicht das Recht zur Hinrichtung, zu Geld- und Haftstrafen oder zu schwerer Prügelstrafe.

Der Prokonsul hatte gegenüber seinem Legaten Weisungsbefugnis. Er konnte ihm zu seiner eigenen Entlastung Aufgaben aus den unterschiedlichsten Tätigkeitsbereichen delegieren. So übernahmen die Legaten der Prokonsuln die Überwachung von Bauarbeiten oder übten repräsentative Aufgaben aus, wie etwa die Einweihung eines Bauwerks. Vor allem konnte der Statthalter Teile seiner umfassenden Rechtsprechung an seinen Legaten übertragen. Freilich lag es in seinem Ermessen, ob er dies wollte oder nicht. Hatte er seinem Legaten die Jurisdiktion übertragen, konnte er diese Entscheidung allein mit Zustimmung des Herrschers widerrufen. Wie die oben zitierte Digestenstelle zeigt, war die Gerichtsbarkeit des Legaten auf leichtere Fälle beschränkt, in denen das geschehene Unrecht etwa durch eine Ersatzleistung geheilt werden konnte.

## Quaestor provinciae

Provinzquästor

Der Statthalter erfuhr in republikanischer Zeit Unterstützung durch einen ihm vom Senat zugesprochenen Quästor. Diese Praxis wurde in der Kaiserzeit für die *publicae provinciae* beibehalten. Die vordringliche Aufgabe der Quästoren bestand in der Verwaltung der Finanzen, wobei sie von einem eigenen Stab von Mitarbeitern Hilfe erfuhren. Des Weiteren gehörte es zu ihren Aufgaben, bei der sonstigen Administration und bei der Gerichtsbarkeit mitzuwirken, bzw. selbst Recht zu sprechen, sofern es sich nicht um Angelegenheiten handelte, die der Statthalter selbst verhandeln musste. Als Caius Iulius Caesar als Quästor in der Provinz *Hispania ulterior* tätig war, wurde ihm die Rechtsprechung in mehreren Gerichtsbezirken überlassen. Für Quästoren scheint aufgrund ihres Aufgabengebiets die Möglichkeit, sich Vorteile zu verschaffen, besonders groß gewesen zu sein, jedenfalls finden sich wiederholt Beschwerden über Quästoren, die ihre Position ausnutzten.

## Legatus iuridicus

Hilfe bei der Rechtsprechung

Wie erwähnt übertrugen die Prokonsuln einen Teil ihrer juristischen Aufgaben ihren Legaten. Die Statthalter der kaiserlichen Provinzen verfügten indes über keinen eigenen Legaten. Wohl aus diesem Grund wurde seit der Zeit des ersten Prinzeps dem Statthalter der *Hispania citerior* ein *legatus iuridicus* zur Seite gestellt. Offenbar hatte den Herrscher die Größe des Provinzterritoriums und die sich daraus ergebenden weiten Wege zur Einsetzung eines in rechtlichen Angelegenheiten bewanderten Senators zusätzlich zum Statthalter veranlasst. In Britannien fanden *legati iuridici* bis zur Teilung der Provinz in *Britannia superior* und *Britannia inferior* Verwendung; ebenso in der Provinz *Galatia et Cappadocia.* Als ehemalige Prätoren verfügten die *legati iuridici* über die notwendigen juristischen Kenntnisse; vermutlich waren sie in der Regel wie Iavolenus Priscus fähige Rechtsgelehrte (s. S. 64f.). Der *legatus iuridicus* hatte kein eigenes *imperium* und war dem Statthalter nachgeordnet.

## Angehörige und weitere Begleiter

Ehefrau

Vielfach reisten Angehörige, meist Frauen und Kinder, sowie enge Freunde zusammen mit dem künftigen Statthalter in seine Dienstprovinz. Die Mitnahme der Ehefrau war in der Kaiserzeit im Gegensatz zu früher gestattet, wurde aber in der Senatorenschaft zumindest anfänglich kontrovers diskutiert. Im Jahr 21 n. Chr. scheiterte im Senat der Antrag, die Mitnahme der Gattin zu verbieten. Dazu trug sicher bei, dass sich Angehörige der *domus Augusta* gerne von ihren Gemahlinnen begleiten ließen. Interessanterweise folgten die Ehefrauen ihren Männern auch in wenig der römischen Welt angepasste und im Hinblick auf die allgemeine Lage unsichere Provinzen.

**Quelle**

Tacitus (ca. 55–um 125 n. Chr.) über den von dem Konsular Marcus Aurelius Cotta Maximus Messalinus im Senat in Rom im Jahr 24 n. Chr. gestellten Antrag (Annalen 4,20,4):

Dagegen stellte Messalinus Cotta … den Antrag, man müsse durch einen Senatsbeschluss Vorsorge treffen, dass Magistrate, auch wenn sie selbst schuldlos seien und von fremder Verfehlung nichts wüssten, für die in den Provinzen begangenen Vergehen ihrer Frauen ebenso wie für die eigenen einstehen müssten.

**Quelle**

Mit oder ohne Ehefrau? (Digesten 1,16,4,2):

Es ist zwar besser, dass ein Prokonsul ohne Ehefrau (in seine Provinz) geht, doch kann er auch seine Gattin mitnehmen, solange er weiß, dass der Senat unter den Konsuln Cotta und Messala beschlossen hat, dass, falls sich die Frauen derjenigen, die zur Wahrnehmung ihrer Amtsgeschäfte (in die Provinz) gehen, dort etwas Strafbares zu Schulden kommen ließen, sie selbst zur Rechenschaft zu ziehen und zu bestrafen sind.

Gemäß einem Senatsbeschluss des Jahres 24 n. Chr. trugen die Statthalter für die Vergehen ihrer Frauen die Verantwortung, egal ob sie persönlich schuldlos waren, davon wussten oder nicht. Die zitierten Passagen sind allgemein gehalten, doch hatten die Senatoren, wie der Kontext bei Tacitus zeigt, bei ihrem Beschluss offensichtlich Repetundenvergehen der Ehefrau im Blick. Aus dem Digestentext könnte man zudem folgern, allein Prokonsuln seien für ihre Frauen persönlich verantwortlich gewesen, indes handelt es sich, wie diverse Fälle zeigen, um ein allgemein, also für jeden Statthalter geltendes *senatus consultum*.

Sklaven, Freigelassene

Selbstverständlich folgten dem Mandatar und seinen Angehörigen eine ganze Reihe von eigenen Sklaven und Freigelassenen. Sie und die Sklaven, die nicht zur persönlichen Bedienung bzw. für hauswirtschaftliche Arbeiten eingesetzt wurden, halfen ihrem Herrn bzw. Patron bei der Erledigung diverser geschäftlicher Aufgaben. Häufiger nahmen Statthalter Söhne aus ihnen bekannten Familien in ihr Gefolge auf. Die jungen Männer hatten somit Zeit, das Leben in der Provinz und die Aufgaben eines Statthalters zu studieren und zugleich persönliche Kontakte zu knüpfen. Marcus Tullius Cicero beschreibt es in seiner im Jahr 56 v. Chr. für Caelius gehaltenen Rede als eine gute alte Sitte, junge Männer mit in die Provinzen zu nehmen und sie so an die Leitung der Provinzen heranzuführen.

**Quelle**

Cicero (106–43 v. Chr.) über die ersten Erfahrungen des Marcus Caelius Rufus (ca. 88 v. Chr.–48 v. Chr.) im Provinzwesen (Rede für Caelius 73):

Als sich sein Alter etwas zu festigen begann, begleitete er den Prokonsul Quintus Pompeius … nach Africa. In dieser Provinz befanden sich Vermögenswerte und Besitzungen seines Vaters und vor allem konnte er sich so Kenntnisse in der Provinzverwaltung verschaffen, wofür unsere Vorfahren nicht ohne Grund gerade diesen Lebensabschnitt ausersehen haben.

Experten

Zudem ließen sich hochrangige römische Mandatare von Personen begleiten, die als Ratgeber fungieren konnten, wie etwa Juristen und ehemalige Offiziere. Gnaeus Pompeius Theophanes, ein angesehener Bürger der Stadt *Mytilene*

(Mytilini) auf der griechischen Insel *Lesbos*, gehörte seit 67/66 v. Chr. zu den Begleitern und engsten Vertrauten von Gnaeus Pompeius Magnus, der ihm das römische Bürgerrecht verlieh. Theophanes beriet seinen Gönner und Freund in politischen Angelegenheiten und verfasste Schriften über dessen Leben und Werk, unter anderem über den Feldzug gegen Mithradates, an dem er selbst teilgenommen hatte. Sicherlich war Theophanes auch in die von Pompeius durchgeführten, die Provinzen des Ostens betreffenden Umstrukturierungen involviert. Zum Stab des jüngeren Plinius während seiner Statthalterschaft in *Pontus (et) Bithynia* gehörte der römische Ritter Nymphidius Lupus. Beide hatten sich während Plinius Zeit als Tribun in *Syria* (ca. 81 n. Chr.) kennengelernt und waren seitdem befreundet. Aufgrund seiner langjährigen militärischen Erfahrung war Nymphidius Lupus prädestiniert, Plinius in organisatorischen, logistischen und militärischen Fragen zu beraten. Marcus Cornelius Fronto, dem Lehrer Marc Aurels, verdanken wir recht exakte Angaben zu den Personen, die ihm während seiner Tätigkeit als Prokonsul der Provinz *Asia* zur Seite stehen sollten. Zu ihnen zählten Fronto aus seiner Vaterstadt *Cirta* (Constantine, Algerien) vertraute Personen ebenso wie aus *Alexandria* (Alexandria, Ägypten). Aus der Provinz *Cilicia*, zu der Fronto gute Beziehungen hatte, bat er angesehene Honoratioren (*viri splendidi*) zu sich und aus Mauretanien seinen Freund Iulius Senex, der einschlägige Erfahrungen mit der Bekämpfung von Räuberbanden hatte. Fronto wählte sich als Begleiter also Personen aus, die sich nicht nur mit ihm verbunden fühlten, sondern die ihn mit Rat und Tat unterstützen konnten.

Intellektuelle

Intellektuelle, die dem statthalterlichen Haus ein besonders Flair zu geben vermochten, wie Literaten und Philosophen, waren gerne gesehene Begleiter. Caius Memmius konnte sich während seiner Statthalterschaft in Bithynien (57 v. Chr.) der Gesellschaft der damals noch jungen Dichter Helvius Cinna und Valerius Catullus erfreuen. Der hochgebildete jüngere Scipio zählte zu seinem ständigen Gefolge seinen Mentor, den griechischen Historiker Polybios (um 200–ca. 120 v. Chr.). Die Begleiter des Statthalters empfingen in der Kaiserzeit eine Aufwandsentschädigung (*salarium*), welche je nach Provinzstatus aus dem Staatsschatz oder aus der kaiserlichen Kasse stammte. Durch das zuerkannte Salär sollte sicherlich der Korruption vorgebeugt werden. Die Zahl der Empfänger war möglicherweise auf sechs Personen begrenzt. Trifft dies zu, so mussten weitere Begleiter ihren Unterhalt selbst bestreiten oder vom Statthalter auf eigene Kosten ausgehalten werden.

### Statthaltergarde

Jedem Statthalter kam eine eigene, mehrere Hundert Soldaten umfassende Garde zu. Diese setzte sich aus aus den Hilfstruppen der Provinz abgeordneten Infanteristen (*pedites singulares*) und Reitern (*equites singulares*) zusammen. Sie hatte die Sicherheit des Statthalters zu gewährleisten und als Begleittruppe zu dienen. Zudem fanden die *singulares* Verwendung als Boten, Meldereiter und bei diversen Sonderaufträgen.

### Büropersonal

*Officium*

Die kaiserlichen Statthalter erhielten das für ihre Kanzlei (*officium*) notwendige Personal aus den in ihrer Provinz stationierten Truppen. Die Betreffenden waren folglich von ihren Einheiten zum Dienst im Statthalterofficium abkommandierte Soldaten. An ihrer Spitze standen die *cornicularii* (Organisatoren, in der Regel drei). Sie fungierten als Chefs des *officium* sowohl in internen als auch in externen Angelegenheiten. Ihnen oblag die tägliche Arbeitseinteilung sowie deren Überwachung. Sie trugen die Verantwortung für unter ihrer Leitung ausgefertigte Dokumente und deren Inhalt. Innerhalb der Schreibstuben verrichteten die Soldaten, wie ihre diversen Dienstbezeichnungen zeigen, unterschiedliche Aufgaben im Verwaltungswesen; das heißt, sie waren auf bestimmte Arbeitsabläufe spezialisiert. Wir kennen etwa *commentarienses* (Führer der Amtstagebücher), *librarii* (Buchhalter) und *exceptores* (Schreiber, Kopisten). Vermutlich war ihre Anzahl nicht in allen Provinzen gleich, sondern von verschiedenen Faktoren abhängig, etwa der Anzahl zu bewältigender Aufgaben oder dem Ansehen des Statthalters. Die Statthalter der *provinciae populi Romani* brachten schon in republikanischer Zeit regelmäßig aus der Staatskasse bezahlte Gehilfen (*apparitores*) und Staatssklaven aus Rom mit, die mit ihnen in die Provinz kamen und sie wieder verließen. Die Apparitoren waren römische Bürger, wobei es keine Rolle spielte, ob sie freigeboren oder freigelassen worden waren. Da es als sehr ehrenvoll galt, unter die Apparitoren aufgenommen zu werden, bot sich hier für Freigelassene eine willkommene Gelegenheit, zu Ansehen zu kommen. Ein Apparitor war nicht unbedingt auf eine Tätigkeit fixiert; er konnte unterschiedliche Aufgaben wahrnehmen. Zu den Aufgaben der Apparitoren gehörten neben buchhalterischen Belangen, Schreib- und Botendienste sowie Tätigkeiten im Rahmen von Opferhandlungen.

Gemäß Cicero trugen die von Staats wegen besoldeten Gehilfen ihren Teil zur Misswirtschaft in den Provinzen bei. Ihrem Fehlverhalten war aufgrund bestehender Verfilzungen nur bedingt beizukommen, zumal die Statthalter auf die einschlägigen Kenntnisse ihrer professionellen Gehilfen angewiesen waren. Wie die republikanischen Mandatare brachten die Statthalter der prokonsularen Provinzen bis zum Ende des 2. Jahrhunderts n. Chr. Gehilfen für die unterschiedlichsten Aufgaben mit.

Während der Kaiserzeit erhielten die Prokonsuln zudem Soldaten als Personal für ihre *officia*. Diese Soldaten wurden entweder aus in der Provinz liegenden Hilfstruppen oder aus den Einheiten einer Nachbarprovinz abgeordnet. Beispielsweise versorgte der Oberbefehlshaber der *legio III Augusta* die

Kanzlei des Prokonsuls der Provinz *Africa proconsularis* mit Soldaten. Der Prokonsul verfügte somit zusätzlich zu seinen Apparitoren über militärisches Verwaltungspersonal. Sicherlich sorgten die über längere Zeit abkommandierten Soldaten für ein gewisses Maß an Kontinuität in der Provinz, welches die mit dem Statthalter wechselnden Apparitoren weniger gewährleisten konnten.

Zusätzlich zu den ihnen von Staatswegen zur Verfügung gestellten Helfern griffen die Statthalter zur Erledigung diverser Aufgaben gerne auf ihre eigenen, von ihnen in die Provinz mitgebrachten Sklaven und Freigelassenen zurück, zumal sie sich auf deren Loyalität und Verschwiegenheit verlassen konnten. Marcus Tullius Cicero dankte seinem Freigelassenen und langjährigen Vertrauten Tiro ausdrücklich für die ihm in der Provinz geleisteten treuen Dienste.

## Vollstreckungs- und Aufsichtspersonal

Weiteres Personal

Um die Pferdehaltung am Statthaltersitz sorgten sich die *stratores*. Für diverse polizeiliche Aufgaben standen dem Statthalter die *frumentarii* zur Verfügung. Selbst für Folterungen gab es eigene Spezialisten (*quaestionarii*). Den Vollzug von Hinrichtungen besorgten die *speculatores*. Zum Personal der Statthalter zählten ebenso die *beneficiarii*, Soldaten, die, wie ihre Dienstbezeichnung ausdrückt, vom Dienst in der Truppe durch ein *beneficium* befreit, das heißt für andere Aufgaben freigestellt worden waren. Obwohl die Benefiziarier inschriftlich recht gut dokumentiert sind, wissen wir über ihre genauen Aufgaben relativ wenig. Viele Benefiziarier stifteten am Ende ihrer Tätigkeit an ihrem Einsatzort einen Altar als Dank dafür, dass sie ihre Dienstzeit unbeschadet überstanden hatten. Dies legt nahe, dass ihre Aufgaben zumindest teilweise nicht ungefährlich waren. Offensichtlich wurden sie zu verschiedenen Tätigkeiten herangezogen, insbesondere zur Überwachung bzw. Aufrechterhaltung von Ruhe und Ordnung in der Provinz. In Obergermanien sind zahlreiche Amtslokale (*stationes*) der Benefiziarier, insbesondere an am Limes gelegenen Kastellorten bezeugt. Dies legt nahe, dass sie mit der Kontrolle von Personen und Gütern, welche die Grenzen passierten, betraut waren und vielleicht zudem ein Auge auf die vor Ort stationierten Soldaten haben sollten. Die Benefiziarier wurden nach einem halben Jahr abgelöst, vermutlich, um Amtsmissbrauch vorzubeugen.

## Die Beteiligung des Militärs an Ausbau, Sicherung und Überwachung der Provinzen

Stehendes Heer

Zu den großen Leistungen des ersten Prinzeps Augustus zählt die Schaffung eines stehenden Heeres, des ersten stehenden Bürgerheeres der Antike überhaupt. Die ca. 5000 bis 6000 Mann starken Legionen wurden ebenso wie die Hilfstruppen an verschiedenen Orten reichsweit stationiert. Damit trug der

Prinzeps der Realität Rechnung. Die Vergangenheit hatte gezeigt, dass die Soldaten aufgrund fortgesetzter Kriegshandlungen immer länger unter den Fahnen standen, sich die Einsatzorte zunehmend weiter von *Italia* entfernten, also eine Rückkehr über Winter nicht mehr oder nur noch bedingt möglich war. Vor allen Dingen war es für den einzelnen Mann vielfach obsolet geworden, Militärdienst und seinen bürgerlichen Beruf, etwa als Landwirt, miteinander zu vereinbaren. Verarmung der Familie war in vielen Fällen die Folge. Ein Berufsheer war zudem besser geeignet, das Imperium Romanum und seine Interessen zu schützen bzw. durchzusetzen. Die Stationierung von Truppen in gefährdeten Regionen ermöglichte außerdem kürzere Anmarschwege und damit ein schnelles Eingreifen. Die Anzahl der in einer Provinz stehenden Truppen hing von mehreren Komponenten ab. Entscheidend waren die Lage und der innere Zustand der Provinz. In Provinzen mit gefährdeten Außengrenzen waren mehr Truppen stationiert als in Provinzen, die nur an römisches Territorium grenzten. Provinzen, in denen man Aufstände befürchten musste, wie etwa in *Iudaea*, wurden ebenfalls stärker militärisch überwacht als andere. Zu den Aufgaben der in den Provinzen liegenden Truppen gehörte es, regelmäßig die Grenzen zu überwachen und menschenleere Räume zu kontrollieren, da diese hervorragende Verstecke für Aufrührer, Räuber, flüchtige Straftäter und Sklaven boten.

Die permanent trainierten und mit guten Schutz- und Angriffswaffen versehenen Soldaten flößten ihren Gegnern in der Regel Respekt ein und hielten sicher manche Ethnie von Übergriffen auf das Imperium Romanum oder von Aufständen ab, zumal Roms Heer über weite Strecken der Ruf der Unbesiegbarkeit voraneilte. Zwar mussten die Römer bisweilen schwere Niederlagen hinnehmen, doch gelang es auf Dauer gesehen, den Feind niederzuringen oder zumindest ein akzeptables Friedensabkommen zu schließen.

Dank einer akribischen Buchführung waren die Soldaten des kaiserzeitlichen *exercitus Romanus* die am besten erfasste und überwachte Personengruppe innerhalb des Imperium Romanum. Über keine andere Gruppe wusste man so exakt Bescheid im Hinblick auf Einkommen, Ersparnisse, Dienstjahre, besondere Fähigkeiten, Abkommandierungen, Urlaub, Krankheit, unveränderliche Merkmale, Familie und gegebenenfalls Fehlverhalten. Dieses geradezu beängstigend anmutende, umfassende Wissen über Einzelne hatte gute Gründe. Zum einen kann nur eine straff organisierte Truppe auf Dauer erfolgreich sein, zum anderen bildeten Roms Soldaten das wichtigste Instrument zur Erhaltung des Staatswesens. Im Verhältnis zur Größe des Imperium ist der *exercitus Romanus* als relativ klein einzustufen; insgesamt dienten in der Kaiserzeit permanent ca. 400 000 bis 450 000 Soldaten in Roms Legionen, Auxiliareinheiten und Flotten.

Herrscher und Heer

In der Regel bemühten sich die Herrscher um ein gutes Verhältnis zu ihren Soldaten. Regelmäßige Soldzahlungen, zusätzliche Geldgeschenke (Donative), Beförderungen, recht komfortable Standlager, Besuche bei den Truppen, gemeinsame Manöver und nicht zuletzt die alljährliche Eidesleistung der Soldaten auf den Herrscher und der im Heer gepflegte Kaiserkult gewährleisteten meist die Loyalität von Soldaten und Offizieren. Freilich konnte das in den Provinzen stationierte Militär infolge von Unzufriedenheit zu einer Gefahr werden, etwa wenn Teile der Streitkräfte einen Usurpator unterstützten.

In den Provinzen repräsentierten die Soldaten neben den zivilen Amtsträgern Rom. Ihr Auftreten in militärischer Kleidung erinnerte jeden unweigerlich an die Stärke und Schlagkraft der römischen Truppen und den Machtwillen Roms. Da Soldaten mit einer ganzen Reihe von zivilen und paramilitärischen Aufgaben betraut waren, waren sie überall präsent. Die römischen Truppen verfügten über gut ausgebildete Spezialisten, die man nicht nur zum Bau und zur Instandhaltung der Militäranlagen und zur Versorgung der Soldaten benötigte, sondern die auch im zivilen Bereich eingesetzt wurden, etwa um staatliche Bauvorhaben unterschiedlichster Art zu realisieren, angefangen von der Erschließung ganzer Provinzen durch den Bau von Straßen bis hin zum Bau der Grenzwälle. Bedeutende Bauleistungen des römischen Militärs sind neben den großen Legionslagern etwa der Bau des Hadrianswalls in Britannien sowie des Obergermanisch-rätischen Limes. Nicht militärische Aufgaben, wie etwa Baumaßnahmen, hatten einen nicht zu unterschätzenden disziplinarischen Nebeneffekt. Ein stets beschäftigter Soldat neigte weniger zur Disziplinlosigkeit und zur Unzufriedenheit als Soldaten, die sich langweilten.

## Das Finanzwesen

### Steuererhebung

Zölle

In Rom galt die direkte Besteuerung eines freien Bürgers stets als Eingriff in dessen persönliche Freiheit und Selbstbestimmung. Die wichtigsten Einnahmequellen der *res publica* bildeten die Beute, die erfolgreiche Feldzüge einbrachten, die Tribute der unterworfenen Völkerschaften sowie die Ausnutzung bzw. der Abbau natürlicher Ressourcen in den eroberten Gebieten. Steuerpflicht war somit zugleich ein Zeichen von Abhängigkeit. Einnahmen bescherten Rom ferner Zölle, die auf bestimmte Waren erhoben wurden. Im Einzelfall mögen die Zölle der Regulierung von Warenströmen gegolten haben. So wurde die Ausfuhr von Sklaven aus der Provinz Asia höher besteuert als deren Einfuhr, vielleicht um Sklavenmangel in anderen Provinzen abzuhelfen. Neben auf Handelsgüter erhobenen Zöllen mussten Reisende für die Nutzung bestimmter Wegestrecken Mauten entrichten. In Kriegszeiten wurde von den Bürgern, falls die Staatskasse über keine ausreichenden Mittel verfügte, ein Beitrag (*tributum*, ‚Kriegssteuer‘) zur Finanzierung der Kriegskosten erhoben. Dieser war genau genommen keine Steuer, sondern eine Zwangsanleihe, die nach Beendigung des Krieges aus der Beute zurückerstattet werden sollte.

In eroberten Gebieten behielt Rom gerne die vorgefundenen, funktionierenden Abgabensysteme (Veranlagung, Art und Höhe der Abgaben, Eintreibung) gegebenenfalls mit Modifikationen bei der Einrichtung einer Provinz bei. Dies gilt etwa für die Provinzen *Aegyptus*, *Macedonia* und *Sicilia*. Folge dieser Praxis war, dass im Imperium Romanum von einem einheitlichen Steuersystem keine Rede sein konnte. Zudem galten für diverse Personengruppen bei der Besteuerung unterschiedliche Voraussetzungen. Hinzu kommt, dass Gemeinwesen je nach ihrer rechtlichen Stellung steuerpflichtig waren.

**Quelle**

An die Griechen der Provinz *Asia* gerichtete, 41 v. Chr. in *Ephesus* (Türkei) gehaltene Rede des Marcus Antonius (Appian, Bürgerkriege 5,1,4 [19]):

Attalos, euer König, ihr Griechen, hat euch uns in seinem Testament hinterlassen, und sogleich erwiesen wir uns für euch besser als Attalos; denn was ihr ihm an Abgaben zahltet, erließen wir euch, bis demagogische Politiker auch bei uns auftraten und Tribute forderten. Als aber der Notfall eintrat, legten wir sie euch nicht in einer bestimmten Höhe auf, um einen festen Betrag einziehen zu können, nein, wir forderten vielmehr als Leistung von euch nur Anteile an euren jährlichen Ernteerträgen, damit wir uns mit euch auch die Missernten teilten. Da aber die im Namen des Senats agierenden Steuerpächter euch ungerecht behandelten und mit ihren Forderungen die Sätze weit überschritten, erließ euch Caius Caesar ein Drittel von dem, was ihr ihnen zahlen musstet, und setzte ihren Gewaltakten ein Ende.

## Regelmäßige Steuern

Kopfsteuer

Das *tributum soli*, eine auf den Boden auferlegte Abgabe, und die nicht überall erhobene Kopfsteuer, das *tributum capitis*, waren die typischen Einnahmen, welche die Provinzen Rom bescherten. Hinzu kam der für die Pachtung von öffentlichem Grund und Boden fällige Zins. Das *tributum capitis* war von Männern und für gewöhnlich auch von Frauen aufzubringen, wobei die der Besteuerung zugrunde gelegten Altersgrenzen sowie die Höhe der Steuer regional unterschiedlich waren. Beispielsweise mussten in *Aegyptus* die männlichen Einwohner der Provinz vom Erreichen des 14. Lebensjahres an bis zum Alter von 62 Jahren das *tributum capitis* entrichten. In *Syria* waren Männer von 14 und Frauen von zwölf bis 65 Jahren zur Zahlung der Kopfsteuer verpflichtet. Um die lückenlose Erfassung der Bevölkerung zu gewährleisten, hatte jeder Haushaltsvorstand beim Zensus alle in seinem Haushalt lebenden Angehörigen und sämtliche weiteren Personen, etwa Mieter und Sklaven, unter Angabe von Geschlecht und Alter zu benennen.

Bodensteuer

Die Bodensteuer fiel entweder in Form eines Festbetrags oder anteilig am Bodenertrag an, wobei die Höhe von Provinz zu Provinz differieren konnte. Üblich waren 10 Prozent des Ernteertrages. Von der Bodensteuer ausgenommen war der nach römischem Recht abgabenfreie Grund und Boden. Seit dem

Ende der Italikerkriege erstreckte sich dieses Privileg auf ganz *Italia*; ebenso galt dieser Status für die Kolonien römischer Bürger. Im Übrigen hatten römische Bürger für ihre auf provinzialem Boden gelegenen landwirtschaftlichen Flächen Abgaben zu zahlen. Zudem waren in den Provinzen die mit Rom verbündeten freien Städte und Gemeinden, mit denen ein Freundschaftsvertrag (*foedus*) bestand, von der Steuererhebung ausgenommen (*civitates foederatae liberae immunes*).

Unklar ist, in welchem Umfang Immobilien, Produktionsmittel, Tiere, Sklaven und sonstiges Vermögen in die Besteuerung der Provinzbevölkerung einbezogen wurden. Strittig bleibt, ob regelmäßige Abgaben stets von Anfang an in den Provinzen eingefordert wurden. Gut möglich ist, dass in Provinzen, die über keine oder kaum eine Infra- bzw. Verwaltungsstruktur verfügten, erst Steuern erhoben wurden, nachdem sich ein entsprechendes, für eine Erfassung der Bevölkerung geeignetes administratives Gefüge etabliert und sich ein Wirtschaftsleben in nennenswertem Umfang entwickelt hatte. Aus den in den Provinzen eingenommenen Steuern wurden zunächst die vor Ort anfallenden Ausgaben beglichen; Überschüsse wurden an Rom abgeführt, sofern sie nicht als Reserve in der Provinz verblieben. Umgekehrt musste Rom gegebenenfalls dafür sorgen, ein Minus in den provinzialen Haushalten auszugleichen. In solchen Fällen kamen die notwendigen Mittel wohl nicht direkt aus Rom, sondern aus benachbarten Provinzen, die mehr erwirtschafteten, als sie verbrauchten.

## Im Einzelfall zu entrichtende (indirekte) Steuern

Neben den genannten Steuern kannte des Imperium Romanum eine ganze Reihe weiterer Abgaben, die sowohl römische Bürger als auch Provinziale zu leisten hatten. Die *scriptura*, eine Abgabe für die Nutzung von Gemeindeland als Viehweide, wurde schon früh, vermutlich seit der Einrichtung entsprechender Weideflächen, erhoben.

Freilassungssteuer

Gemäß der Überlieferung soll bereits im Jahr 357 v. Chr. die *vicesima libertatis* oder *vicesima manumissionum*, eine auf Freilassungen (wohl nur nach römischem Recht) zu zahlende Steuer eingeführt worden sein, die zur Anlage eines Reservefonds diente. Die Steuer wurde in früher Zeit in Gold (*aurum*) gezahlt, weswegen sie auch *aurum vicesimarium* hieß. Sie betrug 5 Prozent des geschätzten Wertes des zur Freilassung anstehenden Sklaven (*vicesima* wörtlich: der 20. Teil von 100, also 5 Prozent). Aufbringen musste das Geld der Freizulassende, sofern der Freilassende nicht gewillt war, die Summe freiwillig zu zahlen. Die Steuer blieb über Jahrhunderte bestehen. Caracalla (211–217 n. Chr.) erhöhte den Steuersatz auf 10 Prozent. Dieser wurde von Macrinus (217–218 n. Chr.) umgehend auf 5 Prozent zurückgesetzt. Beim Verkauf von Sklaven fiel seit 7 n. Chr. eine Umsatzsteuer in Höhe von 2 Prozent, spätestens seit Claudius von 4 Prozent an (*quinta et vicesima venalium mancipiorum*).

Erbschaftssteuer

Wenig beliebt waren die zur Finanzierung der im Jahr 6 n. Chr. neu eingerichteten Militärkasse (*aerarium militare*) eingeforderte Erbschaftssteuer in Höhe von 5 Prozent (*vicesima hereditatium*) sowie die damals oder schon zuvor eingeführte einprozentige Auktionssteuer (*centesima rerum venalium*). Die Auktionssteuer wurde von Tiberius nach der Annexion von Kappadokien und Protesten der Bevölkerung für einige Zeit um die Hälfte gesenkt, also in eine *ducentesima rerum venalium* umgewandelt. Sein Nachfolger Caius (Caligula) schaffte die Steuer schließlich für *Italia* ab, doch wurde sie wohl von Nero wieder eingeführt.

Details der Erbschaftssteuerfestsetzung sind nicht tradiert, ebenso wenig Angaben über Änderungen, die einzelne Herrscher bei der Erbschaftssteuer vornahmen. Die nächsten Verwandten waren von der Steuer befreit, ebenso blieben kleine Erbschaften steuerfrei. Caracalla verdoppelte die Erbschaftssteuer; außerdem hob er die Befreiung für die engsten Verwandten auf. Beide Maßnahmen wurden wiederum von Macrinus zurückgenommen. Die Erhebung der Erbschaftssteuer oblag in der Regel eigens dafür eingesetzten Prokuratoren.

Des Weiteren gab es eine ganze Reihe von Steuern, über die wir ebenfalls unzureichend informiert sind. Sie galten teilweise nur auf kommunaler oder regionaler Ebene oder beschränkten sich auf bestimmte Waren und Dienstleistungen. Außerdem mussten Provinzen und Gemeinwesen zu bestimmten Anlässen (etwa Thronjubiläen) immer wieder ‚Geschenke' an den Herrscher finanzieren.

## Steuereinziehung: Republikanische Zeit

*Publicani*

Vom 3. Jahrhundert v. Chr. an wurde in Rom das Einziehen der Steuern, der Abgaben, die die Unterworfenen zu erbringen hatten, sowie der Zölle und der für die Nutzung von öffentlichem Grund und Boden fälligen Pachten bzw. Mauten bei öffentlichen Auktionen gegen Höchstgebot in steigendem Maße an Unternehmer (*publicani*) vergeben. Die Pächter, die gewöhnlich dem Ritterstand angehörten, schlossen sich zu Gesellschaften (*societates publicanorum*) zusammen, da kein Einzelner das unternehmerische Risiko zu tragen vermochte, weder die Organisation allein bewältigen noch das benötigte Personal noch den an die Staatskasse zu leistenden Vorschuss und das Pfand stellen konnte. Der Gewinn der Publikanen bestand in den über die festgelegten Einnahmen hinaus eingetriebenen Summen, das heißt in vielen Fällen wurden die Provinzen regelrecht ausgeblutet. Zudem vergaben die Publikanen gegen Zinsen Kredite, die ihnen weitere Gewinne einbrachten. Die Gesellschaften waren gut organisiert. Sie beschäftigten sowohl römische Bürger als auch Einheimische, Freigelassene und Sklaven. Die oberste Steuerinstanz in den Provinzen war freilich der Statthalter; er musste im Falle von Konflikten für deren Beilegung Sorge tragen. Allerdings sahen die Statthalter zu ihrem eigenen Vorteil häufig über das Fehlverhalten der Publikanen hinweg, bzw. machten mit ihnen gemeinsame Sache.

Nicht alle Abgaben und Nutzungsrechte (etwa an Bergwerken) wurden von Rom verpachtet, einzelne Positionen blieben in der Hand der Statthalter, die diese dann vor Ort versteigern konnten. Leider ist unbekannt, was im Einzelnen den *publicani* überlassen wurde. Vermutlich bot sich von Provinz zu Provinz und je nach Zeit ein anderes Bild. Bedeutende Schritte zur Eindämmung des Publikanenunwesens vollzog Caius Iulius Caesar. Sein Ackergesetz wies kampanisches und ligurisches Ackerland Privatpersonen zu, womit hier die Eintreibung von Pachtzins und damit ein Betätigungsfeld für die Publikanen entfielen. Den jährlich zu leistenden Tribut in Höhe von 40 Millionen Sesterzen, den er dem von ihm neu eroberten gallischen Gebiet auferlegte, ließ er ohne Mitwirkung der Publikanen einziehen. In der Provinz *Asia* setzte Caesar den Gewaltakten der Publikanen ebenfalls ein Ende. Der erste Prinzeps Augustus schmälerte die Geschäfte der Publikanen weiter. Freilich konnten Augustus und seine Nachfolger sowohl aufgrund der gebotenen Rücksichtnahme gegenüber Senat und Ritterschaft als auch wegen eines fehlenden Beamtenapparats nicht gänzlich auf die Publikanen verzichten. Allerdings ging ihr Einfluss mit der Verfestigung des Prinzipats und dem Ausbau der kaiserlichen Verwaltung schrittweise weiter zurück. Im 2. Jahrhundert werden einzelne indirekte Steuern noch an Privatpersonen verpachtet, doch lassen sich Einfluss und Vermögen dieser Pächter (*conductores*) nicht mit dem Potenzial der *societates publicanorum* vergleichen.

## Kaiserzeit: Der Finanzprokurator

In den Provinzen existierten seit alters her Filialkassen der staatlichen Kasse. Diese Provinzkassen bestanden in der Prinzipatszeit fort (der lateinische Fachausdruck für die Provinzkasse lautet *fiscus*). Sie sind sicher für alle Provinzen vorauszusetzen, auch wenn wir nur für einige einschlägige Belege besitzen.

In den ihm übertragenen Provinzen setzte Augustus zur Regelung und Überwachung der Finanzen Prokuratoren ein, die über einen eigenen Stab von Mitarbeitern verfügten. Der Statthalter hatte in den kaiserlichen Provinzen weder Einfluss auf die Finanzverwaltung noch auf das Handeln des Finanzprokurators (bisweilen Fiskalprokurator genannt). Aus dieser Situation scheinen öfter Konflikte entstanden zu sein, zumal sich die Prokuratoren bisweilen über ihre Kompetenzen hinausgehende Handlungen erlaubten.

Ritter als Finanzprokuratoren

Obwohl Augustus (30 v. Chr.-14 n. Chr.) anfänglich auch Freigelassene zu Prokuratoren bestellte, wurden bald ausschließlich *equites Romani* zu Finanzprokuratoren bestimmt. Der Verzicht auf Quästoren in den kaiserlichen Provinzen hat sicherlich mehrere Gründe. Zum einen wollte Augustus möglichst wenige Senatoren mit Angelegenheiten in seinen Provinzen betrauen, zum anderen hätte man die Zahl der Quästoren deutlich erhöhen müssen, um alle Provinzen bedienen zu können. Vor allem war ein ritterlicher Prokurator von einem dem Senat angehörenden Statthalter wesentlich weniger abhängig als ein junger Mann aus dem Senatorenstand, dem seine weitere Karriere wichtig war. Außerdem lag dem Prinzeps die Stärkung des Ritterstandes am Herzen. Die Finanzprokuratoren waren meist für eine Provinz, bisweilen für mehrere zuständig. So setzte sich der *fiscus Gallicus* in der frühen Prinzipatszeit aus drei Kassen, dem *fiscus* der *Gallia Lugdunensis, Aquitanica* und *Belgica* zusammen. Der Aufgabenbereich der Finanzprokuratoren umfasste Empfang und Verrechnung der öffentlichen Abgaben, Auszahlung der von den Truppen benötigten Geldmittel einschließlich des Soldes sowie die Verwaltung des in der Provinz vorhandenen Privatvermögens des Herrschers (*patrimonium, fiscus Caesaris*), das aus landwirtschaftlich genutzten Gütern, Manufakturen, Bergwerken und Steinbrüchen bestehen konnte. Da der Prinzeps in den *provinciae publicae* ebenfalls über Privatbesitz (*patrimonium*) verfügte, wurden dort zu dessen Verwaltung Prokuratoren eingesetzt. Ihrer Aufgabe gemäß bezeichnet man sie in der Fachliteratur als Patrimonialprokuratoren oder nach den kaiserlichen Landgütern (Domänen) als Dominalprokuratoren.

Mit der Zeit wurden aus dem Aufgabenpaket des Finanzprokurators immer mehr Sektoren ausgegliedert und eigenen Prokuratoren überantwortet. So unterstanden die im kaiserlichen Besitz befindlichen Goldbergwerke Dakiens einem eigenen *procurator aurarium*, der bis in die Zeit von Hadrian (117-138 n. Chr.) oder von Antoninus Pius (138-161 n. Chr.) ein kaiserlicher Freigelassener war. Danach versahen Angehörige des *ordo equester* diesen Posten. Entsprechend ihres jährlichen Salärs werden die Prokuratoren als *sexagenarii* (60 000 Sesterzen), *centenarii* (100 000 Sesterzen), *ducenarii* (200 000 Sesterzen), *trecenarii* (300 000 Sesterzen) bezeichnet. Zum Beispiel erhielten die Fiskalprokuratoren der dakischen Provinzen 100 000 Sesterzen pro Jahr, während die Statthalter der beiden mauretanischen Provinzen mit 200 000 Sesterzen Salär jährlich bedacht wurden.

Unterstützt wurden die Finanzprokuratoren bei ihrer Tätigkeit von einer ganzen Reihe von Helfern. Diese waren meist kaiserliche Sklaven. Der Unfreienstand hatte den Vorteil, dass die Betreffenden als verlässlich angesehen wurden, da sie vollkommen auf das Wohlwollen ihres Herrn angewiesen waren und der Folter unterworfen werden konnten. ■

**Auf einen Blick**

**Die Verwaltung und Kontrolle der römischen Provinzen erfolgte über regelmäßig wechselnde Mandatare, die sogenannten Statthalter. Das Kapitel erläutert, wie sich die Vergabepraxis der Provinzen an Statthalter, die Voraussetzungen für die Übernahme einer Statthalterschaft sowie die Aufgaben der Statthalter Roms wandelten.**

Ausführlich dargestellt werden die unterschiedlichen Handlungsfelder eines Statthalters. Zu den Hauptaufgaben der Statthalter gehörte der militärische Schutz der Provinz sowie die Rechtsprechung innerhalb der Provinz. Als oberste Repräsentanten Roms hatten die Statthalter jedoch auch kultische Funktionen inne, wachten über die Finanzen und erstatteten dem Senat bzw. den römischen Herrschern regelmäßig Bericht. Zahlreiche Helfer mit jeweils unterschiedlichen Befugnissen und Aufgaben unterstützten die Statthalter, so etwa die Legaten und Quästoren.

Schließlich werden verschiedene Steuern vorgestellt, die in den Provinzen erhoben wurden. Je nach Provinz wurden unterschiedliche Abgaben eingefordert, von der Kopfsteuer über den Pachtzins bis hin zur Umsatz-, Auktions- oder Erbschaftssteuer.

## Literaturhinweise

**Barrandon, N., Kirbihler, F.,** Administrer les provinces de la République romaine. Actes du colloque de l'université de Nancy II, 4–5 juin 2009, Rennes 2010.

**Eck, W.,** Die Verwaltung des Römischen Reiches in der Hohen Kaiserzeit. Ausgewählte und erweiterte Beiträge, 1. Bd., hrsg. v. R. Frei-Stolba, M.A. Speidel. Arbeiten zur römischen Epigraphik und Altertumskunde 1, Basel 1995.

**Eck, W.,** Die Verwaltung des römischen Reiches in der hohen Kaiserzeit. Ausgewählte und erweiterte Beiträge, 2. Bd. , hrsg. v. R. Frei-Stolba, M.A. Speidel. Arbeiten zur römischen Epigraphik und Altertumskunde 3, Basel 1997.

**Haensch, R., Heinrichs, J. (Hrsg.),** Herrschen und Verwalten. Der Alltag der römischen Administration in der Hohen Kaiserzeit. Kölner Historische Abhandlungen 46, Köln, Weimar, Wien 2007.

**Jacques, F., Scheid, J.,** Rom und das Reich in der hohen Kaiserzeit. Bd. 1: Die Struktur des Reiches. Aus dem Französischen und Englischen übersetzt v. P. Riedlberger, Stuttgart 1998

# IV. Die Einbindung der Bevölkerung in das provinziale System

**Überblick**

Anfänglich beschränkten sich die Römer in den eroberten Gebieten auf deren militärische Überwachung und die Einhebung von Tributen. Vermutlich waren es römische Bürger, die sich in den neuen Territorien niedergelassen oder dort angesiedelt worden waren, die nach Rechtssicherheit und einer politischen Ordnung verlangten. Auf jeden Fall etablierte sich in den Provinzen nach und nach eine Verwaltung nach zivilen Maßstäben. Damit einher gingen der Ausbau der Infrastruktur, der Aufbau oder die Anpassung der lokalen Verwaltung bzw. die Gründung von Städten. Ein wichtiges Element bildete die Einbindung der indigenen Bevölkerung in die Herrschaftsausübung, die, obwohl sie offensichtlich über weite Strecken gut funktionierte, weit entfernt war von modernen Vorstellungen einer administrativen Durchdringung von Raum und Gesellschaft.

Die Vielfalt der Siedlungsstruktur im Imperium Romanum spiegelt sich in zahlreichen Inschriften privaten Charakters wider. Diese Zeugnisse verdeutlichen zugleich, dass sich Provinziale nicht allein mit der Provinz, aus der sie stammten, sondern ebenso mit ihrer engeren Heimat, also der Stadt, der Siedlung, der Region, in der sie lebten, identifizierten. Die jährlich wechselnden, am Tempel der Roma und der Augusti in *Lugdunum* (Lyon, Frankreich) tätigen Priester der drei gallischen Provinzen legten großen Wert auf ihre Stammeszugehörigkeit. So war der Flamen Caius Servilius Martianus stolz darauf Arverner zu sein, also dem Stamm des berühmten Vercingetorix (ca. 82–46 v. Chr.) anzugehören, obwohl seine Familie längst das römische Bürgerrecht besaß (CIL 13, 1706). Offizielle Dokumente bedienten sich zwecks der eindeutigen Identifizierung ebenfalls solcher Angaben. So werden etwa in Verträgen und in Militärdiplomen als Herkunftsangabe von Zivilisten bzw. in Ehren entlassenen Soldaten immer wieder der Ort, die Ethnie, die Gegend bzw. die Provinz, in der der Betreffende beheimatet war, genannt; zum Beispiel: Valerius Longus, Sohn des Longus, Isaurier (AE 1997, 1778). Ähnlich wird der Flottensoldat Titus Flavius Alexander als Italiker aus *Misenum* bezeichnet (*natione Italico domo Miseno*; CIL 16, 152). Der aus Thrakien stammende Auxiliarsoldat Dule wird entsprechend seiner ethnischen Zugehörigkeit als *natione Bessus* angesprochen (CIL 16, 10) und die Heimat des Dakers Vitalis wird mit den Worten *ex provincia Dacia sup(eriore) ter(r)i(torio) Bassiana(e)* angezeigt; Vitalis stammte folglich aus dem Umland der bislang unbekannten Ansiedlung *Bassiana* (AE 2011, 1467).

Die Tatsache, dass unterschiedliche topografische und ethnische Beschreibungen zur Identifizierung benutzt wurden, ist zum einen auf die Existenz gänzlich verschiedener Siedlungsformen zurückzuführen, zum anderen darauf, dass Roms Provinzen nie einheitlich strukturiert waren und die Römer in ihren Provinzen ethnische und kommunale Eigenheiten tolerierten sowie lokale Selbstverwaltungseinheiten förderten. Dies stellte in Anbetracht der geringen Mittel, die Rom zur Herrschaftsausübung zur Verfügung standen, eine gute Lösung dar. Voraussetzung war freilich die Bereitschaft der unter Roms Herrschaft gekommenen Personen zur Mitarbeit und Integration in das Imperium Romanum.

Osten des Imperium Romanum

Günstige Voraussetzungen bot insbesondere der hellenisierte und urbanisierte Osten des Reichs. Hier waren die Menschen seit Generationen an Verwaltung und Tributzahlungen gewöhnt. Für die Honoratioren war es selbstverständlich, sich mit der Obrigkeit zu arrangieren, bzw. ihr zu dienen. Die Römer nutzten dieses Potenzial. Die Erfahrung, die weitreichenden Verbindungen der Notabeln und ihr Einfluss auf die übrigen Teile der Bevölkerung entlasteten den Statthalter und seine Mitarbeiter erheblich. Die Honoratioren lieferten Informationen und gewährleisteten in der Regel einen reibungslosen Ablauf administrativer Maßnahmen. Das Interesse der Oberschicht an einer Kooperation förderten die Römer durch die Verleihung von Privilegien und Würden, vor allem durch die Respektierung der lokalen Machtposition sowie durch die Gewährung der *civitas Romana*. Zudem steigerte der regelmäßige Verkehr der einheimischen Honoratioren mit angesehenen hochrangigen Römern, insbesondere dem Statthalter und seinem Stab, deren Ansehen bei ihren Mitbürgern.

Entsprechendes gilt für die hellenisierten Teile von Sizilien, die urbanisierten Küstengebiete des Westens und die durch Verkehrswege gut erschlossenen Wirtschaftszentren im südlichen Hispanien. Hier lebte spätestens um die Wende vom 2. zum 1. Jahrhundert v. Chr. eine gebildete, sich an hellenistischen und römischen Lebensformen orientierende Elite. Sie bestand aus vermögenden Einheimischen sowie wohlhabenden römischen Bürgern und ihren Familien, die bzw. deren Vorfahren sich meist als Handel Treibende oder als Kolonisten dort niedergelassen hatten. Sie waren normalerweise gerne bereit, die Arbeit der römischen Mandatare nach Kräften zu unterstützen. In manchen Regionen, etwa in Kilikien und Kleinasien, trafen die Römer auf lokale Dynasten oder Priesterfürsten, die sich zur Zusammenarbeit mit Rom bereitfanden. Sie leisteten meist einen guten Beitrag zur Annäherung an Rom. In einer späteren Phase gingen diese Fürstentümer in den Provinzen auf.

Ein anderes Bild bot sich in weiten Teilen der seit Caius Iulius Caesar eroberten Nordwestprovinzen. Hier fehlten munizipale Strukturen, auf denen man hätte aufbauen können. Sie mussten folglich angelegt werden. Gewöhnlich suchte man führende, kooperationswillige Männer in ihrer Position zu stärken und sie so zur Zusammenarbeit zu motivieren. Das eroberte Gebiet wurde durch die Schaffung von Gemeinwesen, die ihrerseits in Bezirke bzw. kleinere Einheiten untergliedert wurden, sukzessive der römischen Ordnung angepasst; ein Prozess, der sich über mehrere Jahre, wenn nicht Dezennien vollzog.

## Selbstverwaltungseinheiten innerhalb der Provinzen

Unterhalb der provinzialen Verwaltungsebene gab es eine Vielzahl von Strukturen, welche die administrative Erfassung und Durchdringung eines Gebietes ermöglichten. Da sie oftmals auf die vorrömische Zeit zurückgingen, variierten sie von Provinz zu Provinz. Sie konnten etwa im Osten des Reichs ganz anders aussehen als in Gegenden, in denen entsprechende Strukturen erst aufgebaut werden mussten.

Urbane Siedlungen

Für unser Wort ‚Stadt' und den griechischen Begriff ‚Polis' stehen im Lateinischen eine ganze Reihe von Worten zur Verfügung, so *urbs, oppidum, civitas*. Der Terminus *civitas* hatte wie *colonia* und *municipium* bürgerrechtliche Bedeutung. Der in republikanischer Zeit vielseitig gebrauchte Begriff *oppidum* entwickelte sich wohl zu Beginn der Prinzipatszeit zur Bezeichnung für Siedlungen außerhalb von *Italia*, die nicht Städte im rechtlichen Sinn waren. Kleinere Ansiedlungen, meist bäuerlichen Charakters, ohne bürgerrechtliche Qualität nannte man *vicus*. Zudem finden sich für Kleinsiedlungen auch andere Benennungen, so etwa *statio, locus, canabae*. Diese ländlichen, überschaubaren Siedlungen machten den größten Anteil an den Ortschaften im Römischen Reich aus. Sie lagen meist an wichtigen Verkehrsadern oder in unmittelbarer Nähe zu Gebieten von wirtschaftlicher Bedeutung, etwa von Bergwerken und von römischen Militärlagern. Die Bevölkerung lebte von Landwirtschaft, Dienstleistungen verschiedener Art sowie von Durchreisenden.

### Kolonien

Die erste Stellung unter den urbanen Siedlungs- bzw. Verwaltungsformen gebührte den Kolonien, die der Schriftsteller Gellius im 2. Jahrhundert n. Chr. als Abbild Roms bzw. des römischen Staatswesens charakterisierte. In der deutschsprachigen Fachliteratur werden Kolonien bisweilen als Pflanzstädte oder Tochterstädte bezeichnet. Dabei ist zu differenzieren zwischen echten Kolonien (meist Veteranenkolonien) und sogenannten Titular- oder Honorarkolonien. Die Gründung einer Kolonie römischer Bürger war stets ein hoheitlicher Akt, den allein ein hochrangiger, mit den entsprechenden Befugnissen ausgestatteter Magistrat vornehmen durfte. Er führte die Kolonisten in ihre neue Heimat (*deductio*) und vollzog dort die für eine segensreiche Gründung notwendigen Rituale. Ein bekannter Gründer von Kolonien ist Lucius Munatius Plancus (Konsul im Jahr 42 v. Chr.). Ihm, einem Parteigänger von Caius Iulius Caesar und später von Augustus, verdanken die Kolonien *Lugdunum* (Lyon, Frankreich) und *Raurica* (*Augusta Rauricorum*, heute Augst bei Basel, Schweiz) ihre Gründung (44/43 v. Chr.).

**Quelle**

Inschrift des monumentalen Rundgrabbaus des Munatius Plancus († vor 15 v. Chr.) nahe *Caieta* (Gaeta, Italien; CIL 10, 6087):

**Lucius Munatius Plancus, Sohn des Lucius, Enkel des Lucius, Urenkel des Lucius, Konsul, Zensor, zweimal als siegreicher Feldherr akklamiert, septemvir epulonum, feierte einen Triumph über die Räter. Er erbaute aus der Kriegsbeute den Tempel des Saturn (neu), verteilte Ackerland in Italien (unter die Veteranen) bei Benevent, gründete in Gallien die Kolonien Lugdunum und Raurica.**

Einrichtung einer Kolonie

Das Stadtgebiet einer *colonia* wurde vor Ankunft der künftigen Einwohner aufs Sorgfältigste vermessen und wie das römische Militärlager durch zwei sich im rechten Winkel kreuzende Straßen (*cardo* und *decumanus*) in vier Teile gegliedert. Diese wurden schachbrettartig weiter unterteilt, sodass Quadrate (*insulae*) entstanden; sie sind in vielen Orten bis heute sichtbar. Ebenso erfolgte eine Vermessung und Verteilung der zugehörigen Feldflur. Auf dem oftmals sehr umfänglichen Territorium einer Kolonie konnten sich weitere Ansiedlungen befinden, die der Stadt bzw. deren Magistraten unterstanden. Die kommunale Verwaltung orientierte sich am Vorbild Roms. Somit waren Kollegialität und Annuität der Magistratur Usus. Jede Koloniestadt hatte ihre *lex coloniae*, ihr Stadtgesetz. Da dieses nach römischen Normen abgefasst wurde, war die innere Struktur der *coloniae* überall im Reich im Wesentlichen gleich.

Städtische Magistrate

Das politische Leben prägten die Volksversammlung, der Stadtrat (*ordo decurionum*, bisweilen *senatus* genannt) und die jährlich wechselnden, in geheimer Wahl gewählten Magistrate. Sie führten zum größten Teil dieselben Amtsbezeichnungen wie die Magistrate in Rom und hatten diesen vergleichbare Aufgaben. Die Geschicke der Stadt leiteten die beiden *duoviri iure dicundo* (sie hatten die Befugnis Recht zu sprechen), denen zwei *aediles* nachgeordnet waren, und zwei *quaestores*, welche die städtischen Gelder bzw. die Einnahmen und Ausgaben sowie deren Verbuchung zu überwachen hatten.

Stadtrat

Eine Wiederwahl eines ehemaligen Magistraten war nach einer bestimmten Frist erneut möglich und wünschenswert, wenn es an geeigneten Bewerbern mangelte. Die Mitgliedschaft im *ordo decurionum* währte lebenslang. Die Ratsherren waren in das *album decurionum* eingeschrieben. Eine Überprüfung der Ratsmitglieder erfolgte alle fünf Jahre durch die *duoviri quinquennales*, denen im Gegensatz zu den ‚einfachen' *duoviri* Zensusgewalt zukam. Sie hatten den Zensoren in Rom vergleichbar das Recht und die Pflicht, ihre Mitdekurionen auf ihre Bonität und ihre Lebensführung hin zu überprüfen und gegebenenfalls aus dem Rat auszuschließen. Ebenso konnten sie neue Dekurionen in den Rat aufnehmen. Die Anzahl der Mitglieder des *ordo decurionum* variierte. Ein Richtwert bildet zumindest für größere Gemeinden die Zahl 100. In *Irni* (Provinz *Hispania Baetica*) betrug die Zahl der Dekurionen 63, andernorts lag sie höher oder niedriger. Zudem bestand die Möglichkeit, über die im Stadtgesetz verankerte Anzahl von Dekurionen hinaus zusätzliche Personen aufzunehmen (s. Quelle S. 87). Der Dekurionenrat war das Herz der Stadt. Er entschied über die Verwendung der Gelder und damit zum Beispiel über Baumaßnahmen, anstehende Ehrungen oder Gesandtschaften zum Statthalter. Die Ratsherren schlichteten vor sie gebrachte Streitigkeiten zwischen den Einwohnern. Aus den hispanischen Stadtgesetzen geht hervor, dass der Rat Fälle bis zu einem Streitwert von 1000 Sesterzen zu verhandeln hatte. Kam es zu keiner einvernehmlichen Lösung, wandten sich die Betroffenen üblicherweise an den Statthalter. In die Kompetenz des Statthalters fielen Fälle mit höherem Streitwert und zudem alle Verfahren, die Gewalttaten, Heimtücke oder den rechtlichen Status von Personen zum Gegenstand hatten. Zumindest wichtige Entscheidungen konnte der Rat gemäß der *lex Irnitana* nur treffen, wenn zwei Drittel seiner Mitglieder anwesend waren.

Die Angehörigen der städtischen Oberschicht bekleideten wie die Angehörigen der Reichselite nicht allein politische Funktionen. Sie stellten zudem die in der Regel auf Lebenszeit berufenen lokalen Priester, wobei zu bestimmten Priesterämtern Frauen zugelassen waren, bzw. in einigen Kulten nur Frauen dienen durften.

Aufgrund der wenigen uns bekannten Stadtgesetze dürfen wir davon ausgehen, dass das aktive Wahlrecht männlichen Gemeindebürgern ab einem Alter von 17 Jahren zustand, das passive Wahlrecht setzte neben dem Gemeindebürgerrecht ein jeweils festgeschriebenes Mindestalter und die freie Geburt voraus. In *Pontus (et) Bithynia* betrug das Mindestalter für die Bekleidung einer Magistratur seit Pompeius 30, seit Augustus 25 Jahre, wie uns der jüngere Plinius tradiert. Wer ein Amt bekleidet hatte, gehörte automatisch dem Stadtrat an.

**Quelle**

Plinius (62–ca. 113 n. Chr.) über das Mindestalter der Ratsherren und der städtischen Magistrate (Briefe an Trajan 10,79):

Herr, durch die lex Pompeia, die den Bithyniern gegeben wurde, ist vorgeschrieben, dass niemand ein Amt bekleiden oder dem Stadtrat angehören darf, der jünger als 30 ist. Durch dasselbe Gesetz ist bestimmt, dass die, die ein Amt ausgeübt haben, dem Stadtrat angehören. Später ist ein Edikt des vergöttlichten Augustus ergangen, durch das er die Bekleidung der niederen Ämter ab 25 Jahren gestattete.

Pekuniäre Aufwendungen

Wer sich wählen lassen wollte, musste neben dem entsprechenden Alter und Personenstand ein Mindestvermögen und einen Wohnsitz in der Stadt von einer bestimmten Größe nachweisen. Mehrfach wird ein Vermögen von 100000 Sesterzen für die Erlangung der Dekurionenwürde vorausgesetzt. Diese Summe dürfte je nach Ort und Verhältnissen nach oben oder unten zu korrigieren sein. Pekuniäre Mittel waren vonnöten, da für die Aufnahme in den Rat ein Eintrittsgeld (*summa honoraria, summa legitima*) erwartet wurde. Allerdings gab es auch hier unterschiedliche Verfahrensweisen. So wurde in *Pontus (et) Bithynia* zwischen Dekurionen, die zu den regulären Ratsherren zählten, und denjenigen, die über die festgesetzte Zahl hinaus aufgenommen wurden, hinsichtlich des Eintrittsgeldes differenziert. Außerdem mussten die Ratsmitglieder in der Regel Sicherheiten für den Umgang mit öffentlichen Geldern bieten; das heißt, sie hatten Bürgen und Grundstücke als Pfand zu stellen. Übernahm man eine Magistratur oder eine Priesterstelle, war in der Regel aus diesem Anlass ein Antrittsgeld in die Stadtkasse einzuzahlen. Hinzu kamen sämtliche Ausgaben, die mit der Ausübung einer sakralen oder profanen Würde verbunden waren. Zudem erwartete man von den Dekurionen ein finanzielles Engagement etwa bei Versorgungsengpässen, für kulturelle Ereignisse, namentlich Spiele und Aufführungen, oder zur Verschönerung bzw. zum Ausbau der Stadt.

**Quelle**

Plinius über die Zahlung der *summa honoraria* (Briefe an Trajan 10,112):

Herr, die lex Pompeia, der die Bewohner von Bithynien und Pontus unterstehen, verlangt keine Geldzahlung von denen, die von den Zensoren in den Rat gewählt werden. Aber diejenigen, die über die gesetzmäßige Zahl hinaus zuzulassen Deine Huld einigen Städten gestattet hat, haben teils 1000, teils 2000 Denare gezahlt. Hernach hat der Prokonsul Anicius Maximus angeordnet, dass auch die von den Zensoren Gewählten – jedenfalls in einigen wenigen Städten – mehr oder weniger zu zahlen hätten.

Die Höhe der *summa honoraria* differierte. Je nach Bedeutung des Ortes reichte der Betrag von wenigen Hundert Sesterzen bis hin zu fünfstelligen Summen. Hohe Eintrittsgelder sind in der afrikanischen Stadt *Cirta* (Constantine, Algerien) zu verzeichnen. Hier waren offenbar 20000 Sesterzen sowohl für den Eintritt in den Stadtrat als auch bei Übernahme eines munizipalen Amtes (Ädilität, Duovirat) in der Kaiserzeit Usus. In *Carthago* sind sogar 38000 Sesterzen für die Ausübung der Würde eines *duovir quinquennalis* bezeugt.

## Munizipien

Ebenso wie die *coloniae* verfügten die *municipia* - nach dem belesenen Schriftsteller Gellius eine ältere Benennung von Bürgerstädten - über eine städtische Verwaltung nach römischem Muster, also ebenfalls einen Stadtrat, *duoviri* und nachgeordnete Magistrate. Sie bestimmten zusammen mit den Bürgern die Geschicke ihrer Stadt nach ihren eigenen Gesetzen. Die städtische Ordnung war wie bei den Kolonien in einem Gründungsgesetz oder einem Gesetz, das ihnen entsprechende Rechte verlieh, festgelegt. Bisweilen finden wir in Munizipien und seltener in Koloniestädten anstelle von *duoviri* und *aediles* sogenannte *quattuorviri* (Viermänner) vor. Diese waren in zwei Kollegien zu je zwei Mann gegliedert mit der Qualifikation *iure dicundo* (Ausübung der Rechtsprechung) bzw. *aedilicia potestate* (mit der Kompetenz von Ädilen). Von den Dekurionen und Magistraten der Munizipien wurden wie von ihren Kollegen in den Koloniestädten Eintrittsgelder und Spenden gefordert.

## Civitates

Zentralorte

In Gallien, Germanien und in anderen nordwestlichen Gebieten trafen die Römer auf Ethnien (Stammesverbände), die teilweise in befestigten Siedlungen lebten. In welchem Verhältnis Stamm und Siedlung zueinander standen, ist ungeklärt. Ähnliche Strukturen trafen die Römer in Nordafrika an; hier lebten die Menschen in teilweise nomadisierenden Gentil- oder Stammesverbänden. So beschreibt der Dichter Silius Italicus (26-101 n. Chr.) den Stamm der berberischen Gaetuler (*Gaetuli*) mit den Worten: *Sie haben kein Haus, sie wohnen in Planwagen, sie ziehen der Gewohnheit entsprechend in der Gegend umher* (3, 290-291). Die Römer modifizierten die angetroffene Ordnung ihrer Verwaltungsstruktur gemäß, indem sie diese langfristig in *civitates* (Distrikte, Gebietskörperschaften) überführten, die sich im Wesentlichen selbst verwalteten. Innerhalb der *civitas* fungierte eine Siedlung als Zentralort der Gebietskörperschaft (in der Fachliteratur werden diese bisweilen als Haupt- oder Vororte bezeichnet). Für gewöhnlich sind die *civitates* nach Stämmen benannt, so finden wir in den germanischen Provinzen zum Beispiel die *civitas Mattiacorum* (Zentralort: *Aquae Mattiacorum*, Wiesbaden), die *civitas Ulpia Sueborum Nicrensium* (Zentralort: *Lopodunum*, Ladenburg), die *civitas Auderiensium* (Zentralort: Dieburg), die *civitas Nemetum* (Zentralort: *Noviomagus*, Speyer) und *civitas Vangionum* (Zentralort: *Borbetomagus*, Worms). Die Zentralorte entwickelten sich mit der Zeit zu meist kleineren Städten, deren urbanes Erscheinungsbild und administrative Struktur sich an dem Muster der Koloniestädte und Munizipien orientierte. Auch hier existierten ein Rat und auf Zeit gewählte Magistrate, von denen ebenfalls pekuniäres Engagement erwartet wurde.

Den Römern dienten, bis eine Verwaltung nach römischem Vorbild aufgebaut war, die Stammesführer (*principes*) als administratives Gegenüber. Die Bedeutung dieser Männer verdeutlicht ein am 5. April des Jahres 71 n. Chr.

ausgefertigtes Militärdiplom. Angehörige der Flotte von *Ravenna* (Ravenna, Italien) erhielten als Dank für ihre Parteinahme zugunsten Vespasians während der vorangegangenen Thronkämpfe vor Ablauf ihrer regulären Dienstzeit ihre ehrenhafte Entlassung (*missio honesta*), das römische Bürgerrecht (*civitas Romana*) samt dem Privileg, eine nach römischem Recht vollgültige Ehe mit einer peregrinen Frau eingehen zu dürfen (*conubium*); zudem wurde ihnen Land in ihrer Heimat angewiesen. Die Konstitution wurde von sieben Zeugen, darunter fünf Stammesführern bezeugt, nämlich je einem *princeps* der *Iasii, Breuci, Antizites* sowie zwei *principes* der *Boii*. Vermutlich waren die Männer nach Rom beordert worden, da die Landverteilung an die Veteranen auf ihre Stammesgebiete Einfluss hatte.

Die einzelnen *civitates* konnten über beachtliche Territorien verfügen. Man nimmt an, dass die *civitas*, deren Zentralort *Vienna* (Vienne, Frankreich) war, ein Gebiet von rund 13 000 km$^2$ umfasste. Zu besseren administrativen und vor allem steuerlichen Erfassung der *civitates* waren diese in *pagi* (Bezirke, in der älteren Literatur Gaue genannt) aufgeteilt. Die *pagi* verfügten über eine begrenzte Selbstverwaltung. Ihre Organe waren Ädilen, Quästoren und *magistri pagi*. Die Bewohner (*pagani*) konnten Beschlüsse fassen, sowohl in eigenen Angelegenheiten als auch in solchen, die mehrere *pagi* gemeinsam betrafen.

Auf dem Gebiet einer *civitas* lagen zahlreiche einfache, ländliche Siedlungen bäuerlichen Charakters. Sie machten den größten Anteil an den Ortschaften im Römischen Reich aus. Sie lagen meist an wichtigen Verkehrsadern, also an frequentierten Fernstraßen, an Straßenkreuzungen, Flussübergängen oder in unmittelbarer Nähe zu Gebieten von wirtschaftlicher Bedeutung. Zudem existierten solche kleinen Ansiedlungen an Stellen, die aufgrund der vorhandenen Bodenschätze für die Ausübung bestimmter handwerklicher Tätigkeiten (etwa Ziegel- und Keramikproduktion) bzw. zur Gewinnung der dazu notwendigen Rohstoffe prädestiniert waren. Eine differenzierte administrative Ordnung gab es wohl nicht. Öfter inschriftlich bezeugt sind *magistri vici* (Ortsvorsteher).

Fehlen von *civitates*

In nicht urbanisierten und wenig besiedelten Gebieten, so etwa in Teilen von Norikum und Rätien oder in Dakien, scheinen *civitates* zu fehlen. Vermutlich trafen die Römer hier keine sozio-politischen Strukturen an, die für den Umbau in *civitates* geeignet schienen. Dennoch dürfte hier eine adäquate Struktur vorhanden gewesen sein, auch wenn ein Zentralort fehlte, denn Rom erfasste sicher alle Provinzgebiete administrativ. Mangels eines entsprechenden Ortes könnten sich die führenden Männer der Region etwa in einem Heiligtum, an einem allgemein bekannten Platz in der freien Natur oder auf dem Besitz eines bedeutenderen Mannes versammelt und beraten haben.

Fehlten in einem Gebiet stadtähnliche Strukturen, ist häufiger festzustellen, dass die Römer diese Regionen zunächst für eine gewisse Zeit Offizieren überantworteten. Ihre Aufgabe war es, den Aufbau von Gemeinwesen einzuleiten, gegebenenfalls Veteranen und sonstige römische Bürger anzusiedeln, welche die Errungenschaften der römischen Zivilisation in ihren neuen Lebensraum mitbrachten und dort pflegten.

Die Bürger bzw. freien Bewohner der lokalen Selbstverwaltungseinheiten bestimmten über ihre eigenen Angelegenheiten selbstständig. Freilich oblagen die Münzprägung, das Militärwesen, die Entscheidung über Steuern und weitere Abgaben und die Verhängung der Kapitalstrafe der römischen Obrigkeit. Die Grundlage der städtischen Finanzen bildeten die von den Dekurionen und Magistraten aufgebrachten Geldmittel sowie Erträge, die die Gemeinde aus eigenen Immobilien, etwa durch deren Bewirtschaftung, Vermietung oder Verpachtung, einfuhr. Hinzu kamen diverse von den Gemeinden erhobene Summen, etwa Marktgebühren, Strafgelder oder Beträge, die für die Ausfertigung von Urkunden usf. erhoben wurden. Bisweilen profitierten die Kommunen zusätzlich von Schenkungen und Stiftungen vermögender Bürger.

Im Osten des Imperium Romanum gab es eine Vielzahl von römischen Kolonien, die vielfach auf die Zeit der späten Republik zurückgehen. Daneben existierten Städte, die nach dem Muster griechischer Poleis strukturiert waren. Freilich wiesen diese, bedingt durch ihr jeweiliges Alter, ihre unterschiedliche Genese und ihre wechselhafte Geschichte, unterschiedliche Ausprägungen in ihrer politischen Struktur auf. Drei Grundelemente bestimmten das politische Leben in jeder Polis: die beiden beschlussfassenden Körperschaften, die Volksversammlung und der Rat, sowie die Magistrate. In den Poleis bestanden seit alters her eine Vielzahl von profanen und religiösen Ämtern. Daran änderte sich unter römischer Herrschaft kaum etwas. Die Städte im Osten des Reichs verfügten über deutlich mehr Funktionsträger als die Gemeinden im Westen. Im Osten finden wir zudem Eparchien vor. Es handelt sich dabei um Verwaltungseinheiten, die meist vorrömischen Städtebünden entsprechen. In einigen Provinzen, namentlich in Kleinasien, bestanden Tempelherrschaften, die oft große Ausmaße aufwiesen und Dörfer auf ihren Territorien besaßen; sie verfügten über eine eigene Administration. Vergleichbares gilt für die in den Provinzen weitverbreiteten kaiserlichen Domänen.

## Frauen als Würdenträger

Wie ausgeführt waren munizipale Ämter und die Mitgliedschaft im lokalen Rat im ganzen Imperium Romanum Ehrenstellungen, das heißt, die Betreffenden mussten namhafte Summen aufbringen. Die hohen Ausgaben führten auf Dauer dazu, dass viele Honoratioren Ehrenstellen als schwere Belastung ansahen und es immer schwieriger wurde, potente Bürger als Ratsherren bzw. Magistrate oder Mäzene zu gewinnen. Daher vergab man munizipale Ämter wiederholt an dieselbe Person. Des Weiteren suchte man auf vermögende Bürger Druck auszuüben, um sie zur Annahme von profanen und sakralen Würden zu bewegen. Im sakralen Bereich fanden auch Frauen Betätigung. Aus *Ephesus* (*Ephesos*, Türkei) ist eine ganze Reihe vermögender Damen aus der lokalen Oberschicht belegt, die als Artemispriesterin fungierten. Das mit der Priesterwürde verbundene hohe Ansehen dürfte manche dazu bestimmt haben, Artemis zu dienen. Die Städte und Gemeinden waren auf die Spendenbereitschaft engagierter Frauen ebenso angewiesen wie auf die der männlichen Honoratioren. Der Mangel an männlichen Bewerbern ist wohl die Ursache dafür, dass in einigen Städten im Osten des Römischen Reichs Frauen sogar beschränkt zu bestimmten profanen Ehrenstellen Zugang hatten.

## Stadtgesetze

Einen recht guten Einblick in das administrative städtische Leben bieten uns die bereits erwähnten Stadtgesetze. Insgesamt sind nur wenige Stadtgesetze überliefert, obwohl wir für jede Kolonie und jedes Munizipium ein solches voraussetzen dürfen. Die Gesetze wurden auf Bronzetafeln, also auf einem gleichermaßen vornehmen wie haltbaren Material publiziert. Dies erklärt zugleich, warum kaum Stadtgesetze bzw. Teile davon erhalten sind: Bronze war ein teurer Werkstoff, den man schon in der Antike gerne wiederverwendet hat. Stadtgesetze kennen wir vom Anfang des 1. Jahrhunderts v. Chr. an.

**Quelle**

Auszug aus dem Gesetz, das anlässlich der Gründung der Koloniestadt *Urso* (Osuna, Spanien) in der Provinz *Hispania Baetica* im Jahr 44 v. Chr. verfasst wurde (CIL 2, 5439):

Welche auch immer … Duoviri sein werden, sollen während ihrer Amtszeit vier Tage lang Gladiatoren- oder Theaterspiele geben für die Götter und Göttinnen Iupiter, Iuno und Minerva, und zwar den größeren Teil eines jeden Tages über, soweit dies möglich ist, gemäß der Entscheidung der Dekurionen.
Bei diesen Spielen … soll jeder von ihnen von seinem eigenen Geld nicht weniger als 2000 Sesterzen … und vom öffentlichen Geld nicht mehr als 2000 Sesterzen aufwenden.
Wer auch immer Ädil sein wird, soll während seiner Amtszeit drei Tage lang Gladiatoren- oder Theaterspiele geben für die Götter und Göttinnen Iupiter, Iuno und Minerva, und zwar den größeren Teil eines jeden Tages über, soweit dies möglich ist, und zwar einen Tag lang im Zirkus oder auf dem Forum für Venus. Bei diesen Spielen … soll jeder von ihnen von seinem eigenen Geld nicht weniger als 2000 Sesterzen aufwenden … und es soll jedem Ädil erlaubt sein aus der Stadtkasse 1000 Sesterzen zu nehmen.

Die zahlenmäßig größte Gruppe bilden die hispanischen Stadtgesetze aus der Zeit Domitians. Sie wurden infolge der Verleihung des Latinischen Rechts durch Domitians Vater Titus Flavius Vespasianus an ganz Hispanien erlassen

(73/74 n. Chr.). Eine der wichtigsten Folgen des Latinischen Rechts war, dass die städtischen Magistrate und ihre Familien nach Ablauf ihrer Amtszeit automatisch das Bürgerrecht erhielten, also römische Bürger wurden, was für Hispanien weitreichende Folgen hatte.

Die flavischen Stadtgesetze legen aufgrund ihres Inhalts nahe, dass den hispanischen Städten damals eine einheitliche, sicher vom Herrscher abgesegnete Verfassung vorgegeben wurde, die in Details modifiziert, das heißt auf die Belange der jeweiligen Kommune zugeschnitten wurde. Das Augenmerk der Stadtgesetze galt insbesondere der kommunalen Verwaltung und den Finanzen. Daher beinhalten die Stadtgesetze Kapitel, die sich sowohl mit den Einnahmen der Stadt als auch mit den Ausgaben für Bauten, religiöse Zeremonien, öffentliche Bankette, Spiele, Gesandtschaftsreisen, Ankauf und Unterhalt von städtischen Sklaven, die Besoldung der freien Bediensteten usf. befassen. Des Weiteren legten die Stadtgesetze Auswahlkriterien, Wahl, Aufgabenbereiche und Befugnisse des Stadtrates (*ordo decurionum*), der einzelnen städtischen Magistrate, der *duoviri*, der *aediles* und der *quaestores*, fest sowie die von den Betreffenden für die ihnen zuerkannten Ehrenstellen zu zahlenden Beträge bzw. die von ihnen erwarteten Aufwendungen. Grundsätzlich oblag es den Duovirn als den höchsten munizipalen Magistraten Frieden und Ordnung innerhalb der Stadt und des ihr zugehörigen Umlandes zu gewährleisten, also gegen Personen, die die öffentliche Sicherheit gefährdeten, vorzugehen und entsprechende Strafen zu verhängen. Zu den Kompetenzen der Ädilen gehörte vor allem die Sorge für die Instand- und Sauberhaltung der öffentlichen profanen und sakralen Bauten, Gehwege und der Straßen, die Kontrolle von Maßen und Gewichten und damit einhergehend die Überwachung der Märkte. Ebenso oblag es ihnen kleine Vergehen zu ahnden. Im Gegensatz zu den Duovirn und den Ädilen hatten die Quästoren keine Rechtsprechungsbefugnis; ihre Hauptaufgabe bestand in der Überwachung der städtischen Einnahmen und Ausgaben. Die Tätigkeitsbereiche der städtischen Sklaven waren ebenfalls in den Stadtgesetzen definiert. Sie unterstützten die Magistrate bei ihren Aufgaben; sie waren entweder als persönliche Diener der Magistrate tätig oder arbeiteten in der Verwaltung. Zudem benötigte man städtische Sklaven für diverse körperliche Arbeiten, schließlich gab es eine Vielzahl regelmäßig anfallender Tätigkeiten, angefangen vom Beheizen der kommunalen Bäder bis hin zur Reinigung der öffentlichen Wege und Gebäude sowie der Kanalisation. Die Voraussetzungen für die Freilassung der städtischen Sklaven und die Höhe der von ihnen dafür aufzubringenden Geldsumme waren genau festgeschrieben. Des Weiteren befassten sich die Stadtgesetze mit diversen Verwaltungsangelegenheiten, wie der Festsetzung der Gerichts- und Verwaltungsferien, und regelten Details bezüglich der städtischen Rechtsprechung. Die Stadtgesetze beschäftigten sich ferner mit religiösen Angelegenheiten. Die Zahl der städtischen Kulte wie auch der öffentlichen Priesterstellen sowie die Kriterien für die Auswahl und Bestellung der Priester waren exakt definiert.

## Honoratioren mit regionalen und überregionalen Funktionen

### Lokale Patronate

Das Rückgrat der Provinzverwaltung bildeten neben dem Statthalter und seinem Stab die provinzialen Eliten, die einerseits Beziehungen zu römischen Amtsträgern unterhielten, andererseits aufgrund persönlicher Bindungen und ihres sozialen Ansehens über entsprechenden Einfluss bei ihren Mitbürgern verfügten. Eine wichtige Vermittlerposition kommt den lokalen Patronen zu. Das tief im Denken und Selbstverständnis der Römer verhaftete Schema des für seine Klienten sorgenden Schutzherrn übertrug man dabei auf die Bevölkerung ganzer Gemeinwesen oder Ethnien. Für zahlreiche Kommunen und Völkerschaften, die unter römischer Herrschaft lebten, sind seit republikanischer Zeit Patrone bezeugt. Sie werden in der deutschsprachigen Literatur üblicherweise als Stadtpatrone bezeichnet. Es handelt sich dabei um Männer, in seltenen Fällen um Frauen, denen diese Ehre von den jeweiligen Kommunen angetragen wurde. Die förmliche Wahl der Patrone war in den Stadtgesetzen geregelt und erfolgte durch die Dekurionen. Die Wahl sowie ihre Annahme fixierte man schriftlich. Auserkoren wurden in republikanischer Zeit Angehörige der vornehmsten Familien Roms. Während der Kaiserzeit treffen wir als Patrone meist römische Mandatare an, die in der Gegend bzw. in der Provinz tätig waren, in der das betreffende Gemeinwesen lag; des Weiteren Senatoren, Ritter und sonstige einflussreiche Honoratioren, die auf dem Territorium der Gemeinde bzw. in benachbarten Orten lebten oder dort Grundbesitz hatten, sowie römische Offiziere, die ihre dienstlichen Pflichten in den Raum ihrer Klientelstadt geführt hatten. Bisweilen wirkten namhafte Männer für mehrere Orte als Patrone. Umgekehrt konnten Gemeinden mehrere Patrone haben.

Aufgaben der lokalen Patrone

Dem Wesen des Patronats gemäß war es die vordringlichste Pflicht der Patrone, die Interessen ihrer Klientelstadt bzw. von deren Bewohnern zu vertreten, zu schützen und zu verteidigen. Dabei ging es vielfach um Hilfe in juristischen Angelegenheiten, etwa um die Vertretung von Rechten gegenüber der römischen Obrigkeit, anderen Gemeinwesen oder einflussreichen Personen. Auch bei finanziellen Engpässen oder Lebensmittelknappheit halfen Patrone. Andere bemühten sich um die bauliche Ausgestaltung ihrer Klientelstadt. In manchen Fällen mag die Ehre des Patronats dem Betreffenden erst infolge seiner Leistungen als Dank angetragen worden sein. Die Dankbarkeit der Gemeinwesen gegenüber ihren Patronen fand ihren Ausdruck in zahlreichen diesen von ihren Klienten gewidmeten und finanzierten Ehrenmonumenten.

**Quelle**

Ehrung des Titus Iulius Maximus in seiner Heimatstadt *Nemausus* (Nîmes, Frankreich) durch die Bürger der hispanischen Stadt *Calagurris* (Calahorra, Spanien); um 106–108 n. Chr. (CIL 12, 3167):

(Für) Titus Iulius Maximus Manlianus Brocchus Servilianus ... Sohn des Sextus, eingeschrieben in die Tribus Voltinia, Kommandeur der legio IV Flavia, Kommandeur der legio I adiutrix, Provinzrichter in der Hispania citerior Tarraconensis, Prätor, Ädil, Quästor in der Provinz Hispania ulterior Baetica, im Krieg gegen die Daker ... ausgezeichnet, Militärtribun der legio V Macedonica, ... (dies widmeten) die Calagurritani aus der Hispania citerior ihrem Patron.

Stellvertretend für andere seien im Folgenden zwei Patrone und eine Patronin vorgestellt. Titus Iulius Maximus, der sich durch eine Vielzahl von Namen auszeichnet, führte sein Werdegang im Jahr 112 n. Chr. zum Konsulat. Er dürfte mit dem Konsularlegaten identisch sein, der im Partherkrieg Trajans fiel (116 n. Chr.). Nachdem Titus Iulius Maximus um 99 n. Chr. die Prätur in Rom bekleidet hatte, übte er in der Provinz *Hispania Tarraconensis* die Tätigkeit eines *legatus iuridicus* aus (ca. 100-103 n. Chr.). In dieser Zeit dürften ihn die Bürger von *Calagurris* als Patron gewonnen haben. In welcher konkreten Situation Titus Iulius Maximus der Stadt half, ist unbekannt. Die *Calagurritani* waren mit seinem Wirken so zufrieden, dass sie ihn in seiner Heimat ehrten. Der römische Ritter Marcus Maenius Agrippa Lucius Tusidius Campester, ein Freund von Kaiser Hadrian, der seine Karriere förderte, war Patron seiner umbrischen Heimatstadt *Camerinum* (Camerino, Italien). Er setzte sich bei Hadrians Nachfolger Antoninus Pius für die auf dem Gebiet von *Camerinum* lebenden *vicani Censorglacenses* ein. Erfolgreich erwirkte er für seine Klienten die Bestätigung und Erweiterung bestehender Privilegien durch den Herrscher.

Wie erwähnt fungierten bisweilen Frauen aus sehr angesehenen Familien als Stadtpatronin. Insgesamt haben wir nur wenige Belege, die mehrheitlich aus Nordafrika stammen. Das bekannteste Beispiel stellt Vibia Aurelia Sabina (* um 170 n. Chr.) dar. Sie, die jüngste Tochter von Marcus Aurelius und seiner Gattin Faustina, heiratete in erster Ehe den angesehenen Senator Lucius Antistius Burrus (Konsul 181 n. Chr.), der in Nordafrika beheimatet war. Das Ehepaar zog auf seine Besitzungen im Raum von *Thibilis* (Announa, Algerien). Dort sollte Vibia Aurelia Sabina ihr weiteres Leben zubringen. Um 211/212 n. Chr. wurde sie von der Bevölkerung von *Thibilis* als Stadtpatronin geehrt. Sicher erlaubten ihr ihre Bildung, ihr Vermögen und ihre hohe Herkunft für die Stadt und das Umland segensreich zu wirken, zumal sie aufgrund der konstruierten Genealogie der severischen Dynastie seit 195 n. Chr. als Schwester von Septimius Severus und damit als Tante von dessen Söhnen und Nachfolgern galt.

## Kuratoren und Korrektoren

Sonderbeauftragte für städtische Angelegenheiten

Zu den Pflichten der Statthalter gehörte die Überprüfung der städtischen Finanzen. Des Öfteren hatten sie sich mit finanziellen Problemen der einzelnen Kommunen auseinanderzusetzen. Da dies für einen Statthalter aufgrund seiner zahlreichen Verpflichtungen nur eingeschränkt möglich war, wurden spätestens seit Trajan in entsprechenden Fällen Sonderbeauftragte in den Gemeinwesen eingesetzt, namentlich *curatores rei publicae* oder *curatores kalendarii*. Die differenzierten Bezeichnungen weisen darauf hin, dass sich die Kuratoren unterschiedlichen Aufgaben widmeten. Die *curatores kalendarii* hatten speziell die Finanzen zu überprüfen und zu optimieren, während die *curatores rei publicae* sich zudem um sonstige anstehende Probleme zu kümmern hatten.

Bei den Kuratoren handelte es sich meist um Angehörige des *ordo senatorius* oder *equester*. Ein herausragendes Beispiel bildet der römische Ritter Quintus Soillius Valerianus. Er durchlief die städtischen Ämter in seiner Heimatstadt *Nemausus* (Nîmes, Frankreich). Dort kommandierte er zudem die *vigiles*, die Wach- und Feuerlöschtruppe. Er übernahm die Würde des Provinzpriesters (*flamen provinciae*) und wirkte für drei in seiner Heimatprovinz *Gallia Narbonensis* gelegene Städte, für *Avenio* (Avignon, Frankreich), *Cabellio* (Cavaillon, Frankreich) und *Forum Iulium* (Fréjus, Frankreich) als *curator*. Quintus Soillius Valerianus war überdies Patron der ebenfalls in der *Gallia Narbonensis* gelegenen Koloniestadt *Apta Iulia* (Apt, Frankreich).

Ihre Einsetzung verdankten die Kuratoren meist dem Herrscher oder dem Statthalter, die auf diese Weise versuchten, bei Problemen innerhalb der Gemeinwesen zu helfen. Dabei scheint die Initiative teilweise von den in Schwierigkeiten geratenen Kommunen selbst ausgegangen zu sein. Wie häufig Kuratoren eingesetzt wurden, wissen wir nicht. Da sie sich inschriftlich nicht allzu häufig nachweisen lassen, steht zu vermuten, dass sie allein in Ausnahmefällen bestellt wurden; ihr Auftrag war nicht fest befristet, sondern endete mit Abschluss ihrer Tätigkeit.

Spätestens von der Regierung Trajans an wurden in den Provinzen sogenannte Korrektoren (*correctores*) vom Herrscher eingesetzt. Er erwählte sie aus dem Kreis der ehemaligen Prätoren oder Konsuln und stattete sie mit einem *imperium* aus. Dass den Korrektoren im Gegensatz zu den Kuratoren ein *imperium* eignete, hängt mit ihren Aufgaben zusammen. Diese betrafen vielfach die gesamte Provinz oder einen großen Teil davon. So war es beispielsweise im Jahr 109 n. Chr. die Aufgabe des von Trajan ernannten Korrektors Sextus Quinctilius Valerius Maximus, den Status der freien Gemeinwesen in *Achaea* zu überprüfen und gegebenenfalls zu korrigieren. Er gehörte zu den ersten Korrektoren, die eingesetzt wurden (CIL 12, 3274-3275).

## Provinzpatrone

Nicht allein Gemeinwesen hatten Patrone. Auch ganze Provinzen erkoren sich potente Männer zu ihren Schutzherrn. Allerdings ging dieser Brauch mit der Prinzipatszeit zunächst zu Ende, offensichtlich weil der römische Herrscher als Patron aller (*patronus omnium*) bzw. als Vater des Vaterlandes (*pater patriae*) keine Konkurrenten wünschte. Ein Provinzpatron verfügte über ein entsprechendes Ansehen und konnte somit leicht zu einem unliebsamen Gegenspieler des Statthalters werden und damit die Leitung der Provinz beeinträchtigen oder sogar den Abfall von Rom betreiben. Ein Stadtpatron war hingegen innerhalb der Provinz einer von vielen. Deswegen tolerierte der Herrscher wohl die Wahl von Stadtpatronen, zumal sie der Kommunikation zwischen einzelnen Gemeinwesen und den Statthaltern dienlich sein und zur Verbreitung römischer Wertvorstellungen beitragen konnten.

Zurückverfolgen lassen sich Provinzpatrone bis in die Frühzeit der römischen Provinzen. Schon Marcus Claudius Metellus, der 214–211 v. Chr. auf Sizilien Krieg führte, nahm, nachdem er Syrakus unterworfen hatte, die Syrakusaner unter seine Klienten auf. Gemäß Cicero entsprach Metellus damit dem Vorbild der Ahnen, dem *mos maiorum*, denn man sah es als richtig an, den Völkern oder Bürgerschaften, die besiegt worden waren, fortan Schutz zu gewähren. Diesem Beispiel folgten Männer, die ein Gebiet auf friedlichem Wege unter die römische Herrschaft brachten. Zu den Klienten des jüngeren Cato gehörten die Einwohner Zyperns. Bekanntlich hatte Cato die Annexion Zyperns vollzogen und damit die Provinzialisierung der Insel eingeleitet. Ebenso konnte ein Provinzpatronat die Folge einer amtlichen Tätigkeit in der Provinz sein. So übernahm Caius Iulius Caesar den Patronat der Provinz *Hispania ulterior*. Er hatte im Jahr 69 v. Chr. als Feldquästor des Proprätors Antistius im südwestlichen Hispanien gedient.

Erblichkeit

Das einmal begründete Patronatsverhältnis war erblich; es ging folglich auf die Nachfahren über. Damit entstand eine über Generationen gefestigte enge Bindung zwischen Patronen und Klienten, die nicht zuletzt der Stabilisierung der römischen Herrschaft diente. Ein schönes Beispiel für ein über Generationen bestehendes Patronatsverhältnis bildet die Familie der Fabier (*Fabii*). Im Jahr 121 v. Chr. unterwarf Quintus Fabius Maximus zusammen mit Cnaeus Domitius Ahenobarbus den Stamm der Allobroger, was ihm das Cognomen Allobrogicus eintrug. Das dadurch begründete Patronatsverhältnis führte dazu, dass sich die Allobroger im Zuge der catilinarischen Verschwörung ihrem Patron Quintus Fabius Sanga anvertrauten. Wichtigste Aufgabe der römischen senatorischen Patrone war es, ihre Schutzbefohlenen in Rom zu unterstützen, ihnen Hilfe in amtlichen Angelegenheiten, insbesondere bei der Vertretung ihrer Interessen vor dem Senat, und in gerichtlichen Belangen zu gewähren.

Prinzipatszeit

Wie erwähnt fehlen seit der ersten Prinzipatszeit Belege für Provinzpatrone. Dies änderte sich um die Mitte des 2. Jahrhunderts n. Chr. Nunmehr sind wieder Männer bezeugt, die als Patron einer Provinz wirkten. Dabei handelt es sich um Angehörige des *ordo equester*, die zudem meist aus der lokalen Honoratiorenschicht stammten. Aufgrund ihrer sozialen Position kamen sie kaum als Usurpatoren in Betracht. Es ging somit von ihnen keine unmittelbare politische Gefahr aus. Überdies sind sie allein in kaiserlichen und damit direkt vom Herrscher überwachten Provinzen anzutreffen. Ihre Wahl dürfte gezielt gefördert worden sein, um einen verlässlichen, festen Ansprechpartner für Probleme aller Art zu haben.

Von den kaiserzeitlichen Stadt- und Provinzpatronen zu trennen sind die sogenannten Gerichtspatrone. Gemeint sind damit hochstehende Persönlichkeiten, die den Provinzialen wie einst die republikanischen Patrone in juristischen Angelegenheiten in Rom halfen. Sie wurden vom Senat eingesetzt, wobei sich die Provinzialen bestimmte Männer erbitten konnten. Der bekannteste kaiserzeitliche Gerichtspatron ist sicherlich der jüngere Plinius. Er leistete den Abgesandten der Provinz *Baetica* in Rom zweimal erfolgreich Beistand bei ihren Klagen gegen die inkorrekte Amtsführung der Statthalter.

## Landtage

In zahlreichen Provinzen im Westen des Imperium Romanum lassen sich während der Kaiserzeit Provinziallandtage (*concilia provinciarum*) nachweisen. Die Idee zu dieser Institution hatte wohl der erste Prinzeps Augustus (30 v. Chr.-14 n. Chr.). Freilich muss man die Einrichtung der Landtage als Prozess verstehen, der erst unter Vespasian (69-79 n. Chr.) zum Abschluss kam. Augustus hatte erkannt, dass die Landtage den provinzialen Eliten eine Möglichkeit boten, sich zu profilieren, und sie dadurch zugleich in das monarchisch geprägte politische System gut eingebunden werden konnten, was wiederum zur Stabilisierung der Beziehungen zwischen Rom und den führenden Provinzialen beitrug.

*Lugdunum*

Der erste Landtag im Westen des Römischen Reichs geht auf das Jahr 12 v. Chr. zurück. Damals lud Drusus (38-9 v. Chr.), der Stiefsohn von Augustus, die vornehmsten Gallier aus den drei erst kürzlich geschaffenen gallischen Provinzen nach *Lugdunum* (Lyon, Frankreich) ein. Damit folgte er dem Beispiel von Caius Iulius Caesar, der öfter die *principes* der Gallier einberufen hatte. Den aktuellen Anlass für die Abhaltung dieses ersten *concilium Galliarum* bildeten wohl die Unruhen, welche die Durchführung eines *census* ausgelöst hatte. Im Rahmen der Zusammenkunft wurde zum ersten Mal ein Provinzpriester gewählt sowie am 1. August 12 v. Chr. der Altar des Augustus und der Roma eingeweiht.

Quelle

Livius (59 v. Chr.–17 n. Chr.) berichtet zum Jahr 12 v. Chr. (Römische Geschichte, Epitome 139):

Der Altar des Gottes Caesar wurde am Zusammenfluss von Saône und Rhône geweiht und der Häduer Caius Iulius Vercondaridubnus zum Priester gewählt.

Das Vorbild für die Schaffung von Provinziallandtagen lieferte der Osten des Imperium Romanum, denn dort lassen sich vergleichbare Institutionen bereits in hellenistischer Zeit belegen. Die *concilia* in den westlichen Provinzen des Imperium Romanum bildeten die Vertretung der gesamten Provinz gegenüber Rom und dem Herrscher. Die Provinziallandtage fanden jährlich im Laufe des Sommers oder im Herbst statt. Zu ihnen entsandten die einzelnen Kommunen unbeschadet ihres Rechtsstatus von ihnen zuvor gewählte Vertreter. Offenbar hatte jeder Delegierte das Recht der Initiative.

Es ist anzunehmen, dass jeder Landtag über eine entsprechende Satzung verfügte. Zumindest kennen wir aus der *Gallia Narbonensis* ein Statut, das die Rechte und Pflichten des Provinzflamen sowie die seiner Gattin detailliert festlegt und zudem den Ort der Abhaltung des *concilium*, in diesem Fall *Narbo* (Narbonne, Frankreich), vorschreibt. Ein weiteres Tätigkeitsfeld der Provinziallandtage war die Vertretung der Belange der Provinzbewohner; insbesondere wurden sie aktiv, wenn es galt, Verfehlungen, übermäßige Strenge bzw. Grausamkeit der Statthalter zu ahnden. In diesen Fällen entsandte man eine Gesandtschaft nach Rom, um dort Klage zu führen. Die wichtigste zeremonielle Funktion der Landtage bildete die Pflege des Kaiserkultes. Dementsprechend oblag den Mitgliedern der Landtage die Pflege des provinzialen Kaiserkultes und die Ausrichtung der damit einhergehenden Feierlichkeiten. Dem *concilium* stand ein jährlich neu gewählter Provinzpriester (*sacerdos, flamen*) vor.

Quelle

Auszug aus dem Statut über das Provinzpriestertum der *Gallia Narbonensis*, vermutlich aus den 70er-Jahren des 1. Jahrhunderts n. Chr. (CIL 12, 6038; fragmentarisch erhalten):

Die Gesandten, die nach Narbo zum Landtag der Provinz zusammenkommen, sollen ihn dort abhalten. Wenn eine Entscheidung außerhalb von Narbo oder außerhalb des Gebiets der Narbonensier in einer Landtagssitzung gefällt wird, soll dies nicht recht und gültig sein.

*Koiná*

In den östlichen Provinzen finden wir anstelle eines Gesamtlandtages häufiger ‚Teillandtage' (griech. *koiná*, Singular: *koinón*), das heißt einzelne Regionen innerhalb der Provinzen hatten ihre eigenen Zusammenkünfte, deren Wurzeln wie erwähnt oft auf die vorrömische Zeit zurückgehen. So blieb der 196 v. Chr. wieder gegründete thessalische Koinon in der Prinzipatszeit bestehen. 27/26 v. Chr. stand Augustus, unter dessen Kontrolle sich Thessalien seit

31 v. Chr. befand, dem Koinon vor. Bei dieser Gelegenheit vergrößerte er es um die Gebiete der Ainanen, Oitaier und Doloper. Seit damals nannte sich die Versammlung zu Ehren des Prinzeps nach dessen Beinamen Augustus (griech. *Sebastós*) Sebasteon.

Nach der Provinzialisierung von *Lycia* (43 n. Chr.) organisierte sich der lykische Bund als lykischer Landtag neu; seine Organisation orientierte sich an der der westlichen Provinziallandtage. Die Aufgabe des lykischen Koinon erschöpfte sich nicht im Herrscherkult, der Organisation von Festlichkeiten, von Spielen oder von Gesandtschaften an den Herrscher bzw. an seinen Vertreter vor Ort. Der lykische Bund beriet zwischen den Poleis anstehende Probleme und regelte die Zoll- und Steuererhebung gegenüber den Römern. Allerdings war der Wirkungskreis eines ‚Teillandtags' nicht immer auf eine Region beschränkt. Das Koinon von *Asia* war nicht auf die Eparchie *Asia* (innerhalb der ‚Statthalterprovinz' *Asia*) begrenzt, sondern ebenso in den asianischen Eparchien *Caria* und *Phrygia* aktiv; es ist daher als überregionaler Landtag einzustufen.

Über die Organisation der einzelnen Koina fehlen Einzelheiten. Sicherlich waren alle Städte, die zum Koinon gehörten, im Landtag präsent; die Anzahl der Vertreter (griech. *synedroí*), die sie entsenden durften, hing vermutlich von ihrer Größe und wohl auch von ihrer Bedeutung ab. Vermutlich wurden die Vertreter per Wahl jährlich neu bestellt. Dem Koinón stand ein jährlich von den Gesandten neu gewählter ‚Präsident' vor, in dessen Amtstitel sich meist der Name des Koinón spiegelt (Asiarch, Lykiarch, Galatarch usf.); bisweilen wird auf seine priesterliche Funktion eigens abgehoben.

Während man früher annahm, die Funktionen der Landtage seien auf den provinzialen Kaiserkult, die Abhaltung von Spielen sowie die Vertretung der Interessen der Provinzialen gegenüber Rom beschränkt gewesen, geht man heute davon aus, dass die Landtage zudem in politischer Hinsicht, namentlich in der Finanzpolitik, eine, wenn auch nur schwer fassbare Rolle spielten. Sie wirkten wohl bei Einführung, Festsetzung, Einhebung der von den Provinzialen zu leistenden Steuern mit und hatten somit entsprechenden Einfluss auf das wirtschaftliche Gefüge der Provinzen. ■

## Auf einen Blick

Das Kapitel schildert die Verwaltungsstrukturen unterhalb der provinzialen Ebene. Die Römer tolerierten in ihren Provinzen ethnische und kommunale Eigenheiten und tolerierten die lokale Selbstverwaltung.

Im Imperium Romanum gab es verschiedene Arten von Siedlungen. Dargestellt werden die Unterschiede zwischen den Kolonien römischer Bürger (*coloniae*), den städtischen *municipia* und den *civitates*, Verwaltungseinheiten von Stammesverbänden mit einem zentralen Ort und umliegenden Siedlungen.

**Zentral für das Verständnis der inneren Ordnung der Provinzen ist die Rolle der provinzialen Eliten, denen eine Schlüsselrolle in der Provinzialverwaltung zukam. Stadtpatronen, Kuratoren und Korrektoren kamen unterschiedliche Aufgaben zu. Auch die Provinziallandtage boten den provinzialen Eliten eine Möglichkeit, sich zu profilieren, und stabilisierten zugleich die Beziehung zwischen Rom und der Provinz.**

## Literaturhinweise

**Alföldy, G.,** Römische Sozialgeschichte, 4. völlig überarb. und aktualisierte Aufl., Stuttgart 2011.

**Eck, W. (Hrsg.),** Lokale Autonomie und römische Ordnungsmacht in den kaiserzeitlichen Provinzen vom 1. bis 3. Jahrhundert. Schriften des Historischen Kollegs, Kolloquien 42, München 1999.

# V. Die einzelnen Provinzen

Überblick

Die folgende alphabetische Auflistung der kaiserzeitlichen Provinzen Roms verdeutlicht, dass die Expansion des Imperium Romanum und damit die Einrichtung von Provinzen ein Generationen währender Prozess war, dessen Anfänge weit in republikanische Zeit zurückreichen. Jede Provinz hat somit eine andere Geschichte und ihr eigenes Verhältnis zu Rom.

## Achaea (Achaia)

Die Geschichte von *Achaea* als hellenistisches Koinon ging zu Ende, als im Jahr 147 v. Chr. römische Gesandte die Umwandlung von einem Bundesstaat in einen Staatenbund forderten. Der sich regende Widerstand wurde von den Römern niedergerungen. Die Einnahme von Korinth und ein sich anschließendes Strafgericht über alle Feinde Roms brachte das endgültige Ende für den Bund, der allerdings als sakrale Institution weiterbestehen konnte. Die Römer unterstellten *Achaea*, bzw. wohl allein die Gebiete, deren Bevölkerung am Aufstand teilgenommen hatte, nunmehr ihrer direkten Kontrolle (146 v. Chr.). Indes kreierte man keine neue Provinz, sondern vertraute *Achaea* dem Statthalter von *Macedonia* an, erweiterte also dessen Zuständigkeit. Zur Zeit des Mithradatischen Krieges gehörte *Achaea* zum Aufgabenbereich Sullas. Wie dieser die Verwaltung des Landes gestaltete und ab welchem Zeitpunkt *Achaea* wieder in die Verantwortung des makedonischen Statthalters fiel, ist unklar. Im Jahr 46 v. Chr. beauftragte Caius Iulius Caesar den erfahrenen Juristen Sergius Sulpicius Rufus mit der Einrichtung von *Achaea* als selbstständige Provinz. Allerdings wurde die Provinz wohl bald temporär wieder *Macedonia* zugeschlagen. Von 27 v. Chr. an gehörte *Achaea* (bestehend aus Zentralgriechenland, Peloponnes, Thessalien, Epirus) zu den *provinciae publicae*. Der *proconsul provinciae Achaeae* war meist prätorischen Ranges. Er residierte in der Stadt Korinth (*Corinthus,* Korinthos, Griechenland). Ihm zur Seite standen, wie in prokonsularen Provinzen üblich, ein Legat und ein Quästor.

Quelle

Tacitus (etwa 55–ca. 125 n. Chr.) berichtet zum Jahr 15 n. Chr. in seinen Annalen (1,76,2):

Achaia und Makedonien, die um Reduzierung der Abgaben ersuchten, beschloss man für den Augenblick von der prokonsularen Verwaltung zu befreien und dem Caesar (= Tiberius) zu übergeben.

Nero

Im Jahr 15 n. Chr. kamen *Achaea* und *Macedonia* also in kaiserliche Obhut. Tiberius ließ, sicherlich aufgrund militärischer Erwägungen, *Achaea* gemeinsam mit *Macedonia* und *Moesia* durch einen kaiserlichen Legaten leiten (15–44 n. Chr.). Im Zuge der Freiheitserklärung Neros für *Achaea* fiel Thessalien, das Nero nicht mit der Freiheit bedachte, an die Provinz *Macedonia* (66 oder 67 n. Chr.). Vespasian widerrief Neros Freiheitsproklamation und stellte die Provinz *Achaea* wieder her.

## Aegyptus

**Quelle**

Augustus über die Provinzialisierung Ägyptens (Meine Taten 27):

Ägypten habe ich dem Herrschaftsbereich des römischen Volkes hinzugefügt.

In der Nachfolge von Alexander d. Gr. (356–323 v. Chr.) regierte die Dynastie der Ptolemäer Ägypten. Aufgrund innerer Zwistigkeiten gerieten die Herrscher in steigende Abhängigkeit von Rom. Schließlich vermachte Ptolemaios Alexander sein Reich testamentarisch den Römern. Daher musste sich sein Nachfolger Ptolemaios XII. Neos Dionysos seine eigene Anerkennung als Pharao von den Römern teuer erkaufen. Bevor er im Jahr 51 v. Chr. starb, ersuchte er die Römer, für die Vollstreckung seines Testaments, in dem er sein Reich seinen Kindern hinterließ, zu sorgen. Damit sicherte er seiner Dynastie nochmals für eine Generation die Herrschaft. Im Sommer 30 v. Chr. endete mit der Einnahme von *Alexandria* (Alexandria, Ägypten) durch die Truppen des jungen Caesar (des künftigen Augustus) die Herrschaft der Ptolemäer und damit die letzte, nominell noch selbstständige hellenistische Monarchie. Ägypten wurde umgehend zur Provinz erklärt. Sie leitete fortan ein ritterlicher Statthalter mit dem Titel *praefectus Aegypti*. Er residierte in der Hafenstadt *Alexandria*. Wie die folgende Passage aus den Digesten zeigt, musste der Statthalter wie seine Amtskollegen in anderen Provinzen bis zum Eintreffen seines Nachfolgers am Dienstsitz sein Amt ausüben.

**Quelle**

Wann endet eine Statthalterschaft? (Digesten 1,17,1):

Der Statthalter von Ägypten legt seine Präfektur und seine Befehlsgewalt, welche ihm nach dem Vorbild des Prokonsuls durch ein Gesetz unter Augustus gegeben worden ist, nicht eher nieder, als bis sein Nachfolger Alexandria betreten hat, mag er auch in der Provinz eingetroffen sein; dies enthalten seine Dienstanweisungen.

Die ptolemäische Unterteilung des Landes in vier Epistrategien übernahmen die Römer. Die Provinz *Aegyptus* setzte sich aus dem Delta (Unterägypten), der Heptanomis, dem Arsinoites (Mittelägypten) und der Thebais (Oberägypten) zusammen. An der Spitze der Epistrategien stand jeweils ein *procurator ad epistrategiam* (griech. *epistrátegos*) vor. Die Epistrategien waren in Gaue (griech. Sing. *nómos*) untergliedert, die ihrerseits in Toparchien aufgeteilt waren, welche sich wiederum aus Distrikten (griech. Sing. *tópos*) und Dörfern (griech. Plural *kómai*) zusammensetzten. Jedem *nómos* stand ein Stratege vor, dem trotz seines Titels keine militärischen Befugnisse zukamen. Die Strategen wurden vom Statthalter eingesetzt. Zwischen 268 und 272 n. Chr. war die Provinz von Zenobia, der Königin des Reichs von *Palmyra* (Tadmor, Syrien), besetzt.

## Africa vetus, Africa nova, Africa proconsularis

Der Provinzname *Africa* leitet sich sicherlich von der libyschen Ethnie der *Afri* ab, die am Unterlauf des Muthul siedelte. Mit der Zerstörung Karthagos am Ende des 3. Punischen Krieges (146 v. Chr.) begann die permanente Anwesenheit der Römer in Nordafrika. Damals wurde das karthagische Gebiet als siebte römische Provinz konstituiert. Sie wurde durch die *fossa regia*, eine markierte Grenzlinie, vom numidischen Königreich abgegrenzt; sie verlief von *Thabraca* (Tabarka, Tunesien) im Nordwesten nach *Thaenae* (Henchir Thina, Tunesien) im Südosten. 100 Jahre später richtete Caius Iulius Caesar nach seinem Sieg über König Iuba I. (46 v. Chr.), der in den innerrömischen Auseinandersetzungen auf der Seite von Caesars Gegnern gestanden hatte, Ostnumidien (einschließlich dem Gebiet der *Emporia*) als Provinz *Africa nova* ein. Die ältere afrikanische Provinz hieß fortan *Africa vetus*. Die Ehre, der erste Statthalter von *Africa nova* zu sein, fiel Caesars Gefolgsmann, dem durch seine Schriften bekannten Caius Sallustius Crispus zu. Nach dem Sieg über Sextus Pompeius vereinigte Caesars Adoptivsohn, der spätere Augustus, die beiden Provinzen *Africa vetus* und *nova* miteinander (35 v. Chr.). Bei der Teilung im Jahr 27 v. Chr. fiel die Provinz dem Senat zu. Ihre Grenze bildete im Westen der Fluss Ampsaga (Oued-el-Kebir), im Osten eine Linie, die von den im heutigen Libyen gelegenen *Arae Philaenorum* südwärts in die Wüste reichte; die Südgrenze war nicht exakt festgeschrieben; man kann sagen, die Provinz reichte so weit, wie die Waffen Roms sie schützen konnten.

An der Spitze der Provinz stand ein Senator konsularen Ranges mit dem Amtstitel *proconsul provinciae Africae*. Der Sitz des Statthalters befand sich in republikanischer Zeit in *Utica* (Utique, Tunesien), von Augustus an in *Carthago* (Carthage, Tunesien). In der frühen Prinzipatszeit stand noch eine Legion unter dem Oberbefehl des Statthalters in der Provinz (Weiteres siehe unter *Numidia*). Dem Prokonsul standen ein Quästor und als Besonderheit drei

Legaten zur Seite. Daneben sorgten sich bis Trajan ein und von da an mehrere Prokuratoren um den Besitz des Herrschers in der Provinz. Die Provinz war zur besseren administrativen und juristischen Durchdringung in Konventsbezirke gegliedert. Gelegentlich seit Hadrian und öfter seit Commodus begegnet die feste Zuweisung eines Konvents an einen der Legaten des Statthalters, allerdings allein in den beiden stadt- und volkreichsten Bezirken der Provinz, dem von *Carthago* und von *Hippo* (Annaba, Algerien).

## Alpes Cottiae

**Quelle**

Inschrift des in den Jahren 9/8 v. Chr. zu Ehren von Augustus in *Segusio* (Susa, Italien) errichteten Bogens (CIL 5, 7231):

Dem Imperator Caesar Augustus, Sohn des Vergöttlichten, pontifex maximus, Inhaber der tribunizischen Gewalt zum 15. Male, Imperator zum 13. Male (errichteten dieses Monument) Marcus Iulius Cottius, Sohn des Königs Donnus, Präfekt der Gemeinwesen, die nachstehend aufgeführt sind: der Segovier, der Segusiner, der Belaker, der Caturigen, der Meduller, der Tebavier, der Adanaten, der Savincatier, der Ecdinier, der Veaminier, der Venisamer, der Iemerier, der Vesubianer, der Quadiaten und der (übrigen) Gemeinwesen, die ihm unterstellt waren.

Augustus und Nero

Im Zuge der Neuordnung des Alpenraumes durch Augustus wurde das Königreich des Donnus in eine Präfektur überführt (13 v. Chr.?). Ihr standen in der Folgezeit die Nachfahren des Königs als Präfekten mit dem Titel *praefectus civitatium Cottianorum* vor. Der Name *Alpes Cottiae* leitet sich von dem ersten Präfekten Cottius, dem Sohn des Donnus, her. Im Jahr 44 n. Chr. restituierte Claudius aus persönlicher Verbundenheit mit der Familie die königliche Herrschaft, doch sollte diese Maßnahme nicht von Dauer sein. Bereits unter seinem Nachfolger Nero wurde das Gebiet nach dem Tod von Cottius II. († um 63 n. Chr.) in eine von einem Prokurator geleitete Provinz überführt.

**Quelle**

Sueton (um 70–nach 122 n. Chr.) über die Aktivitäten Neros (Nero 18):

Einzig das Königreich von Pontus, welches ihm Polemo zugestand, und das Alpenreich des Cottius machte er nach dessen Tod zur römischen Provinz.

Damals oder wenig später erhielten die *civitates*, die sich auf dem Gebiet des ehemaligen Königreichs befanden, das Latinische Recht (*ius Latii*). Der Statthalter der *Alpes Cottiae* amtierte in *Segusio* (Susa). Zurzeit von Septimius Severus bildete die Provinz kurzzeitig eine Einheit mit den *Alpes maritimae*.

## Alpes Graiae (et) Poeninae, Alpes Atrectianae

Infolge des von dem ersten Prinzeps Augustus bzw. seinen Stiefsöhnen geführten Alpenfeldzugs kamen im Jahr 15 v. Chr. im Wallis lebende Ethnien unter römische Herrschaft. Sie wurden als *civitates* organisiert und der Provinz Rätien angeschlossen. Sicherlich unter Kaiser Claudius erfolgte die Trennung dieses Gebiets von der Provinz *Raetia* und ihre Konstituierung als von Prokuratoren geleitete Provinz *Alpes Poeninae* mit dem Hauptort *Octodurus*, der unter Claudius in *Forum Claudii Vallensium* umbenannt wurde (Martigny, Schweiz). Ungefähr zu gleichen Zeit wurde das Gebiet der Ceutronen zu einer ebenfalls prokuratorischen Provinz namens *Alpes Graiae* umgewandelt. Zum Verwaltungssitz wurde *Axima* (Aime-en-Tarentaise, Frankreich) erkoren, das unter Claudius in *Forum Claudii Ceutronum* umbenannt wurde. Die Einrichtung des Gebietes um den Großen St. Bernhard (*mons Poeninus*) und um den Kleinen St. Bernhard (*mons Graius*) als Provinzen dürfte mit dem Ausbau der Straßen über die beiden Pässe und damit mit der gesteigerten Bedeutung dieses Raums in direkter Beziehung stehen.

Die Provinzen wurden wohl zu einem nicht näher bestimmbaren Zeitpunkt zu einer Verwaltungseinheit zusammengeschlossen. Allerdings fehlen Informationen weitgehend, sodass nicht auszuschließen ist, dass sie lediglich simultan verwaltet wurden; eine Provinz bildeten sie sicher um die Wende vom 2. zum 3. Jahrhundert n. Chr. Unklar bleibt die Bezeichnung *Alpes Atrectianae*. Es könnte sich um eine alternative Bezeichnung der *Alpes Graiae* handeln oder um einen eigenen, westlich oder östlich der *Alpes Poeninae* gelegenen Bezirk.

## Alpes maritimae

**Quelle**

Cassius Dio (um 163–nach 229 n. Chr.) über die Provinzialisierung der Seealpen (Römische Geschichte 54,24,3):

... und die Seealpen, bewohnt von den Ligurern, die den Namen Comati trugen und sich damals noch der Freiheit erfreuten, gerieten in Sklaverei.

Gemäß Cassius Dio wurden die *Alpes maritimae* im Jahr 14 v. Chr. von den Römern annektiert. Augustus unterstellte sie ebenso wie die *Alpes Cottiae* einem *praefectus civitatium*. Die Überführung in eine reguläre, von einem Prokurator geleitete Provinz erfolgte Dezennien später unter Claudius oder eher unter dessen Nachfolger Nero, denn Letzterer gewährte den *civitates* das *ius Latii* (63 n. Chr.). Damals wurden die Grenzen in Richtung Norden erweitert. Das Provinzgebiet erfuhr im 2. Jahrhundert n. Chr. durch den Zuschlag von Gebieten, die zuvor zu den *Alpes Cottiae* und zur *Gallia Narbonensis* gehörten, eine Vergrößerung. Dadurch erhöhte sich die Anzahl der bei Provinzeinrichtung sechs *civitates* auf zehn. Der Sitz des Statthalters befand sich in *Cemenelum* (Cimiez, Frankreich). Wie erwähnt war die Provinz unter Septimius Severus kurzzeitig mit den *Alpes Cottiae* zusammengeschlossen.

## Arabia

105/106 n. Chr. annektierten die Römer das nabatäische Reich und überführten es in die kaiserliche Provinz *Arabia*. Als Datum der Provinzgründung gilt der 22. März 106 n. Chr. Damit hatten die Römer die ‚Lücke' zwischen ihren Provinzen Ägypten, Judäa, Syrien und der Arabischen Wüste im Osten geschlossen. Zugleich war das Schicksal des ersten und langlebigsten nordarabischen Staatsgebildes der vorislamischen Zeit besiegelt. Die Nabatäer, ein Nomadenstamm, hatten im 5./4. Jahrhundert v. Chr. die edomitischen Gebiete zwischen dem Toten Meer, dem Golf von Akaba (Rotes Meer) und dem zentralen Negev in Besitz genommen. Mit *Petra* (Jordanien) hatten sie zudem einen uneinnehmbaren Platz gewonnen. In der Folgezeit gründete sich der Reichtum der Nabatäer vor allem auf der Kontrolle der Weihrauchstraße und diverser für den Fernhandel wichtiger Orte. Die Nabatäer gewährten den Karawanen entlang der Weihrauchstraße Schutz und vor allem Wasser, wofür sie einen Transitzoll in Höhe von 25 Prozent erhoben. Das Erscheinen der Römer im Vorderen Orient hatte auch für die Nabatäer Folgen. Sie mussten, nachdem sie infolge ihres Eingreifens in die Thronstreitigkeiten der Hasmonäer in Konflikt mit Pompeius gekommen waren, Roms Oberhoheit anerkennen. Dennoch konnten die Nabatäer ihre Unabhängigkeit gegenüber Rom im Wesentlichen behaupten; sie unterstützten die Römer im Kampf gegen gemeinsame Gegner, namentlich gegen die Ptolemäer und ihre jüdischen Nachbarn.

Was Trajan bewog, das Nabatäerreich zu einem Zeitpunkt zu annektieren, zu dem ein großer Teil der militärischen Kräfte durch den Zweiten Dakerkrieg gebunden war, bleibt Spekulation. Vielfach wird angenommen, die Römer hätten den Tod von Rabbel II., der seit 70 n. Chr. regierte, zum Anlass genommen, sein Reich in den Provinzialverband zu inkorporieren, doch ist nicht erwiesen, dass der König damals verstarb. Er könnte auch abgesetzt worden sein (sei es von den Römern, sei es von Oppositionellen). Vielleicht sahen die Römer in der Politik von Rabbel II., unter dessen Herrschaft es offenbar zu einer Stärkung des nationalen Bewusstseins gekommen war (und damit zu einer Abkehr von Rom?), eine Gefahr für ihre Interessen im Vorderen Orient. Im Bereich des Möglichen liegt ferner, dass man sich von der mit der Annexion einhergehenden Übernahme von für den Handel wichtigen Routen und Umschlagplätzen weitere lukrative Einnahmen versprach.

Quelle

Meilenstein aus der römischen Provinz *Arabia*; erstellt Ende 110 oder 111 n. Chr. (AE 1897, 65):

Der Imperator Caesar, Sohn des vergöttlichten Nerva, Nerva Traianus Augustus Germanicus, Dacicus, pontifex maximus, Inhaber der tribunizischen Gewalt zum 15. Male, Imperator zum 6. Mal, Konsul zum 5. Mal, Vater des Vaterlandes, ließ, nachdem er Arabia zur Provinz gemacht hatte, die neue Straße von den Grenzen Syriens bis ans Rote Meer durch seinen Statthalter, den designierten Konsul Caius Claudius Severus, erschließen und pflastern.

Via nova Traiana

Der Provinz, der ein Statthalter im prätorischen Rang vorstand, wurde ein namhafter Teil der *Dekapolis* sowie Gebiete der *Peraea* zugeschlagen. Zwecks Verbesserung der Infrastruktur begannen die Römer unverzüglich mit dem Bau der *via nova Traiana*, die gemäß dem Zeugnis der ihr entlang aufgestellten Meilensteine von Syrien bis ans Rote Meer verlief (*a finibus Syriae usque ad mare rubrum*). Sie wurde abschnittsweise zwischen 111 und 114 n. Chr. vollendet. Um die Wende vom 2. zum 3. Jahrhundert n. Chr. schob man die Grenze der Provinz nach Norden zur *Syria Phoenice* hin vor, wodurch die ganze *Trachonitis*, der Norden der *Batanaia* und der *Auranitis* Teil der Provinz wurden. Zwischen 268 und 272 n. Chr. war die Provinz von der palmyrenischen Königin Zenobia besetzt.

Nach diversen Indizien zu urteilen, wurde *Arabia* nach dem bewährten Konventsystem organisiert. Der kaiserliche Statthalter, ein Senator prätorischen Rangs (*legatus Augusti pro praetore*), hatte seinen Amtssitz zuerst wohl in der Hauptstadt des Nabatäerreiches *Petra* (Jordanien) und wahrscheinlich seit den letzten Jahren Hadrians in *Bostra* (Busrâ, Syrien), das Rabbel II. als neue Hauptstadt hatte ausbauen lassen. Bei *Bostra* wurde eine Legion stationiert. Der Finanzprokurator ging seinen Geschäften von *Gerasa* (Jordanien) aus nach.

## Armenia

Quelle

Eutrop (4. Jahrhundert n. Chr.) über die Einrichtung und Aufgabe von drei Provinzen (Breviarium 8,3,2 und 6,2):

Er (= Trajan) schuf drei Provinzen: Armenia, Assyria, Mesopotamia.
Trajan seinen Ruhm neidend gab er (= Hadrian) die drei Provinzen, die Trajan (dem Imperium Romanum) hinzugefügt hatte, sofort auf und rief das Heer aus Assyria, Mesopotamia und Armenia zurück; er bestimmte den Euphrat zur Grenze des Reichs.

Trajan

Für die Aussage Eutrops, Trajan habe eine Provinz namens *Armenia* geschaffen, spricht, dass wir einen Statthalter kennen, der *Cappadocia, Armenia maior et minor* gemeinsam leitete (CIL 10, 8291). Allerdings war die Provinzverbindung nicht von Dauer. Trajans Nachfolger Hadrian bestimmte bei seinem Regierungsantritt den Euphrat zur Grenze des Römischen Reichs. Er verzichtete also auf die schwerlich längere Zeit zu haltenden Eroberungen jenseits des Stromes. *Armenia maior* übergab er an von Rom abhängige Könige, während *Armenia minor* Teil der Provinz *Cappadocia* blieb.

## Asia

**Quelle**

Strabon (ca. 63 v. Chr.–nach 23 n. Chr.) über das Vermächtnis von Attalos III. (Geographica 13,4,2 [624 C]):

Als dieser (= Attalos III.) fünf Jahre regiert und den Beinamen Philometor bekommen hatte, starb er an einer Krankheit und hinterließ als Erben die Römer. Diese machten das Land zu einer Provinz, die sie ebenso wie den Kontinent ‚Asien' nannten.

Attalos III. Philometor Euergetes von Pergamon hinterließ bei seinem wahrscheinlich im Mai des Jahres 133 v. Chr. erfolgten Tod sein Reich per letztwilliger Verfügung den Römern. Obwohl der Senat umgehend eine fünfköpfige Delegation nach Pergamon entsandte, um Roms Anspruch geltend zu machen, verhinderte der nach Aristonikos, dem aus einer illegitimen Verbindung stammenden Halbbruder von Attalos III., benannte Aufstand zunächst die Provinzialisierung des Attalidenreichs. Vermutlich, um sich die Städte im Attalidenreich gewogen zu machen und sie im Kampf gegen Aristonikos auf seiner Seite zu haben, beeilte sich der Senat in Rom, einen Beschluss zu verabschieden, der zusicherte, dass die Verfügungen der Attaliden in vollem Umfang gültig bleiben sollten. Mit anderen Worten: Man war bereit, die Vorrechte, die die Gemeinwesen durch das Testament von Attalos oder früher empfangen hatten, zu bestätigen.

**Quelle**

Auszug aus dem im Herbst/Winter 132 v. Chr. getroffenen Senatsbeschluss (*senatus consultum Popillianum*) über das Vorgehen in *Asia* nach dem Tod von Attalos III. (OGIS 435–436; SEG 28, 1208):

Der Prätor Caius Popillius, Sohn des Caius, berief den Senat am (...)ember zur Abstimmung ein. Der Antrag, den er stellte, ging über die Angelegenheiten in Pergamon: Es sollen Anweisungen an die nach Asia abgehenden strategoi erteilt werden, dass alles, was in Asia bis zum Tode des Attalos von den Königen geregelt, geschenkt, befreit und bestraft wurde, gültig bleiben soll; darüber hat der Senat beschlossen wie folgt: Über den Antrag, den der Prätor Caius Popillius, Sohn des Caius, gestellt hat, beschloss der Senat wie folgt: Alles, was König Attalos und die übrigen Könige geregelt, bestraft oder befreit und geschenkt haben, soweit dies geschah bis einen Tag vor dem Tode des Attalos, soll gültig bleiben, und die strategoi, die nach Asia gehen, sollen (das Testament (?) nicht verändern), sondern alles gültig belassen, wie es der Senat entschieden hat.
(Übersetzung: Chr. Mileta, Klio 72, 1990, S. 436).

Erst im Sommer des Jahres 130 v. Chr. wurde Aristonikos, der sich als König Eumenes III. nannte, gefangen genommen. Nunmehr schuf man die Provinz

*Asia* aus den Gebieten, die den Attaliden unterstanden hatten, abzüglich Phrygiens und Lykaoniens (129 v. Chr.). Ein östlicher Teil Großphrygiens wurde Mithradates V. von *Pontus* überlassen, sei es infolge von Bestechung, sei es als Dank für seine Hilfe gegen die Aufständischen. Ebenso belohnte man die Erben des im Kampf gefallenen kappadokischen Königs Ariarathes V. mit einem Teil von Lykaonien. Die den Attaliden gehörige Insel Ägina und deren Besitzungen im europäischen Teil von Thrakien wurden nicht in die neue Provinz einbezogen.

**Quelle**

Strabon (ca. 63 v. Chr.–nach 23 n. Chr.) über die Einrichtung der Provinz *Asia* (Geographica 14,1,38 [646 C]):

**Manius Aquillius erschien als Konsul zusammen mit zehn Legaten und richtete die Provinz mit der heute noch bestehenden Verwaltungsform ein.**

Mit der Zeit vergrößerte sich der Umfang des Provinzgebietes, so kam spätestens nach dem Tod von Mithradates V. der diesem überlassene Teil Großphrygiens zur Provinz hinzu (119 oder 116 v. Chr.). Spätestens gegen 100 v. Chr. gehörte die Gegend um *Philomelium* (*Philomelion,* Aksehir, Türkei) zu *Asia*. Vermutlich wurde Karien südlich des Mäanders infolge der sullanischen Neuordnung um 85/84 v. Chr. in die Provinz einbezogen. Zwischen 84 und 82 v. Chr. kam die von den Römern annektierte *Kibyratis* zur Provinz. Unter Vespasian fielen die Inseln Rhodos und Samos an *Asia*.

*Asia* wurde in der Regel Statthaltern prätorischen Ranges anvertraut. Eine Ausnahme bildet die Zeit der Mithradatischen Kriege, in der Konsuln wegen der Kriegshandlungen eingesetzt wurden. Das bestehende und sicher gut funktionierte System der Besteuerung dürfte von den Römern übernommen worden sein. Den Städten im attalidischen Reich wurde gemäß dem Letzten Willen des Königs Steuerfreiheit gewährt. Allerdings ist dieser Punkt strittig, doch setzte wohl erst Caius Gracchus die Besteuerung der ehemals freien Städte durch (123 v. Chr.; s. Quelle S. 76). In der Folgezeit saugten die Publikanen die Provinz aus. Mithradates VI. von Pontos, der seine Herrschaft bis zur Krim ausgedehnt hatte, stachelte die ausgebeuteten Einwohner zur Erhebung gegen die Römer an. An einem Tag sollen Tausende in der Provinz ansässige Römer und Italiker samt ihren Angehörigen und Freigelassenen umgebracht worden sein (88 v. Chr.; sogenannte Vesper von *Ephesus*; die Zahl der Getöteten schwankt zwischen 80000 und 150000). Sulla gelang es, die Ordnung wiederherzustellen. Er verhängte hohe Bußen für die Gemeinden, die auf der Seite von Mithradates gestanden hatten. Zur Beitreibung der Strafen wurde jeder der damals elf *conventus* in vier Steuerbezirke (insgesamt 44) aufgeteilt. Die auferlegten Reparationen waren nicht zu leisten und brachten die betroffenen Kommunen in größte finanzielle Schwierigkeiten. Diese dauerten an, bis der Konsul Lucius Licinius Lucullus (117-56 v. Chr.) für die Gemeinden eintrat und wirksame Maßnahmen auf den Weg brachte, dank derer es gelang, eine Entschuldung in nur vier Jahren zu erreichen. Lucius Licinius Lucullus kannte besser als jeder andere die Notlage der betroffenen Gemeinwesen, denn er war als Proquästor Sullas mit der Aufgabe betraut gewesen, die verhängten Bußgelder einzutreiben.

**Quelle**

Cicero (106–43 v. Chr.) über die wirtschaftliche Lage der Provinz *Asia* (Rede über den Oberbefehl des Pompeius; 66 v. Chr.):

Asia dagegen ist so reich und fruchtbar, dass es durch die Ergiebigkeit seiner Landwirtschaft, die Vielfalt seiner Erträgnisse, die Größe seiner Weideplätze und die Menge der für die Ausfuhr bestimmten Waren mühelos alle anderen Länder übertrifft.

Im Jahr 43 v. Chr. wurde Pamphylien der Provinz angegliedert. Bei der Teilung der Provinzen am 13. Januar 27 v. Chr. wurde *Asia* als *provincia inermis* den *provinciae populi Romani* zugeschlagen. An ihrer Spitze stand fortan ein Senator im konsularen Rang (Titel: *proconsul provinciae Asiae*). Die kaiserzeitlichen Statthalter residierten wie ihre republikanischen Vorgänger in *Ephesus* (*Ephesos*, Türkei). Als Besonderheit sei angemerkt, dass dem Statthalter von *Asia* wohl von Anfang an drei *legati* und ein *quaestor* zur Seite standen.

## Assyria

**Quelle**

Quelle s. oben unter *Armenia*

Trajan soll gemäß dem spätantiken Autor Eutrop neben *Armenia* und *Mesopotamia* eine weitere Provinz mit Namen *Assyria* geschaffen haben, wofür weitere Belege fehlen. Entspricht dies der Wahrheit, so dürfte Trajan das 116 n. Chr. eroberte Königreich von Adiabene als Provinz *Assyria* dem Herrschaftsbereich Roms hinzugefügt haben. Adiabene wurde bis zu diesem Zeitpunkt als von den Parthern abhängiges Vasallenreich von einer lokalen Dynastie beherrscht, die sich zum Judentum bekannte. Falls die Provinz tatsächlich bestanden hat, wurde sie von Hadrian wie andere Eroberungen Trajans zu Anfang seiner Regierung aufgegeben. Die Provinz kann also höchstens ein paar Monate existiert haben, was kaum ausreichte, um das ehemalige Königreich in eine funktionsfähige Provinz nach römischem Muster umzuorganisieren.

## Britannia, Britannia superior, Britannia inferior

Bereits zur Zeit der ausgehenden Republik bestanden Pläne, Britannien unter römische Kontrolle zu bringen. Caius Iulius Caesar unternahm zwei erfolgreiche militärische Vorstöße nach Britannien; er setzte erstmals römische Soldaten auf die Insel über (55/54 v. Chr.). Den von ihm unterworfenen, keltischsprachigen Stämmen erlegte er die Stellung von Geiseln und jährlich zu leistende Abgaben auf. Vermutlich wurden diese nicht lange gezahlt, denn die Römer hatten keine Besatzung zurückgelassen und waren in der Folgezeit zu sehr mit inneren Machtkämpfen und Kriegsschauplätzen in anderen Regionen beschäftigt, als dass sie sich viel um Britannien kümmern konnten. Zwar beabsichtigte Augustus wiederholt, einen Feldzug nach Britannien zu unternehmen, doch realisierte er seine Pläne wohl aufgrund vordringlicherer Aufgaben nie. Allerdings sind diverse diplomatische Aktivitäten und Handelsbeziehungen in der Zeit des ersten Prinzeps festzustellen. Caius (Caligula) dachte ebenfalls daran, nach Britannien zu ziehen. Auch in diesem Fall blieb es bei der bloßen Absicht. Erst Claudius (41–54 n. Chr.) entsandte im Jahr 43 n. Chr. vier Legionen plus Hilfstruppen unter dem Kommando von Aulus Plautius nach Britannien. Der Streitmacht gelang es, trotz des bewaffneten Widerstands der einheimischen Bevölkerung, binnen kurzer Zeit den Südosten von Britannien zu erobern.

**Quelle**

Über die Provinzialisierung Britanniens unter Claudius berichtet Tacitus (ca. 55–etwa 125 n. Chr.) Folgendes (Agricola 14,1):

So wurde der (dem unter römischer Herrschaft stehenden Festland) zunächst gelegene Teil Britanniens allmählich in die Gestalt einer Provinz überführt und zudem eine Veteranenkolonie gründet.

Das Gebiet wurde unverzüglich als Provinz organisiert und einem kaiserlichen Statthalter konsularen Rangs überantwortet. Fraglich ist, wo der Statthalter des ungeteilten Britannien seinen Dienstsitz hatte. Claudius könnte *Camulodunum* (Colchester) zum Statthaltersitz erwählt haben, der dann unter den Flaviern nach *Londinium* (London) verlegt wurde. Zum Sitz des Finanzprokurators bestimmte Claudius *Londinium*.

**Quelle**

Widmung des zu Ehren von Kaiser Claudius in Rom errichteten Bogens (CIL 6, 40416; die Inschrift ist zum größten Teil ergänzt):

(Dem) Tiberius Claudius, Sohn des Drusus, Caesar Augustus Germanicus, pontifex maximus, Inhaber der tribunizischen Gewalt zum 11. Mal, Konsul zum 5. Mal, Imperator zum 22. Mal, Zensor, Vater des Vaterlandes (errichteten diesen Bogen) Senat und römisches Volk, weil er die Könige der Britannier in elf Tagen ohne jegliche Verluste besiegte und ihre Reiche und die barbarischen Völker jenseits des Ozeans als Erster in die Gewalt des römischen Volkes brachte.

Neben dem persönlichen Bedürfnis von Claudius, sich als erfolgreichen Feldherrn darzustellen und damit seine Herrschaft auch militärisch legitimie-

**Abb. 3** Münze des Kaisers Claudius (Roman Imperial Coins I² Claudius 45).
Vorderseite: Kopf des Herrschers mit Lorbeerkranz und Umschrift: *Tiberius Claudius Caesar Augustus, Oberpriester, Inhaber der tribunizischen Gewalt, Imperator.*
Rückseite: Schematische Darstellung des Triumphbogens mit der erklärenden Aufschrift: *(Sieger) über die Britannier.*

ren zu können, spielte sicherlich der Reichtum des Landes an Metallvorkommen, insbesondere die bedeutenden Bleierzlagerstätten, eine entscheidende Rolle bei der Eroberung. Der Abbau begann wohl unmittelbar nach der Einnahme und wurde noch in der Spätantike betrieben. Durch die Inbesitznahme des südöstlichen Teils von Britannien konnten die Römer zudem den Handel zwischen der Insel und dem Festland fortwährend umfassend schützen und kontrollieren. In der Folgezeit wurde die Provinz aufgrund weiterer römischer Eroberungszüge sukzessive vergrößert.

In flavischer Zeit bildete die Linie zwischen dem Firth of Clyde und dem Firth of Forth die Nordgrenze. Infolge des im Jahr 118 n. Chr. ausgebrochenen Aufstandes der *Brigantes* nahm Hadrian die Grenze zurück und ließ auf der Landenge zwischen den heutigen Städten Newcastle upon Tyne und Carlisle eine rund 117 km lange nach ihm benannte Befestigung anlegen *vallum Hadriani*, Hadrianswall). Sie bildete für gut zwei Dezennien die Nordgrenze, bis Hadrians Nachfolger Antoninus Pius diese wieder auf die alte Linie zwischen dem Firth of Forth und dem Firth of Clyde vorverlegte und durch einen Wall markieren ließ (sogenannter Antoninuswall).

Teilung der Provinz

Unter Septimius Severus stießen die Römer weiter nach Norden vor; sie eroberten Teile des Stammesgebietes der Caledonier. Eine Wende erfolgte nach dem Tod von Septimius Severus. Damals wurde die Provinzgrenze erneut auf den Hadrianswall zurückgenommen. In severischer Zeit kam es zudem zur Teilung der Provinz in zwei administrative Einheiten namens *Britannia superior* (südlicher Teil) und *Britannia inferior* (nördlicher Teil). In der Provinz *Britannia superior* stand fortan eine Legion, in ihrer Schwesterprovinz lagen dagegen zwei. Entsprechend war der Rang der Statthalter. Der *legatus Augusti pro praetore* der Provinz *Britannia inferior* wurde aus den ehemaligen Konsuln ausgewählt; er residierte in *Eboracum* (York). Sein benachbarter Kollege, ein Prätorier, amtierte in *Londinium* (London). Das Datum der Provinzteilung ist umstritten. Herodian schreibt sie Septimius Severus (193–211 n. Chr.) zu. Da Statthalter des geteilten Britannien erst unter Antoninus III. (Caracalla; 211–217 n. Chr.) bezeugt sind, wird diese Aussage kontrovers diskutiert.

## Cappadocia

In vorrömischer Zeit herrschte in *Cappadocia* ein König, neben dem der Adel eine starke Stellung innehatte. Einige Teile des Landes wurden von höchsen Kreisen entstammenden Priestern kontrolliert, das heißt, es existierten sogenannte Tempelstaaten, unter denen *Komana*, (Sar, Türkei) und *Venasa* (Lage innerhalb Kappadokiens ungeklärt) die bekanntesten sind. Laut Strabon, der unsere beste Quelle für Kappadokien bildet, lebte die von den führenden Familien abhängige Bevölkerung von Getreideanbau, Vieh- bzw. Pferdehaltung und Bergbau. Insbesondere der Abbau von Silber trug zum Wohlstand des Landes bei. Seit dem frühen 2. Jahrhundert v. Chr. gehörte Kappadokien zu Roms Verbündeten, wobei das Interesse der Römer an dem Bündnis sicher auf der herausragenden geografischen Lage des Landes gründete. Im Norden trennte das pontische Gebirge das Land vom Schwarzen Meer, im Süden der Taurus vom Mittelmeer. Im Osten schied der Euphrat das Land von den Parthern; im Westen bildete die zu Galatien gehörende Steppenlandschaft die Grenze. Im Jahr 63 v. Chr. dankte Pompeius König Ariobarzanes bzw. dessen gleichnamigem Sohn ihre Treue zu Rom (und die aus diesem Grund vonseiten des Mithradates von Pontos und Tigranes erlittene Unbill) mit der Bestätigung der Königswürde und namhaften Gebietserweiterungen. Unter anderem wurden *Sophene* (Türkei) und *Gordyene* (Türkei) Kappadokien angegliedert. Das Königreich war in Strategien eingeteilt, denen jeweils ein Adliger als Stratege vorstand. Zu den bestehenden Strategien kam infolge der Veränderungen unter Pompeius eine elfte hinzu. 37/36 v. Chr. setzte Marcus Antonius anstelle des romfeindlich eingestellten kappadokischen Königs Ariarathes X. mit Archelaos Sisinnes einen dem pontischen Adel entstammenden, Roms Interessen vertretenden Mann als neuen Herrscher ein. Vor Ariarathes X. hatten in Kappadokien drei Könige mit Namen Ariobarzanes regiert. Der erste war vom Senat, der zweite von Pompeius als König eingesetzt worden. Ariobarzanes III. schließlich kam durch Caius Cassius im Jahr 42 v. Chr. zu Tode.

Archelaos dankte seinen Aufstieg Antonius; er hielt ihm die Treue und wechselte erst im letzten Augenblick die Fronten. Dennoch bestätigte ihn der (spätere) Augustus als König. Der erste Prinzeps schätzte Archelaos Sisinnes offenbar sehr, jedenfalls wählte er ihn für Tiberius während dessen Armenien-Mission als Berater aus und vergrößerte sein Reich durch die Überlassung diverser Territorien, insbesondere übergab er Archelaos Teile Kilikiens und Kleinarmenien, dessen König gestorben war. Nachdem seine Gemahlin, die aus dem königlichen Geschlecht Armeniens stammte, verschieden war, ehelichte Archelaos Pythodoris. Sie regierte Pontos seit dem Tod ihres Gatten Polemo I. Damit hatte Archelaos auch auf dieses Reich zumindest indirekten Einfluss. Archelaos war eine lange Regierungszeit beschieden. Nach Tacitus übte er die Herrschaft im 50. Jahr aus, als ihn Tiberius, der offenbar eine persönliche Aversion gegen den König hegte, nach Rom zitierte. Dort wurde der altersschwache Monarch wegen romfeindlicher Machenschaften angeklagt. Details des Prozesses sind nicht überliefert. Archelaos scheint freigesprochen worden zu sein, doch starb er kurz darauf in Rom und *Cappadocia* wurde auf Beschluss des Senats unter direkte römische Kontrolle gestellt (17/18 n. Chr.). Archelaos gleichnamiger Sohn Archelaos II. erhielt als ‚Entschädigung' die Herrschaft über die kilikischen Besitzungen seines Vaters. Königin Pythodoris behielt ihre Herrschaft über Pontos. Ob damals Kleinarmenien zu *Cappadocia* geschlagen wurde, wissen wir nicht. Laut Dio wurde in Kleinarmenien 38 n. Chr. erneut ein König eingesetzt.

**Quelle**

Tacitus (ca. 55–etwa 125 n. Chr.) über die Provinzialisierung von Kappadokien (Annalen 2,56,4):

Aber Kappadokien wurde zur Provinz gemacht und erhielt Quintus Veranius als Statthalter; und einige der königlichen Steuern wurden gemindert, damit man auf eine umso größere Milde von der römischen Herrschaft hoffe.

Im Zuge der Übernahme Kappadokiens ließ Tiberius den Römern eine Steuererleichterung verkünden. Dank der Einnahmen aus Kappadokien konnte die wenig beliebte, einprozentige Auktionssteuer halbiert werden. Den neuen Untertanen wurde ebenfalls eine Steuersenkung zuteil, denn die bisher an Archelaos zu zahlenden Abgaben wurden um die Hälfte reduziert. Auch wenn bei diesen Steuersenkungen politisches Kalkül eine namhafte Rolle spielte, zeigen sie doch, dass die Einnahmen aus *Cappadocia* entsprechend hoch gewesen sein müssen und eine königliche Hofhaltung samt Subsidienleistungen an Rom erheblich kostspieliger war als eine direkte Herrschaftsausübung seitens der Römer. Der königliche Besitz ging bei der Provinzeinrichtung sicherlich in das private Vermögen des römischen Herrschers über, soweit er nicht Archelaos II. überlassen wurde. Die Umsetzung der Provinzialisierung Kappadokiens bzw. die Weichenstellung dafür war Teil der Aufgaben, die Germanicus im Rahmen seiner großen Orientreise zu bewältigen hatte. Er schickte einen seiner hochrangigen Begleiter, den Senator Quintus Veranius, nach Kappadokien, um dort die römische Ordnung einzuführen.

Die Unterteilung Kappadokiens in Strategien scheint von den Römern beibehalten worden zu sein. Über den Status von *Cappadocia* nach der Inbesitznahme durch die Römer herrscht Uneinigkeit. Sicher ist, dass *Cappadocia* fortan von einem Ritter geleitet wurde. Dies erlaubt zwei Folgerungen: Entweder wurde *Cappadocia* als eigenständige prokuratorische Provinz installiert (um 18 n. Chr.) oder das Gebiet wurde einem Präfekten überantwortet, der wie im Falle von *Iudaea* dem Statthalter von Syrien unterstand. Der kappadokische Statthalter dürfte in *Caesarea* (Kayseri, Türkei) residiert haben.

Großprovinz

Dezennien später vereinigte Vespasian *Cappadocia, Galatia, Pontus, Lycaonia* und *Armenia minor* (Kleinarmenien) zu einer einzigen, großen Provinz namens *Galatia (et) Cappadocia* (ca. 71/72 n. Chr.). Diese Provinzverbindung hatte bis in die Zeit Trajans Bestand, der Umstrukturierungen vornahm. Fortan bildeten die nicht eigentlich galatischen Gebiete (*Armenia minor, Pontus Cappadocicus, Polemoniacus* und *Galaticus, Lycaonia*) mit *Cappadocia* eine eigene Provinz. Unter den Severern, spätestens um 221 n. Chr., wurden die ostgalatische Stadt *Tavium* (Türkei) und ihr Umland an *Cappadocia* angeschlossen; einige Zeit später fiel dieses Gebiet wieder an *Galatia* zurück.

## Caria (et) Phrygia

Wohl in den späten 40er-Jahren des 3. Jahrhunderts n. Chr. wurden aus der Provinz *Asia* die Gebiete *Caria* und *Phrygia* ausgegliedert und als eigene Provinz konstituiert. Diese erhielt einen *legatus Augusti pro praetore* konsularen Ranges als Statthalter, der seinen Dienstsitz vermutlich in *Aphrodisias* (Türkei) hatte. Der erste bekannte Statthalter der Provinz *Phrygia (et) Caria* ist Quintus Fabius Clodius Agrippianus Celsinus; er ist in dieser Funktion 249/250 n. Chr. bezeugt.

## Cilicia

Kilikien besteht aus zwei großen Landschaften, dem sogenannten Rauhen Kilikien (*Cilicia tracheia*) im Westen und dem Ebenen Kilikien im Osten. Aufgrund seiner natürlichen Gegebenheiten bot Kilikien für Piraten ein ideales Rückzugsgebiet. In Berührung kamen die Römer mit Kilikien im Jahr 102 v. Chr., als römische Truppen unter dem Kommando des Prätors Marcus Antonius (Großvater des gleichnamigen Triumvirn) gegen die Seeräuber an der Küste Kleinasiens Krieg begannen. Ab wann man von einer Provinz im territorialen Sinn sprechen kann, ist strittig; auf jeden Fall schickten die Römer seit dem Ende des 2. Mithradatischen Krieges (83-81 v. Chr.) regelmäßig Mandatare nach *Cilicia*. Nachhaltiger Erfolg gegen die Seeräuber im Mittelmeer sollte erst Cnaeus Pompeius beschieden sein. Ihm gelang es innerhalb von 88 Tagen, die Piraten mit militärischen und diplomatischen Mitteln zur Aufgabe zu bewegen. Pompeius bestrafte sie nicht, sondern siedelte sie bevorzugt an Plätzen in der Nähe größerer Handelsrouten an. Pompeius Maßnahmen zielten weniger darauf ab, aus Piraten Bauern zu machen, als vielmehr darauf, sich eine verlässliche Klientel zu schaffen, die mit Waffen umzugehen wusste und deren Erfahrung zur See er nutzen konnte. Im Laufe der Zeit konnte die Provinz Gebietszuwächse verbuchen; allerdings setzte bald ein selten zu beobachtendes Phänomen ein; die Provinz wurde sukzessive verkleinert und um 44/43 v. Chr. endgültig aufgelöst. Der westliche Teil (bis *Side*, Selimiye, Türkei) kam damals zur Provinz *Asia*, der Rest an *Syria*.

Im Jahr 72 n. Chr. schuf Vespasian erneut eine Provinz namens *Cilicia*. Sie umfasste die westlichen Teile des annektierten kommagenischen Reichs und bislang zu *Syria* gehörige kilikische Gebiete. Der Statthalter könnte seinen Amtssitz in *Tarsus* (*Tarsos*, Türkei) gehabt haben.

## Commagene

Die Geschichte von *Commagene* als eigenständigem Fürstentum reicht in das Jahr 163 v. Chr. zurück. Damals erklärte der seleukidische Statthalter Ptolemaios seine Unabhängigkeit und nahm den Königstitel an. In der Folgezeit konnte sich seine Dynastie trotz einer vorübergehenden Abhängigkeit von Tigranes d. Gr. an der Macht halten. Die Hauptstadt des Reiches war die am westlichen Ufer des Euphrat gelegene Stadt *Samosata* (Samsat, Türkei). Im Jahr 64 v. Chr. übergab Pompeius König Antiochus I. die Stadt *Zeugma* am Euphrat (Türkei). 59 v. Chr. erhielt der Herrscher die offizielle Anerkennung als Verbündeter Roms. Während der römischen Bürgerkriege hatten die Könige von *Commagene* das Pech, aufseiten der Verlierer zu stehen: Antiochos I. Theos (ca. 69–ca. 36 v. Chr.) unterstützte Pompeius in der Schlacht von *Pharsalus* (*Pharsalos*, Griechenland). Sein Nachfolger Mithradates II. half Antonius mit Truppen persönlich bei *Actium*. Dennoch beließ ihn der spätere Augustus unter Auflagen an der Regierung. So scheint damals die Stadt *Zeugma* an die Provinz *Syria* übergegangen zu sein. Der Herrscherkult in *Commagene* wurde deutlich reduziert und Mithradates II. war fortan ein vom Wohlwollen des römischen Prinzeps abhängiger Monarch.

Eine Änderung trat nach dem Tod von Antiochus III. (17 n. Chr.) ein, der in *Commagene* Debatten über die künftige politische Ordnung ausgelöst hatte. Schließlich suchten zwei Gesandtschaften in Rom Rat. Während sich die eine einen neuen König von den Römern und damit die Fortsetzung der Monarchie wünschte, bat die andere darum, das Land unter direkte römische Kontrolle zu stellen. Dieser Vorschlag fand Gehör. Man beschloss, in *Commagene* einen Präfekten einzusetzen und das Königreich der Provinz *Syria* als Unterprovinz anzugliedern. Die Umsetzung der neuen politischen Ordnung war ebenso wie in *Cappadocia* Teil der Aufgaben, die Germanicus während seiner Orientmission zu erfüllen hatte. Er schickte seinen Vertrauten und Begleiter, den Senator Quintus Servaeus, nach *Commagene*, um das Notwendige zu veranlassen. Indes sollte die getroffene Regelung nicht lange Bestand haben. Nach dem Tod von Tiberius entschloss sich Caius (Caligula), die königliche Familie in *Commagene* wieder einzusetzen und fügte dem Königreich einen Teil von Kilikien und Lykaonien hinzu (37 n. Chr.). Indes widerrief der Prinzeps seinen Entschluss bald. Sein Nachfolger Claudius setzte Caius Iulius Antiochus IV. Epiphanes, Sohn von Antiochus III., erneut als König ein. Antiochus IV. erwies sich als ein Rom treuer und hilfreicher Klientelkönig. Als Dank für seine Unterstützung im Partherkrieg erhielt er den seinem Reich benachbarten Teil Armeniens. Obwohl er Vespasians Usurpation erfolgreich unterstützt hatte, wurde er unter dem Vorwurf der Konspiration während der zweiten Hälfte des Jahres 72 n. Chr. abgesetzt und *Commagene* in die Provinz *Cilicia* inkorporiert (s. dort). Vermutlich wollte Vespasian *Commagene* unter direkter römischer Kontrolle wissen, um auf etwaige Einfälle der Parther unverzüglich reagieren zu können.

Antiochus IV. und seine Familie kehrten nie mehr in ihre Heimat zurück. Immerhin konnten sie in Rom ein standesgemäßes Leben führen. Ein Enkel des abgesetzten Königs fand Aufnahme in den römischen Senat und erlangte 109 n. Chr. den Konsulat. *Commagene*, die im heutigen Anatolien zwischen dem Nemrud Daği im Norden, Doliche im Süden, dem Taurus-Gebirge im Westen und dem Euphrat im Osten lag, war für die Römer vor allem wegen des wichtigen Euphratübergangs bei *Samosata* (Samsat, Türkei) von Bedeutung. Daher verlegte Vespasians eine Legion dorthin.

## Corsica siehe Sardinia

## Creta (et) Cyrenae

### 1. Cyrenae (Cyrenaica, Kyrenaia)

Der Name der nordafrikanischen Landschaft leitet sich von der Stadt *Kyrene* (Libyen), einer Kolonie der Stadt (Insel) *Thera* (Santorini, Griechenland), her. Sie erstreckte sich entlang der Küste im Osten der Großen Syrte von *Philainon Bomoi/Arae Philaenorum* (im Westen) bis *Katabathmos Megas* (im Osten). Von 321 v. Chr. an beherrschte ein Zweig der Ptolemäer die *Cyrenaica.* 155 v. Chr. ließ Ptolemaios VIII. Euergetes II. Physkon sein Testament veröffentlichen, in dem er die Römer als Erben einsetzte, falls er ohne

Nachkommen sterben sollte. Mit dieser Maßnahme wollte er sich selbst offenbar vor Attentaten schützen. Ptolemaios VIII. Euergetes II. Physkon war ein langes Leben beschieden; er starb fast 40 Jahre später unter Hinterlassung eines Sohnes namens Ptolemaios Apion. Dieser folgte dem Beispiel seines Vaters und vermachte, als er ohne Erben verstarb, sein Reich Rom (96 v. Chr.). Die Römer traten das Erbe an, sahen aber zunächst von einer Provinzialisierung ab; der königliche Besitz wurde vereinnahmt und verpachtet, den fünf Städten des ehemaligen Königreichs die Freiheit und innere Autonomie zugesichert. Rund 30 Jahre später entschloss man sich in Rom aufgrund akuter finanzieller Probleme die *Cyrenaica* unter Einbeziehung der fünf Städte als Provinz einzurichten (74 v. Chr.). Offenbar erhoffte man sich so größere Einnahmen.

## 2. Creta

Nachdem seit Längerem Spannungen zwischen Rom und *Creta* bestanden hatten, unterwarfen die Römer die viertgrößte Insel des Mittelmeeres in langwierigen Kämpfen in den Jahren 69-67 v. Chr. unter dem Oberbefehl von Quintus Cecilius Metellus, dem für seine Verdienste der Beiname Creticus zuteilwurde. Damit war ein wichtiger Stützpunkt im östlichen Mittelmeer in römischer Hand, denn die Schiffe, die vom Westen in die Levante fuhren, nutzten die Insel als Ankerplatz. *Creta* wurde umgehend als Provinz organisiert (66 v. Chr.).

**Quelle**

Livius (59 v. Chr.–17 n. Chr.) über die Niederwerfung der Kreter im Jahr 67 v. Chr. (Römische Geschichte, Epitome 100):

Nachdem Quintus Metellus die Kreter gänzlich bezwungen hatte, gab er der bis dahin freien Insel Gesetze.

Häufiger findet sich die Annahme, die *Cyrenaica* sei damals mit der ihr vorgelagerten Insel zu einer Provinz zusammengeschlossen worden. Indes wurden die beiden wohl erst im Zuge der Auseinandersetzungen nach dem gewaltsamen Tod von Caius Iulius Caesar zeitweise gemeinsam verwaltet. Gemäß dem Vertrag von *Brundisium* (40 v. Chr.; Brindisi, Italien) fielen die Gebiete an Marcus Antonius, der sie zusammen verwalten ließ. Allerdings übergab er 36 v. Chr. die *Cyrenaica* ganz und *Creta* zum Teil den Ptolemäern. Nach dem Sieg über Antonius und Kleopatra verfügte der spätere Augustus über die Gebiete. Vor oder anlässlich der Teilung der Provinzen im Jahr 27 v. Chr. wurden *Creta* und die *Cyrenaica* endgültig zu einer Provinz namens *Creta (et) Cyrenae* vereint und als solche Senat und Volk überantwortet. Die Geschicke der Provinz leitete fortan ein Prokonsul im prätorischen Rang. Er amtierte in *Gortyna* (*Gortyn*, Kreta, Griechenland). Während der ersten Hälfte des 3. Jahrhunderts waren die Provinzteile temporär getrennt, allerdings kennen wir keine Details.

## Cyprus

Zypern erlebte in römischer Zeit eine wechselvolle Geschichte. Nachdem die Insel im Jahr 58 v. Chr. annektiert worden war (s. S. 28f.), wurde sie zunächst der Provinz *Cilicia* zugeschlagen. Nach dem Alexandrinischen Krieg übertrug Caius Iulius Caesar die Herrschaft über Zypern erneut den Ptolemäern (47 v. Chr.), und zwar Kleopatras (69-30 v. Chr.) Geschwistern Arsinoe (68/65-41 v. Chr.) und Ptolemaios (ca. 59-44 v. Chr.). Antonius überließ die Insel Kleopatra. Bei der Teilung der Provinzen im Jahr 27 v. Chr. verblieb Zypern dem Sieger, dem künftigen Augustus, der seit 30 v. Chr. über das gesamte Reich Kleopatras verfügte. Allerdings trat fünf Jahre später ein Wechsel in der Zuständigkeit ein. Die Insel wurde nunmehr zur *provincia publica* und fortan von einem Prokonsul geleitet, der vermutlich in *Paphus* (*Paphos*, Paphos, Zypern) residierte. Ihn unterstützten bei seinen Amtsgeschäften wie üblich ein Legat und ein Quästor. Einen eigenen Patrimonialprokurator hatte Zypern bis Hadrian und wohl erneut ab Marc Aurel, in der Zwischenzeit fiel diese Aufgabe dem für *Cilicia* zuständigen Prokurator zu.

## Dacia (Dacia superior, Dacia inferior, Tres Daciae, Dacia Apulensis, Dacia Porolissensis, Dacia Malvensis)

Bereits unter Domitian kam es zu Kämpfen zwischen Römern und Dakern, die schließlich zu einem Friedensabkommen zwischen beiden Seiten führten. Es sah unter anderem Subisidenzahlungen der Römer an die Daker vor, ein in der Geschichte Roms nicht ungewöhnlicher Vorgang. Dafür sicherten sich die Römer eine Reihe von Vorteilen, so den freien Durchzug durch das Königreich. Was Trajan letztlich veranlasste, gegen die Daker Krieg zu führen, ist nicht eindeutig festzustellen. Das militärische Potenzial der Daker, das für die Donauprovinzen als Bedrohung gelten konnte, die Nichteinhaltung von im Friedensabkommen festgelegten Details mochten ebenso eine Rolle gespielt haben wie die wirtschaftlichen Ressourcen des Königreichs, frühere Niederlagen der Römer gegen die Daker, die zu leistenden Zahlungen und Trajans offensichtlicher Wille, sich positiv von Domitian abzusetzen und als großer, siegreicher Feldherr in die Geschichte Roms einzugehen.

Nachdem der dakische Widerstand in zwei schweren und verlustreichen Kriegen gebrochen worden war und der Dakerkönig Decebalus (87-106 n.

Chr.) den Freitod gewählt hatte, konnte Dakien als erobert gelten (106 n. Chr.). In der Folgezeit wurde die Provinz *Dacia* konstituiert; ein Vorgang, der sicher mehrere Jahre in Anspruch nahm. *Dacia* umfasste das Banat, Zentral-, West- und Nordsiebenbürgen sowie Nordwestoltenien. Die Provinz kam, wie alle seit Augustus neu eingerichteten Provinzen, in kaiserliche Obhut. Sie leitete fortan ein *legatus Augusti pro praetore* konsularen Ranges. Am Anfang der Regierung Hadrians erfolgte eine Neuordnung der Provinz. Damals entstanden die Provinzen *Dacia inferior* und *Dacia superior*. Die Provinz *Dacia superior* wurde einem *legatus Augusti pro praetore* anvertraut, dem ein Finanzprokurator zur Seite stand. Zu Statthaltern der Provinz *Dacia inferior* bestellte man Männer aus dem Ritterstand. Wenige Jahre später wurde aus der Provinz *Dacia superior* das Gebiet nördlich des Flusses Arieş ausgegliedert und als eigene Provinz konstituiert. Diese neue, *Dacia Porolissensis* benannte Provinz existierte nach Ausweis von Militärdiplomen nachweislich am 14. April 123 n. Chr. und noch 164 n. Chr. Ihre Einrichtung dürfte kurz vor April 123 n. Chr. erfolgt sein; an ihrer Spitze stand ein Präsidialprokurator.

Wohl als Reaktion auf den Konflikt mit den Markomannen wurden unter Marc Aurel die dakischen Gebiete zu einer Provinz namens *Tres Daciae* zusammengeschlossen. Sie leitete ein Statthalter im konsularen Rang (*legatus Augusti pro praetore*). Um das Finanzwesen sorgten sich drei Prokuratoren, von denen jeder für einen der drei Teile der Provinz zuständig war. Diese hießen *Dacia Apulensis* (Gebiet von *Dacia superior*), *Malvensis* (Gebiet von *Dacia inferior*) und *Porolissensis*. Die Prokuratoren hatten ihren Amtssitz in *Apulum* (Alba Iulia, Rumänien), *Napoca* (Cluj-Napoca, Rumänien) und *Romula* (Reşca, Rumänien). Ob, und falls inwiefern, mit den neuen Bezeichnungen territoriale Veränderungen einhergingen, muss dahingestellt bleiben. Die neuen Namen bezogen sich wohl allein auf die Finanzsprengel, denn der alte Name *Dacia superior* existierte nachweislich als Bezeichnung für eine Teileinheit der *Tres Daciae* weiter. Vermutlich bildeten die drei ehemaligen Provinzen administrative Untereinheiten oder Militärbezirke innerhalb der *Tres Daciae*.

Aurelian

Von einem schweren Einfall der Karpen (*Carpi*) konnten sich die *Tres Daciae* nicht mehr erholen. Aurelian (270–275 n. Chr.) gab daher Trajans Eroberungen nördlich der Donau auf und schuf quasi als Ersatz eine oder zwei neue *Dacia* geheißene Provinz(en) südlich der Donau. Damit existierte die Fiktion eines Imperium Romanum, zu dem Dakien gehörte, weiter.

Der Statthalter der von Trajan geschaffenen Provinz *Dacia* dürfte zunächst in der neu gegründeten Hauptstadt *Sarmizegetusa* (Rumänien) und später in *Apulum* seinen Dienstsitz gehabt haben. In *Apulum* residierten auch die Statthalter der Provinz *Dacia superior* bzw. später der *Dacia Apulensis* und der *Tres Daciae*. Statthaltersitz der Provinz *Dacia Porolissensis* dürfte *Napoca*, der Provinz *Dacia inferior* und *Dacia Malvensis Romula* oder *Buridava* (Stolniceni, Rumänien) gewesen sein.

## Dalmatia siehe Illyricum

## Epirus

Die Provinz umfasste *Epirus*, Teile von Akarnanien und die Ionischen Inseln, also Gebiete, welche vormals zu *Achaea* gehörten. Wann die Provinz *Epirus* eingerichtet wurde, ist strittig. Statthalter sind erst in der Zeit Trajans bezeugt. Freilich könnte die Provinz schon früher, etwa infolge der Freiheitsproklamation Neros für *Achaea*, konstituiert worden sein. Geleitet wurde die Provinz von einem Mann im Ritterrang, also von einem Präsidialprokurator. Er hatte seinen Dienstsitz sicherlich in *Nicopolis* (*Nikopolis*, nahe Preveza, Griechenland), der Stadt, die Augustus zur Erinnerung an seinen Sieg bei der griechischen Halbinsel *Actium* über seine Gegner (31 v. Chr.) dort gegründet hatte.

## Galatia

Die Galater sind Nachkommen von Kelten, die sich im späteren 3. Jahrhundert v. Chr. in Kleinasien im Bereich des Sangarios- und Halysbogens niederließen. Was mit der dort lebenden phrygischen Bevölkerung geschah, wissen wir nicht. Die Einrichtung der Provinz *Galatia* hat eine lange Vorgeschichte. Im Jahr 189 v. Chr. gewährten die Römer den von ihnen besiegten Galatern ihre innere Freiheit unter der Bedingung, dass sie die Oberhoheit von *Pergamon* (Türkei, ca. 110 km nördl. von İzmir) und Rom anerkennen. Einige Zeit später (184 v. Chr.) verbündeten sich die Galater mit Prusias I. von Bithynien, der gegen Pergamon Krieg führte. Zwar vermittelte Rom einen Frieden zwischen den Kontrahenten, doch nahm Eumenes von *Pergamon* an den Galatern Rache und brachte sie unter seine Herrschaft. 168 v. Chr. nutzten die Galater Spannungen zwischen Rom und *Pergamon* zu einem Aufstand.

Obwohl die Galater von den Pergamenern niedergezwungen wurden, erklärten die Römer sie für autonom (166 v. Chr.), sofern sie fortan innerhalb ihrer Grenzen leben und Frieden halten würden. An dem Status der Galater änderte die Übernahme des pergamenischen Reiches durch die Römer nichts. Allerdings geriet das zwischen Großphrygien, das die Römer Mithradates V. Euergetes, dem König des pontischen Kappadokien, überließen, und dem pontischen Königreich gelegene galatische Gebiet fortan unter starken pontischen Einfluss. In der Folgezeit setzten die Feindseligkeiten zwischen *Pontus* und Rom den Galatern schwer zu, bis schließlich Mithradates VI. im Frieden von *Dardanos* (lat. *Dardanum*, Türkei) auf sämtliche Eroberungen verzichtete

(85 v. Chr.). Das politische System der Galater beschreibt Strabon als tetrarchisch.

**Quelle**

Strabon (ca. 63–nach 23 n. Chr.) über die politische Ordnung der Galater (Geographica 12,5,1 [567 C]):

Da es drei gleichsprachige und in keiner Weise verschiedene Stämme waren, teilten sie jeden in vier Teile und nannten jeden ein Viertelfürstentum, welches seinen eigenen Fürsten (Tetrarchen) hatte und einen Richter sowie einen Heermeister, die beide dem Tetrarchen untergeordnet waren, und zwei Unterheermeister.

Pompeius und Amyntas

Im Zuge der Neuordnung des Ostens durch Pompeius kam es auch in Galatien zu tief greifenden Veränderungen. Anstelle des bisherigen Tetrarchiesystems traten drei Distrikte, die den Gebieten der galatischen Stämme (Tolistobogier, Trokmer, Tektosagen) entsprachen. Sie wurden jeweils von einem Fürsten regiert, der weiterhin den Titel Tetrarch führte. Unter den Tetrarchen ragte der Tolistobogier Deiotarus (ca. 105–ca. 42 v. Chr.) heraus, der sich in besonderem Maße im Kampf gegen Mithradates ausgezeichnet hatte und gute Beziehungen zur römischen Oberschicht unterhielt. Außerdem verfügte Deiotarus über Streitkräfte in der Stärke von zwei Legionen, die nach römischem Muster organisiert und ausgebildet waren. Pompeius und der Senat gewährten Deiotarus nicht nur die Herrschaft über seinen eigenen Stamm, sondern auch über kleinarmenische und pontische Gebiete sowie die Königswürde. Zum Dank nannte sich Deiotarus fortan Philorhomaios (der Rom Liebende). Trotz seines fortgeschrittenen Alters nahm der König persönlich aufseiten von Pompeius an der Schlacht von *Pharsalus* (*Pharsalos*, Griechenland) teil. Bald nach der Niederlage des Pompeius ging Deiotarus zu Caesar über. Obwohl das Verhältnis zwischen beiden in der Folgezeit gespannt war, konnte sich Deiotarus an der Macht halten. Nach Caesars Tod bestätigte Marcus Antonius Deiotarus als König. Deiotarus gelang es, bis zu seinem Tod im Jahr 40 v. Chr. alle galatischen Stämme unter seine Herrschaft zu bringen, damit war Galatien erstmals geeint. Zum Nachfolger des Deiotarus erkor Marcus Antonius dessen Enkel Kastor. Als er wenige Jahre später verstarb, setzte Antonius Amyntas auf den Thron (37/36 v. Chr.). Dieser hatte als Feldherr von Deiotarus die Gunst von Antonius durch seinen Seitenwechsel in der Schlacht von *Philippi* gewonnen. Amyntas verfügte über ausgedehnten Privatbesitz in Pisidien und Ostlykaonien. Bereits im Jahr 39 v. Chr. war Amyntas von Antonius die Herrschaft über das pisidische Bergland zuerkannt worden, das er allerdings noch erobern bzw. von diversen Räuberbanden säubern musste. Zudem betraute Antonius ihn mit Teilen von Lykaonien und Pamphylien. Damit übertrug er Amyntas ein Gebiet, das für kurze Zeit Polemo beherrscht hatte. In der Folgezeit gelang es Amyntas, den Tyrannen Antipater, der die Städte *Laranda* (Karaman, Türkei) und *Derbe* (Devrişehri, Türkei) unter seiner Kontrolle hatte, niederzuwerfen und dessen Herrschaftsbereich seinem Reich anzugliedern. Amyntas wechselte vor der Schlacht bei *Actium* zu Antonius Gegner. Was ihn auch immer zu dieser Entscheidung bewogen haben mag, sie erwies sich als richtig. Der künftige Augustus bestätigte Amyntas als König und erweiterte sein Herrschaftsgebiet um Teile des Rauhen Kilikien (*Cilicia tracheia*). Freilich musste Amyntas auch dieses Mal seinen neuen Reichsteil erst befrieden. Nachdem er den Stamm der Homonadenser bezwungen hatte, fiel er einem Hinterhalt zum Opfer (25 v. Chr.). Obwohl Amyntas Söhne hinterließ, beschloss Augustus das Königreich zu provinzialisieren. Die Organisation der Provinz dürfte während des Aufenthalts von Augustus im Osten des Imperium Romanum abgeschlossen worden sein (um 21/20 v. Chr.).

**Quelle**

Cassius Dio (um 163–nach 229 n. Chr.) über die Einrichtung der Provinz *Galatia* (Römische Geschichte 53,26,3):

Als hingegen Amyntas starb, übergab er (= Augustus) dessen Reich nicht den Söhnen, sondern machte es untertänig, und so begann auch Galatien mit Lykaonien einen römischen Statthalter zu haben.

Zum ersten Statthalter (*legatus Augusti pro praetore*) bestimmte Augustus seinen Vertrauten Marcus Lollius. Dem in *Ancyra* (Ankara, Türkei) residierenden Statthalter wurden die bisher dem Prokonsul von Makedonien unterstellten Legionen überantwortet. In *Ancyra* versammelte sich der galatische Landtag; hier errichtete man zu Lebzeiten von Augustus einen ihm und der Göttin Roma gewidmeten Tempel.

## Gallia

**Quelle**

Sueton (um 70–nach 122 n. Chr.) über die Unterwerfung Galliens durch Caius Iulius Caesar (Caesar 25,1):

Das gesamte, zwischen Pyrenäen, Alpen und Cevennen, dem Rhein und der Rhône gelegene Gallien, das einen Umfang von etwa dreitausendzweihundert Meilen hat, formte er (= Caius Iulius Caesar) mit Ausnahme einiger verbündeter und verdienter Gemeinwesen zu einer Provinz um und forderte einen jährlichen Tribut von vierzig Millionen Sesterzen.

### 1. Gallia Transalpina (Narbonensis)

Das am Mittelmeer gelegene gallische Gebiet wurde infolge von Hilfegesuchen der Stadt *Massilia* (Marseille, Frankreich) in mehreren Feldzügen von den Römern erobert (125–121 v. Chr.). Der exakte Zeitpunkt der Provinzeinrichtung ist fraglich, vermutlich wurde das annektierte Gebiet (mit Ausnahme des Territoriums von *Massilia*) als Provinz *Gallia Transalpina* organisiert. Im Jahr 118 v. Chr. wurde die erste Bürgerkolonie gegründet. Sie, *Narbo* (Narbonne, Frankreich), sollte der Provinz *Gallia Transalpina* letztlich ihren Namen geben. Während seiner Statthalterschaft in Gallien eroberte Caius Iulius Caesar das vormals nicht römische Gallien, also das Land zwischen der *Gallia Narbonensis*, dem *oceanus Atlanticus* und *Britannicus* (58–51 v. Chr.), das damals von zahlreichen Stämmen besiedelt war. Damit reichte Roms Herrschaft vom Mittelmeer bis an den Rhein und an die Nordsee.

Obwohl Caesar laut Sueton die neu eroberten Gebiete als Provinz einrichtete, ist fraglich, inwieweit eine Provinzorganisation von ihm durchgeführt wurde. Auf jeden Fall ließ Caius Iulius Caesar das gesamte Gebiet zusammen mit der *Gallia Narbonensis* verwalten. Erst kurz vor seinem Tod teilte er die Leitung zwischen seinen Vertrauten Marcus Aemilius Lepidus, Aulus Hirtius und Lucius Munatius Plancus. Im Jahr 27 v. Chr. behielt sich Augustus die gallischen Gebiete vor. Im Jahr 22 v. Chr. übergab er die *Gallia Narbonensis*, die als befriedet gelten konnte, Volk und Senat.

## 2. Tres Galliae: Gallia Aquitanica, Gallia Belgica, Gallia Lugdunensis

Wohl während des mehrjährigen Aufenthalts von Augustus in Gallien (16–13 v. Chr.) wurden die drei Provinzen *Gallia Aquitanica* (auch *Aquitania* genannt), *Gallia Belgica* und *Gallia Lugdunensis* geschaffen. Fortan existierten die *Gallia Narbonensis* eingerechnet vier gallische Provinzen. Die Namen der drei Provinzen lehnen sich an die von Caesar überlieferte nationale Gliederung in *Gallia Belgica, Celtica* und *Aquitanica* an. Alle drei Provinzen wurden *legati Augusti pro praetore*, also kaiserlichen Statthaltern, unterstellt. Die drei Provinzen blieben eng miteinander verbunden, wie etwa der gemeinsame Landtag und der provinziale Kaiserkult in *Lugdunum* (Lyon, Frankreich) zeigen. Der Statthalter der *Gallia Lugdunensis* amtierte in *Lugdunum*; wo die Statthalter der beiden anderen gallischen Provinzen ihren Amtssitz hatten, ist fraglich.

## 3. Novempopuli (Novempopulana)

Die kaiserzeitliche Provinz *Gallia Aquitanica* ist in der Spätantike in drei Provinzen aufgeteilt, in die beiden Aquitanien und in die Provinz *Novempopuli* (*Novempopulana*). Das Territorium der *Novempopuli* könnte schon unter Aurelian oder unter Probus (276–282 n. Chr.), also vor der Provinzreform Diokletians, von dem Gebiet nördlich der Garonne losgelöst und als eigene Provinz eingerichtet worden sein.

## Gallia Cisalpina

Die *Gallia Cisalpina*, das von Rom aus betrachtet diesseits der Alpen gelegene Gallien, zählt zu den ältesten Provinzen Roms. Der Beiname *Cisalpina* wurde notwendig, nachdem die Provinz *Gallia Transalpina* gegründet war. Bisweilen wurde die Provinz auch *Gallia citerior* genannt. Die *Gallia Cisalpina* umfasste das Gebiet zwischen dem Apennin im Süden, den Alpen im Westen und Norden sowie der Adria im Osten, umschloss also die Poebene. Der Name der Provinz geht zurück auf die im 6./5. Jahrhundert v. Chr. aufgrund von Überbevölkerung aus Gallien über die Alpen nach Norditalien gekommenen *Galli*. Einem weiteren Vordringen widersetzten sich die ansässigen Ethnien. Dennoch gelang es einzelnen Gruppen wiederholt weiter nach Italien vorzudringen; erinnert sei nur an das Jahr 387 v. Chr., als eine keltische Kriegerschar die Römer und Latiner an der *Allia* (Aja, Nebenfluss des Tiber) vernichtend schlug und anschließend Rom plünderte. In der Folgezeit kam es zu weiteren Einwanderungen keltischer Ethnien. Allerdings konnten sich die Römer auf Dauer gesehen erfolgreich gegen die Kelten zur Wehr setzen.

Nachdem im 2. Punischen Krieg (218-201 v. Chr.) viele Gallier auf die Seite Hannibals (ca. 247-183 v. Chr.) übergetreten waren, versklavten oder töteten die Römer große Teile der keltischen Ethnien. Im Jahr 176 v. Chr. konnte Caius Claudius Pulcher dem Senat in Rom melden, es befinde sich diesseits der Alpen kein Feind des römischen Volkes mehr. Damit reichte Roms Herrschaft bis an die Alpen. In der Folgezeit wurde das Gebiet römischen Bürgern und Latinern als Siedlungsland zugewiesen und durch Straßen erschlossen. Die einheimische Bevölkerung wurde teilweise integriert, ein großer Teil war schon im Zuge der Eroberung zwangsweise umgesiedelt worden. Im Jahr 89 v. Chr. ordnete der Konsul Cnaeus Pompeius Strabo durch die nach ihm benannte *lex Pompeia* die Verhältnisse in Oberitalien. Die diesseits des *Padus* (Po) lebenden Kelten erhielten die *civitas Romana*. Das Land jenseits des Flusses wurde dagegen in eine Anzahl von städtischen Territorien gegliedert, die das Latinische Recht empfingen (*Gallia Transpadana*). Das volle römische Bürgerrecht erlangten die Bewohner, die noch keine römischen Bürger waren, im Jahr 49 v. Chr. Im Jahr 42 v. Chr. wurde der Provinzstatus der *Gallia Cisalpina* aufgehoben und das mittlerweile völlig romanisierte Gebiet *Italia* angegliedert.

## Germania superior, Germania inferior

Nachdem die germanischen Sugambrer, Usipeter und Tenkterer im Frühsommer 16 v. Chr. bei einem ihrer Beutezüge Marcus Lollius und seinem Heer in Gallien eine schwere Niederlage bereitet und dabei einen Adler (Feldzeichen der Legion) erbeutet hatten, was für die Römer eine besondere Schmach darstellte, schien es Augustus geraten, das Gebiet zwischen Rhein, Donau und Elbe unter römische Kontrolle zu bringen. Der Prinzeps eilte nach Gallien, wo er bis 13 v. Chr. die Verhältnisse persönlich konsolidierte und Kriegsvorbereitungen traf. Im folgenden Jahr (12 v. Chr.) wurde die Offensive gegen die rechts des Rheins lebenden Ethnien eröffnet. Am 1. Januar 7 v. Chr. feierte Tiberius, der Stiefsohn von Augustus und dessen Nachfolger, einen Triumph über Germanien. Spätestens seit dem erfolgreichen Vordringen der Römer unter Führung von Tiberius bis an die Elbe plante man in Rom offenbar die Provinzialisierung der rechts des Rheins gelegenen germanischen Stammesgebiete. Diese Aufgabe legte Augustus in die Hände von Publius Quinctilius Varus. Er hatte sich in der Vergangenheit als loyal erwiesen und sich in höchsten Ämtern, unter anderem als Statthalter in *Africa* und *Syria*, bewährt. Wie die Gründung von Mittelpunktsiedlungen zeigt, hoffte man, die römische Ordnung in Germanien einführen zu können. Das Verwaltungszentrum der Provinz *Germania* sollte wohl das heutige Köln (Deutschland) bilden. Die Pläne zerschlugen sich im Jahr 9 n. Chr. mit der Varus-Katastrophe, bei der Tausende Soldaten den Tod fanden. Infolge der verheerenden Niederlage nahm man von Expansionsplänen Abstand, zog sich auf das Gebiet links des Rheins zurück und verstärkte den Schutz der Rheingrenze, um Übergriffe auf die gallischen Provinzen zu vermeiden. Im Todesjahr des ersten Prinzeps wurden am Rhein zwei Heeresbezirke eingerichtet, die für die spätere Einrichtung der Provinzen *Germania superior* und *inferior* richtungsweisend wurden (14 n. Chr.).

**Abb. 4** Marmorstatue des ersten römischen Prinzeps Augustus; heute im Archäologischen Museum in Thessaloniki.

Die beiden Heeresbezirke sollten erst unter Domitian in reguläre, zivil verwaltete, dem Herrscher unterstellte Provinzen überführt werden (84/85 n. Chr.). Aus diesem Anlass wurden bislang zur *Gallia Belgica* gehörige Gebiete der neuen Provinz *Germania inferior* zugeschlagen. Die *Germania superior* umfasste auch Gebiete rechts des Rheins, die ab flavischer Zeit besetzt wurden (zwischen Oberrhein und Neckar, Kraichgau, Odenwald, Untermaingebiet, Wetterau und Taunus). Um 160

n. Chr. erfolgte eine weitere Expansion nach Osten, als das Provinzgebiet bis auf die Linie zwischen Miltenberg und Lorch erweitert wurde.

Der niedergermanische Statthalter hatte seinen Amtssitz im heutigen Köln, sein obergermanischer Kollege residierte in *Mogontiacum* (Mainz, Deutschland). Neben zahlreichen Hilfstruppen waren in den beiden germanischen Provinzen stets mehrere Legionen stationiert.

Bereits Claudius könnte die Einrichtung der beiden germanischen Provinzen geplant haben. Jedenfalls förderte er den Ausbau der Infrastruktur, insbesondere durch den Bau einer Fernstraße entlang des Rheintals. Das *oppidum Ubiorum* (Köln) wurde von ihm zu Ehren seiner dort oder in der Nähe geborenen Gattin Agrippina zur *colonia Claudia Ara Agrippinensium* erhoben. Die Grenze zwischen den römischen Provinzen und dem übrigen freien Germanien (*Germania magna*) bildeten die sukzessive ausgebauten Limites. In der *Germania inferior* nutzte man den Rhein als natürliche Grenze. Hier baute man in der Zeit von Claudius die Kette der entlang des Flusses gelegenen Militärlager zu einem durchgehenden Grenzsystem aus. Damit hatte das Römische Reich eine geschlossene Grenze im Norden. Nach der Einrichtung der Provinzen begann man mit der Anlage des obergermanischen Limes, der mitten durch das Gelände getrieben und nach und nach ausgebaut wurde. Erwähnung verdienen die Leistungen Trajans für die germanischen Provinzen. Er gründete, auch um nach den Dakerkriegen Veteranen versorgen zu können, mehrere Siedlungen. Zudem wurden bestehende Orte privilegiert, zum Beispiel in den Rang einer *civitas* erhoben, was zugleich bedeutet, dass Trajan die administrative Durchdringung der Provinzen betrieb, indem er entsprechende Zentralorte schuf. In den folgenden Jahren blühten die für Landwirtschaft und Handel bestens geeigneten Provinzen auf. Im 3. Jahrhundert n. Chr. wuchs der Druck auf die Reichsgrenzen zusehends. Die Provinz Obergermanien rechts des Rheins war auf Dauer nicht zu halten. Wohl um 260/270 n. Chr. gaben die Römer dieses Gebiet auf und zogen sich über den Rhein zurück. Was mit der Bevölkerung geschah, harrt der Klärung; vermutlich verließen viele das aufgegebene Terrain.

## Hispania ulterior (Hispania Baetica), Hispania citerior (Hispania Tarraconensis), Lusitania

Die Expansion der Römer auf der Iberischen Halbinsel begann im Jahr 218 v. Chr. Die Geschichte der hispanischen Provinzen nahm ihren Anfang mit dem Sieg der Römer bei *Ilipa* (Alcalá del Rio, Spanien) im Jahr 207 v. Chr. und der Vertreibung der Karthager aus Hispanien. Das eroberte Gebiet wurde unter römische Verwaltung gestellt. Als Datum der Einrichtung der beiden Provinzen *Hispania ulterior* und *Hispania citerior* gilt 197 v. Chr., denn für dieses Jahr hatte man in Rom erstmals sechs Prätoren anstatt wie bisher vier gewählt. Die wichtigste Aufgabe zweier dieser Prätoren, Caius Sempronius Tuditanus und Marcus Helvius, bestand darin, die Grenze zwischen den beiden ihnen anvertrauten Verwaltungsbezirken *Hispania ulterior* und *Hispania citerior* festzulegen, die damit ihre konkrete territoriale Form erhielten. Von diesem Zeitpunkt an leiteten, von wenigen Ausnahmen abgesehen, Prätoren die beiden hispanischen Provinzen. Freilich sollte man sich vor der Auffassung hüten, beide Hispanien seien damals umfassend organisiert worden. Während des 3. Makedonischen Krieges (171–168 v. Chr.) und vielleicht nach 133 v. Chr. waren die beiden Provinzen zeitweise zusammengeschlossen.

Nachdem sich die auf den balearischen Inseln sesshafte Bevölkerung immer häufiger als Piraten betätigte, wurde der Konsul Quintus Caecilius Metellus mit der Unterwerfung der Inseln beauftragt (123 v. Chr.). Zudem lagen sie auf dem Seeweg von *Italia* nach Hispanien, es lag also im Interesse der römischen Wirtschaft, diese Inseln unter Kontrolle zu bringen. Das Unternehmen brachte Metellus einen Triumph (gefeiert 121 v. Chr.) sowie den wohlklingenden Beinamen Balearicus ein. Die Inselgruppe wurde der Provinz *Hispania citerior* zugeschlagen. Auf Mallorca konnten in den von Metellus gegründeten Orten *Pollentia* und *Palma* etwa 3000 Personen, wohl überwiegend verdiente Soldaten, angesiedelt werden. 27 v. Chr. behielt sich Augustus die Kontrolle über die hispanischen Provinzen vor; sicherlich vor allem, weil die Eroberung des Nordwestens der Iberischen Halbinsel noch andauerte und Hispanien ein an Rohstoffen reiches Land war. Um 13 v. Chr. erhielten die hispanischen Provinzen ihre kaiserzeitliche Ordnung. Der erste Prinzeps teilte die *Hispania ulterior* in zwei Provinzen auf. Es entstanden die *Hispania ulterior Baetica*, die meist einfach *Baetica* genannt wird, und die *Hispania Lusitania*. Die Region *Asturia (et) Callaecia*, die bislang zur *Hispania ulterior* gehört hatte, fiel an die Provinz *Hispania citerior*, die nach ihrer Hauptstadt häufig *Tarraconensis* genannt wurde.

Die Provinz *Baetica* übergab Augustus Senat und Volk. Sie wurde fortan von einem Statthalter im prätorischen Rang geleitet, während an der Spitze der beiden anderen hispanischen Provinzen jeweils ein *legatus Augusti pro praetore* stand. Der Statthalter der *Hispania citerior Tarraconensis* hatte, auch nachdem in der Provinz nur noch eine Legion lag, konsularen Rang. Außerdem erhielt die Legion entgegen der sonst in Einlegionenprovinzen üblichen Praxis weiterhin einen eigenen Kommandeur. Zudem erfuhr der Statthalter Unterstützung durch einen *legatus Augusti iuridicus provinciae Hispaniae citerioris* (s. S. 69). Die Einsetzung eines eigenen Legionslegaten und eines Provinzrichters sind sicherlich der Größe der Provinz geschuldet; die Vergabe der Einlegionenprovinz an einen ehemaligen Konsul findet ihre Erklärung in dem Ansehen, das diese hispanische Provinz genoss.

**Quelle**

Strabon (ca. 63 v. Chr.–23 n. Chr.) über die hispanischen Provinzen (Geographica 3,4,20 [166 C]):

Heute indessen, nachdem die Provinzen teils dem Volk und dem Senat, teils dem Oberhaupt der Römer zugewiesen worden sind, gehört das Baetische dem Volk und wird ein Senator im prätorischen Rang dorthin entsandt, dem ein Quästor und ein Legat zur Seite stehen ... Das Übrige gehört Caesar (= dem Herrscher) und es werden von seiner Seite zwei Legaten dorthin geschickt.

Dem Statthalter der *Baetica* halfen bei seiner Tätigkeit ein *legatus proconsulis* und ein *quaestor*. Um 171/172 n. Chr. wurde die Provinz *Baetica* aufgrund der von den Mauren ausgehenden Gefahr temporär dem Herrscher überstellt, der sie mit der Provinz *Hispania citerior Tarraconensis* vereinigte. Um oder gegen die Mitte des 3. Jahrhunderts n. Chr. wurde die baetische Provinz erneut für einige Zeit dem Herrscher übergeben. Den Grund hierfür dürfte wiederum eine von den Mauren ausgehende Bedrohung gebildet haben.

Der Statthalter der Provinz *Hispania citerior* amtierte in der am Meer gelegenen Stadt *Tarraco* (Tarragona, Spanien); seine Amtskollegen, der Statthalter der Provinz *Lusitania* in der Stadt *Augusta Emerita* (Mérida, Spanien) und der baetische Statthalter in der Stadt *Corduba* (Córdoba, Spanien).

## Hispania superior Callaecia

Um 214 n. Chr. wurde der nordwestliche Teil der *Hispania citerior Tarraconensis* aus der Provinz herausgenommen und als eigenständige *provincia* konstituiert. Ihr Name dürfte *Hispania superior Callaecia* gelautet haben, während die restliche Provinz in *Hispania nova citerior Antoniniana* umbenannt wurde. Vermutlich veranlassten die in Callaecien und in Asturien vorhandenen Metallvorkommen Antoninus III. (Caracalla), das Gebiet aus der großen hispanischen Provinz auszugliedern und einem eigenen Statthalter zu unterstellen. Als solchen wählte er einen Ritter aus, was seinen direkten Einfluss auf die neu geschaffene Provinz erhöhte. Zum Statthaltersitz wurde sicherlich *Lucus Augusti* (Lugo, Spanien) bestimmt. Indes: Die hispanische Nordwestprovinz existierte kaum längere Zeit, denn um 238/241 n. Chr. war sie erneut mit der *Hispania citerior Tarraconensis* vereinigt; ihr weiteres Schicksal harrt der Klärung.

## Illyricum (Dalmatia, Pannonia, Pannonia superior, Pannonia inferior)

Roms Ausgreifen nach *Illyricum* begann mit dem Krieg gegen die Königin der Ardiäer Teuta (229/228 v. Chr.), der für die Römer erfolgreich endete. In der

Folgezeit wurde ganz *Illyricum* schrittweise unter römische Herrschaft gebracht. Die vorhandenen Bodenschätze bildeten neben der geografischen Lage einen nicht zu unterschätzenden Grund für das Interesse Roms an *Illyricum*. Nach dem Sieg über die illyrischen Labeaten und ihren König Genthius, der mit Perseus von Makedonien verbündet war (167 v. Chr.), beorderte Lucius Anicius Gallus die führenden Männer des Landes nach *Scodra* (Shkodra/Shkodër, Albanien), um ihnen die Beschlüsse des römischen Senats und Volkes mitzuteilen: Die Illyrer sollten frei sein. Die Territorien und Städte, welche von Genthius noch vor dessen Niederlage abgefallen waren, sollten von Abgaben befreit sein. Die übrigen hatten fortan Steuern an Rom zu zahlen, und zwar in Höhe der Hälfte der an den König entrichteten Tribute. Zur besseren Durchdringung teilte Lucius Anicius Gallus *Illyricum* in drei Bezirke ein. Wann *Illyricum* als reguläre Provinz konstituiert wurde, ist bislang ungeklärt. Häufiger findet sich die Annahme, sie habe spätestens unter Caius Iulius Caesar existiert, dem seit 58 v. Chr. Gallien und *Illyricum* als Herrschaftsgebiete unterstanden. Indes muss *Illyricum* damals nicht als eigenständige Provinz eingerichtet gewesen sein. 27 v. Chr. wurde *Illyricum* den *provinciae publicae* zugeschlagen.

Die pannonischen Aufstände, die die Römer über mehrere Jahre beschäftigten, dürften den Anlass für die Einrichtung der Bezirke *Pannonia* (wohl auch *Illyricum inferius* genannt) und *Dalmatia* (*Illyricum superius*) gebildet haben (9 n. Chr.). In der neueren Forschung geht man davon aus, dass die Gebiete vergleichbar der Situation in Ober- und in Niedergermanien zunächst als Militärbezirke und wohl erst in flavischer Zeit als zivilrechtlich verwaltete Provinzen konstituiert wurden. Der Statthalter von *Dalmatia* amtierte wie schon der Statthalter des *Illyricum* in *Salona* (im heutigen Kroatien gelegen). An welchem Ort die Statthalter von *Pannonia* residierten, ist fraglich.

Die große Bedeutung, die Trajan dem Donauraum beimaß, führte zur Zweiteilung der Provinz *Pannonia*. Es entstanden die Provinzen *Pannonia superior* und *Pannonia inferior* mit den Hauptorten *Carnuntum* (im heutigen Österreich) und *Aquincum* (Budapest, Ungarn). Die Provinznamen gehen wie schon *Pannonia* auf die *Pannonii* zurück, eine Gruppe illyrisch-keltischer Ethnien, die zwischen Donau, Save und dem Plattensee siedelten.

Die beiden Provinzen leiteten kaiserliche Statthalter konsularen (*Pannonia superior*) bzw. prätorischen Rangs (*Pannonia inferior*). Die Grenze zwischen den beiden Provinzen verlief zwischen den Ortschaften *Brigetio* (Szöny, Ungarn) und *Crumerum* (Nyergesújfalu, Ungarn) von der Donau nach Süden. Während der ersten Hälfte des 2. Jahrhunderts n. Chr. erfolgte, vielleicht unter der Aufsicht von Hadrians Adoptivsohn und designiertem Nachfolger Aelius Caesar, eine Grenzumlegung. Damals wurde das Gebiet der *civitas Azaliorum* in die *Pannonia superior* eingegliedert, indem man die Grenze zwischen den Provinzen in östliche Richtung, zwischen die Orte *Ulcisia castra* (Szentendre, Ungarn) und *Cirpi* (Dunabogdány, Ungarn), verschob. Im Jahr 213 n. Chr. erfolgte eine weitere Grenzkorrektur im Donauknie. Da Caracalla der Provinz *Pannonia inferior* ihre dritte Legion entziehen wollte, wies man das Gebiet von *Brigetio* (und damit das dort gelegene Legionslager) der *Pannonia superior* zu, die fortan über zwei Legionen verfügte und von Statthaltern konsularen Ranges regiert wurde.

## Iudaea, Syria Palaestina

Die Bedeutung von *Iudaea* gründet primär auf den Handelsrouten, die seit Menschengedenken durch diesen Landstreifen führen. Kontakte zwischen Rom und dem jüdischen Volk reichen in die Zeit der seleukidischen Herrschaft zurück. Auch wenn die Quellenlage problematisch ist, dürfen wir davon ausgehen, dass die Führer des jüdischen Volkes, die Makkabäer, im Jahr 161 v. Chr. ein Abkommen (*foedus*) mit den Römern schlossen, das später erneuert wurde. Rom und das jüdische Volk betrieben in der Folgezeit jeweils ihre eigene Politik, ohne dass einer sich in die Angelegenheiten des anderen einmischte, den anderen in seinem Tun störte oder ihm in Bedrängnis zu Hilfe gekommen wäre.

Erst im Zuge der Etablierung Roms in *Syria* (s. dort) kam es zu intensiven Kontakten zwischen den in den Nahen Osten entsandten Beauftragten Roms und dem jüdischen Königshaus der Hasmonäer. Den Hasmonäern gelang es zum ersten Mal seit der Einnahme Jerusalems durch die Babylonier (587 v. Chr.), ein unabhängiges jüdisches Reich zu schaffen, das sich über den Jordan nach Osten erstreckte und zu dem zahlreiche nicht jüdische Siedlungen gehörten. Nach dem Tod ihres Bruders Alexander Iannaeus, der weitreichende Gebiete des Seleukidenreichs erobern konnte, übernahm Salome Alexandra die Herrschaft. Nachdem die Königin im Jahr 67 v. Chr. verstorben war, stritten sich ihre Söhne Aristobulos II. und Hyracanus II. um die Macht. Beide Brüder versuchten, mithilfe Roms die Herrschaft zu erlangen, was letztlich zum Verlust der Autonomie führen sollte.

Aemilius Scaurus, einer der Feldherrn von Pompeius, den beiden Seiten mit Bestechungsgeldern umwarben, favorisierte Aristobulos, der ihm geeigneter schien, den römischen Interessen dienlich zu sein. Im Jahr 63 v. Chr. suchten die Brüder Pompeius in Damaskus auf. Zudem kam eine dritte Delegation (Pharisäer) zu Pompeius, die eine Abschaffung des Königtums zugunsten des Hohepriestertums wünschte. Pompeius beschloss, die Entscheidung zu vertagen, was an der Haltung von Aristobulos scheiterte, der auf seine Alleinherrschaft pochte. Darauf entschloss sich Pompeius, auf Jerusalem vorzurücken, wo man ihm die Stadttore öffnete, während sich die Anhänger von Aristobulos im Tempelbezirk verschanzten; dieser konnte erst nach einer dreimonatigen Belagerung im Herbst 63 v. Chr. erobert werden. Aristobolos wurde gefangen genommen, sein Bruder Iohannes Hyrkanos II. von Pompeius zum Oberhaupt des jüdischen Volkes und zum Hohepriester ernannt. Das jüdische Volk behielt seine innere Autonomie, unterstand aber der Oberaufsicht des syrischen Statthalters und hatte eine pauschale Steuer zu entrichten, die es selbst einziehen konnte. Allein das zentrale, von Juden besiedelte Land blieb unter eigener Herrschaft. Alle Poleis an der Küste, die bisher den Hasmönaern unterstanden hatten, wurden der Provinz *Syria* zugewiesen; ebenso verfuhr man mit den Städten im Bereich zwischen Galiläa und Samaria und denen, die zur *Dekapolis* (Bund von zehn Städten) gehörten. Im Jahr 57 v. Chr. wurde Hyrkanos die weltliche Herrschaft entzogen, allerdings gab sie ihm Caius Iulius Caesar, den er militärisch unterstützt hatte, zurück. Damit einher gingen Gebietszuwächse; Hyrkanos kam fortan der Titel eines Ethnarchen und Bundesgenossen Roms zu.

Herodes der Große

Eine Änderung trat im Jahr 40 v. Chr. ein, als der römische Senat auf Fürsprache von Marcus Antonius und Caesars Adoptivsohn, dem späteren Augustus, Herodes zum König bestimmte. Schon 41 v. Chr. hatte Antonius Herodes als Tetrarch in Galiläa eingesetzt, doch zwangen ihn bald die Parther zur Flucht. Herodes musste sich sein Königreich folglich mithilfe der Römer erobern, was im Jahr 37 v. Chr. gelang. Nach der Schlacht von *Actium* (31 v. Chr.), an der Herodes nicht teilnahm, weil er selbst durch eine kriegerische Auseinandersetzung gebunden war, begab er sich zum Sieger, dem künftigen Augustus. Dieser bestätigte Herodes als König und sorgte für eine namhafte Vergrößerung seines Reichs. Herodes herrschte letztlich über ein Gebiet, dessen Größe dem Reich von König David (um 1000 v. Chr.) gleichkam. Nach dem Tod von Herodes (Ende März/Anfang April 4 v. Chr.) entschied sich Augustus, wobei er im Wesentlichem dem Letzten Willen des Königs folgte, das Reich unter dessen drei Söhnen aufzuteilen: Herodes Archelaos erhielt eine Hälfte, die andere wurde unter seinen Brüdern Herodes Antipas und Philippos geteilt. Die Königswürde verlieh Augustus keinem der drei. Als Philippos, der als Tetrarch über die Regionen *Batanaea*, *Trachonitis*, *Auranitis*, *Gaulanitis*, *Panias* und *Ituraea* regierte, verstarb (34 n. Chr.), kam sein Herrschaftsgebiet zur Provinz *Syria*, bis es Gaius (Caligula) an Iulius Agrippa I. übergab. Herodes Antipas, einem weiteren Sohn von Herodes d. Gr., wurden *Galilaea* und *Peraea* als Tetrarchie überantwortet. Sein Herrschaftsgebiet fiel, nachdem ihn Gaius (Caligula) nach *Lugdunum* (Lyon, Frankreich) verbannt hatte, ebenfalls an Iulius Agrippa I.

Archelaos, der über das eigentliche *Iudaea*, *Idumaea* und *Samaria* samt der Städte *Caesarea*, *Samaria*, *Ierusalem* und *Iope* zum Ethnarchen eingesetzt worden war, hatte als Herrscher keine glückliche Hand. Schließlich sandten die Untertanen eine Delegation zu Augustus nach Rom, welche um die Absetzung des Ethnarchen bat. Augustus entschloss sich, Archelaos ins Exil nach *Vienna* (Vienne, Frankreich) zu schicken (6 n. Chr.). Sein Herrschaftsgebiet wurde unter dem Namen *Iudaea* der Provinz *Syria* untergeordnet. Für die direkte Verwaltung vor Ort wurde ein Mann aus dem Ritterstand, der den Titel *praefectus Iudaeae* führte, als Mandatar eingesetzt. Er war dem syrischen Statthalter unterstellt. Dies schmälerte sein Ansehen bei der Bevölkerung kaum, denn er verfügte über das *ius gladii*, das Schwertrecht, und somit über die Kapitalgerichtsbarkeit. Er konnte folglich in vollem Umfang für die Aufrechterhaltung von Ruhe und Ordnung sorgen, selbst wenn römische Bürger zu bestrafen waren. Der bekannteste der ritterlichen Verwalter von *Iudaea* ist sicherlich Pontius Pilatus, während dessen Amtszeit der Prozess gegen Jesus stattfand. Die Präfekten samt ihrem Stab residierten wie später die Statthalter der eigenständigen Provinz *Iudaea* in *Caesarea* im Palast des Herodes.

Im Jahr 41 n. Chr. erfolgte erneut eine wichtige Änderung: Herodes Enkel Iulius Agrippa I. war in Rom aufgewachsen und hatte daher enge Kontakte zum Herrscherhaus. Zum Dank für seine Hilfe bei der Thronbesteigung verlieh Claudius Iulius Agrippa I., dem Caius (Caligula) bereits bedeutende Gebiete überlassen hatte, konsularen Rang, die Königswürde und die römische Provinz *Iudaea*, die damit aufhörte zu existieren. Claudius setzte Agrippa I. über ein Gebiet als Herrscher ein, das dem Reich seines Großvaters Herodes entsprach. Das Handeln von Claudius zeigt einmal mehr, welche Freiheiten der römische Prinzeps im Hinblick auf Klientelkönige und die ihm direkt unterstellten Provinzen hatte. Er konnte Könige ein- und absetzen, eine Provinz einrichten oder ein Gebiet aus dem Provinzverband entlassen. Freilich war Agrippa I. in seinem Aktionsradius beschnitten, denn der Statthalter von *Syria* kontrollierte offensichtlich die Militär- und Außenpolitik des Königs. Dies wurde etwa deutlich, als der syrische Statthalter Vibius Marsus Agrippa I. untersagte, die Mauern von Jerusalem zu erneuern, und eine von Agrippa I. initiierte Zusammenkunft mit fünf anderen Klientelfürsten unterband. Als Agrippa I. im Jahr 44 n. Chr. verstarb, kam sein Reich wieder unter direkte römische Kontrolle, obwohl er einen gleichnamigen Sohn (Marcus Iulius Agrippa II.) hinterließ, der allerdings mit 16 Jahren für die Ausübung der Herrschaft noch zu jung war.

Agrippa II. erhielt nach dem Tod seines Onkels Herodes von Chalkis (48 n. Chr.) die Herrschaft über dessen Reich, die Aufsicht über den Tempel in Jerusalem inklusive des Rechts, den Hohepriester zu ernennen. 53 n. Chr. verlor Agrippa II. Chalkis, erhielt aber dafür die Tetrarchie Philipps (*Batanaea*, *Trachonitis*, *Gaulanitis*) sowie die Tetrarchie des Lysias (Territorium von Abila) und die Tetrarchie des Varus. Nero vergrößerte das Herrschaftsgebiet schließlich um bedeutende Teile von *Galilaea* und *Peraea*. Vespasian, dessen Erhebung zum Herrscher von Agrippa II. nachdrücklich unterstützt wurde, erweiterte ihm sein Reich nach Norden. Nach Agrippas II. Tod (92/93 n. Chr.) wurde sein Reich in den römischen Provinzialverband eingegliedert. Die jüdischen Teile seines Reichs wurden *Iudaea* zugeschlagen, der Rest *Syria*.

Aufstände

Welcher Status *Iudaea* nach dem Tod von Agrippa I. zukam, harrt der Klärung; vermutlich wurde das Land wie zwischen 6 und 41 n. Chr. als Unterprovinz von *Syria* dem römischen Provinzialverband angegliedert. Im Jahr 66 n. Chr. brach ein schwerer Aufstand aus, den Rom mit militärischen Mitteln löste. Während des als *bellum Iudaicum* in die Annalen eingegangenen Krieges unterstand *Iudaea* dem Oberkommandierenden der römischen Streitkräfte und nicht mehr dem Statthalter von *Syria*. Es sollte Jahre dauern, bis Rom sein Ziel erreichte. Im Jahr 70 n. Chr. eroberten die römischen Truppen unter der Führung von Titus (39–81 n. Chr.), dem Sohn von Vespasian, der bis zu seiner Erhebung zum Kaiser das Oberkommando selbst geführt hatte, Jerusalem. Die Stadt und der Tempel wurden zerstört sowie die Provinz *Iudaea* eingerichtet. Die Römer griffen das bestehende Gliederungsprinzip des Landes in Toparchien auf und führten es unter Vornahme von Änderungen fort.

*Syria Palaestina*

Widerstand leisteten die letzten Aufständischen bis 73/74 n. Chr. Offenbar war der Kampf erst mit der Einnahme der Festung *Masada* durch die Römer endgültig zu Ende. Vespasian entschied sich, in *Iudaea* eine Legion zu stationieren, Veteranen anzusiedeln und eine Sondersteuer (*fiscus Iudaicus*) einzuführen. Daher entsandte er einen Finanzprokurator und setzte einen Prätorier als Statthalter und Legionskommandeur ein (*legatus Augusti pro praetore*). Unter Trajan oder zu Beginn der Regierung von Hadrian stationierte man eine zweite Legion in der Provinz und erhöhte die Zahl der Hilfstruppen. Dies bedingte, dass die Provinz fortan von einem Statthalter im konsularen Rang geleitet wurde. Trotz der starken militärischen Präsenz (oder gerade wegen ihr?) kam es 132 n. Chr. zum sogenannten Bar Kokhba-Aufstand, den Rom allein unter größten Anstrengungen niederringen konnte, obwohl das von den Aufständischen kontrollierte Gebiet nur einen kleinen Teil der Provinz ausmachte. Eine Folge des Aufstandes war die Umbenennung der Provinz in *Syria Palaestina*. Offenbar sollte mit dem Übergang von einer ethnischen zu einer geografischen Bezeichnung gezeigt werden, dass die Juden wie andere Ethnien in der römischen Welt nur ein Volk von vielen waren. Vielleicht trug man damit auch den Wünschen der nicht jüdischen Bevölkerung in der Provinz Rechnung.

Die römischen Statthalter residierten in der Hafenstadt *Caesarea* (auch *Caesarea maritima* genannt, Israel), die aus einer nicht jüdischen Bevölkerung bestand, weswegen man hier die römischen Truppen samt ihren mit Kaiserbildnissen versehenen Feldzeichen stationieren konnte (die strenggläubigen Juden lehnten Kaiserdarstellungen als Götzenbilder strikt ab).

## Lusitania siehe Hispania

## Lycia (et) Pamphylia

**Quelle**

Sueton (um 70–nach 122 n. Chr.) über die Provinzialisierung von Lykien (Claudius 25,3):

Den Lykiern nahm er (= Claudius) wegen unheilvoller innerer Unruhen die Freiheit.

Suetons Bemerkung über die Einrichtung der Provinz wird durch eine vor einigen Jahren aufgefundene Inschrift bestätigt. Im Jahr 43 n. Chr. sah sich Claudius infolge von Ausschreitungen, die auch vor römischen Bürgern nicht haltmachten, veranlasst, Lykien in den römischen Provinzialverband einzugliedern, obwohl Sulla den Lykiern im Frieden von *Dardanum* (*Dardanos*, Türkei) die Freiheit zugesichert hatte (85 v. Chr.). Sicher spielte bei der Entscheidung des römischen Herrschers eine Rolle, dass Lykien an der Route lag, welche die mit ägyptischem Getreide für Rom beladenen Schiffe nahmen. Es war also von größtem Interesse, diesen Transportweg sichern und kontrollieren zu können.

**Quelle**

Großer, an der von *Myra* (Demre, Türkei) nach *Limyra* (Türkei) führenden Straße errichteter Altar (AE 2002, 1472):

Für Tiberius Claudius, Sohn des Drusus, Caesar Augustus Germanicus, Oberpriester (pontifex maximus), Inhaber der tribunizischen Gewalt zum 5. Mal, Imperator zum 11. Mal, Vater des Vaterlandes (pater patriae), Konsul zum 3. Mal, die Lykier, Freunde des Caesar und Freunde Roms, aus Dankbarkeit für den Frieden und den Bau der Straßen, unter Quintus Veranius, dem Statthalter (legatus pro praetore) des Tiberius Claudius Germanicus Caesar Augustus.

*Pamphylia*

In der Forschung ist strittig, ob *Pamphylia* bereits von Claudius der neuen Provinz zugeschlagen wurde, denn zurzeit von Galba (68–69 n. Chr.) war *Pamphylia* mit *Galatia* vereint, wurde aber bald darauf (wieder?) mit *Lycia* vereinigt (um 70 n. Chr.?). Vorstellbar ist, dass Galba Pamphylien von Lykien abtrennte und diese Änderung von Vespasian widerrufen wurde.

Das lykische Koinon bestand in umstrukturierter Form als Landtag für Lykien (bzw. den lykischen Teil der Provinz) weiter. Wie die vorstehend zitierte Inschrift zeigt, arrangierte man sich schnell mit den neuen politischen Gegebenheiten und signalisierte Dankbarkeit und Loyalität. Die römische Herrschaft wirkte sich nicht nachteilig aus, im Gegenteil: Sie bescherte der Provinz Stabilität und Aufschwung; zur wirtschaftlichen Prosperität dürfte nicht zuletzt der von den Römern initiierte Ausbau der Infrastruktur beigetragen haben.

Unter Hadrian oder unter seinem Nachfolger Antoninus Pius wurde der Provinz *Lycia (et) Pamphylia* die Landschaft Pisidien zugeschlagen, mit Ausnahme eines kleinen Teils im Nordosten, der bei *Galatia* verblieb. Noch unter Antoninus Pius oder zu Beginn der gemeinsamen Regierung von Marc Aurel und Lucius Verus (161–169 n. Chr.) wurde aus der kaiserlichen Provinz eine *provincia populi Romani*. Nunmehr leitete ein Prokonsul anstatt des *legatus Augusti pro praetore* die Geschicke der Provinz. Er wurde von *einem legatus proconsulis* und einem *quaestor* unterstützt. Vermutlich infolge des Aufstandes des Avidius Cassius (175 n. Chr.) wurde die Provinz für kurze Zeit wiederum dem

Herrscher und damit einem kaiserlichen Legaten unterstellt. Nach ca. 185 n. Chr. wurde *Isauria* aus dem Amtsgebiet des kilikischen Statthalters herausgelöst und *Lycia (et) Pamphylia* zugeschlagen. Spätestens um 197-199 n. Chr. gehörte *Isauria* erneut zur Provinz *Cilicia*. Um die Mitte des 3. Jahrhunderts ging die Provinz wiederum temporär in kaiserliche Obhut über. Die Statthalter wechselten ihren Amtssitz möglicherweise zwischen Patara (Kelemiş, Türkei) und *Perge* (Aksu, Türkei), um beiden Landesteilen Rechnung zu tragen.

## Macedonia

**Quelle**

Quelle s. oben unter *Achaea*

In den Jahren auf die im Jahr 197 v. Chr. geschlagenen Schlacht von Kynoskephalai (Bergkette in Thessalien) konnte sich Makedonien als (freilich von Rom abhängiges) Königreich behaupten, allerdings mussten alle griechischen Gebiete an die Römer abgetreten werden. Infolge der Schlacht bei *Pydna* (Griechenland), welche den 3. Makedonischen Krieg (171-168 v. Chr.) endgültig zugunsten Roms beendete, entschlossen sich die Römer zur indirekten Ausübung ihrer Herrschaft in Makedonien, womit das Schicksal des makedonischen Königtums besiegelt war. Rom suspekt erscheinende Angehörige des makedonischen Adels wurden zwangsdeportiert und das Gebiet wurde durch eine Zehnerkommission unter Leitung des Prokonsuls Lucius Aemilius Paullus in vier Staaten aufgeteilt, denen untereinander Handel und Eheschließungen verboten waren. Über die Bezirke wachte eine Versammlung, in die alle vier Vertreter entsandten. Obwohl die Römer die Steuerzahlungen halbierten, kam es in der Folgezeit zu Unzufriedenheit. Nach dem makedonischen Aufstand (150-148 v. Chr.) wurden die vier Teile einschließlich von *Epirus* und von *Illyricum* zur Provinz *Macedonia* umgeformt. Die vier Teile bestanden als *conventus* (Gerichtsbezirke) fort. Nach dem Achäischen Krieg wurde *Achaea* der Provinz angeschlossen (146 v. Chr.). Erst im Jahr 27 v. Chr. wurde *Achaea* als eigene Provinz konstituiert und wie *Macedonia* Senat und Volk anvertraut.

Es ist möglich, dass infolge der Affäre um den Prokonsul Marcus Primus in *Macedonia* ein kaiserlicher Statthalter eingesetzt wurde. Marcus Primus wurde 23 v. Chr. angeklagt, weil er ohne Erlaubnis des Senat einen Krieg gegen die thrakischen Odrysen geführt haben soll. Zu seiner Verteidigung berief er sich auf Anweisungen des Prinzeps. Augustus negierte diese Aussage, vermutlich wider besseres Wissen, denn ein Eingeständnis hätte einen gravierenden Verstoß gegen die 27 v. Chr. getroffenen Vereinbarungen bedeutet. Von 15 n. Chr. an war *Macedonia* Teil eines großen administrativ-militärischen Komplexes, der außer *Macedonia* noch *Achaea* und *Moesia* umfasste. 44 n. Chr. wurde *Macedonia* eigenständige Provinz mit einem Prokonsul an der Spitze.

Ob der Provinz unter Hadrian zeitweise der Status einer kaiserlichen Provinz zukam, ist fraglich. Der Statthalter residierte in *Thessalonica* (*Thessalonike*, Thessaloniki, Griechenland). Seinem Status gemäß standen ihm ein *legatus proconsulis* und ein *quaestor* zur Verfügung.

## Marcomannia und Sarmatia

**Quelle**

Über die Kriege Marc Aurels nördlich der Donau berichtet eine spätantike Quelle (Historia Augusta, Marcus Antoninus, der Philosoph 24,5 und 27,10):

Er (= Marc Aurel) *hatte die Absicht, das Markomannen- wie auch das Sarmatenland zur Provinz zu machen.*
Drei Jahre lang führte er (= Marc Aurel) *noch Krieg mit Markomannen, Hermunduren, Sarmaten und Quaden und hätte deren Gebiet zu Provinzen gemacht, wäre ihm noch ein einziges weiteres Jahr vergönnt gewesen.*

Ob Marc Aurel wirklich plante, neue Provinzen nördlich der Donau zu gründen, wird kontrovers diskutiert. Auf jeden Fall kam es nie zu deren Einrichtung.

## Mauretania Caesariensis, Mauretania Tingitana

Mit der Einsetzung von Iuba II. als Klientelkönig in Mauretanien (25 v. Chr.) beendete Augustus eine merkwürdige Situation, die nach dem Tod des mauretanischen Königs Bocchus im Jahr 33 v. Chr. eingetreten war, denn der erste Prinzeps verfügte in den folgenden Jahren frei über das Land, ohne es als Provinz zu organisieren. Allerdings ließ er in dieser Zeit insgesamt zwölf Veteranenkolonien gründen. Diese Siedlungen, welche vorwiegend im Küstenbereich und somit für den Handel verkehrsgünstig lagen, verfügten über fruchtbares Hinterland. Zudem konnte man dank dieser Veteranenkolonien die wichtige, von der Provinz *Africa proconsularis* in Richtung Hispanien führende Fernstraße kontrollieren. In verwaltungstechnischer Hinsicht wurden die Kolonien vermutlich an die Provinz *Hispania Baetica* angeschlossen.

Iuba II. war eine lange Regierungszeit beschieden, unter der Mauretanien prosperierte. Zusammen mit seiner Gemahlin Kleopatra Selene, einer gemeinsamen Tochter des Triumvirn Marcus Antonius und der letzten Herrscherin Ägyptens Kleopatra VII., baute Iuba II. *Caesarea* (Cherchel, Algerien) zu einer Metropole römisch-hellenistischer Prägung aus. Auf ihn folgte 23/24 n. Chr. sein Sohn Ptolemaios, der bereits seit 20/21 n. Chr. Mitherrscher seines Vaters gewesen war.

Wohl Anfang 40 n. Chr. ließ Caius (Caligula) seinen weitläufigen Verwandten umbringen. Was den Prinzeps zu diesem Schritt veranlasste, ist letztlich ungeklärt. In Mauretanien regte sich auf die Kunde vom Tod des Königs Widerstand. Einzelheiten gehen uns ab. Im Zentrum der Empörung stand offenbar Aedemon, ein Freigelassener des Herrschers, der vermutlich eine Vertrauensstellung im Königreich innehatte und über entsprechenden Einfluss verfügte. Der Widerstand konnte erst unter Caius Nachfolger Claudius niedergeschlagen werden.

Im Jahr 43 n. Chr. war die Lage so weit unter Kontrolle, dass die beiden Provinzen *Mauretania Tingitana* und *Mauretania Caesariensis* eingerichtet werden konnten. Damit stand der gesamte dem Mittelmeer zugewandte Teil Nordafrikas unter direkter römischer Kontrolle. Die beiden mauretanischen Provinzen wurden jeweils von einem *eques Romanus*, einem Präsidialprokurator der ducenaren Rangstufe, geleitet. Während die Leitung der *Mauretania Tingitana* in den prokuratorischen Laufbahnen als erste ducenare Statthalterschaft auftritt, bildete die Ausübung der Präsidialprokuratur in der Schwesterprovinz meist den Abschluss der ducenaren Statthalterlaufbahn. Diese herausgehobene Stellung der *Mauretania Caesariensis* hat ihren Grund sicherlich in der größeren wirtschaftlichen Bedeutung der Provinz. Die vormalige königliche Residenzstadt *Caesarea* wurde Amtssitz des Präsidialprokurators der Provinz *Mauretania Caesariensis*. Der Präsidialprokurator der Provinz *Mauretania Tingitana* residierte sicherlich in der Stadt *Tingi* (Tanger, Marokko). Verschiedentlich findet sich die Auffassung, Amtssitz des Statthalters der *Mauretania Tingitana* sei *Volubilis* (im heutigen Marokko) gewesen, doch fehlen hierfür Belege. In beiden Provinzen standen ausschließlich Auxiliartruppen.

## Mesopotamia

**Quelle**

*Quellen s. unter Armenia*

Hadrian entschloss sich nach seiner Thronbesteigung, die von seinem Vorgänger Trajan konzipierte Provinz *Mesopotamia* aufzugeben. Inwieweit deren Einrichtung zu diesem Zeitpunkt erfolgt war, ist ungewiss. Ein bei *Singara* (Sindschar, Irak) aufgefundener Meilenstein zeigt, dass man zumindest begonnen hatte, das Land systematisch zu erschließen. Unter der gemeinsamen Regierung von Marc Aurel und Lucius Verus (161–169 n. Chr.) gelangten Teile von *Mesopotamia* erneut unter römische Herrschaft. Schließlich wurde das Land unter Septimius Severus erobert und die Provinz *Mesopotamia* wohl während der ersten Jahre des 3. Jahrhunderts n. Chr. eingerichtet. Die Provinz ersteckte sich wohl seit ihrer Gründung den Tigris entlang bis an den Euphrat. Sie leitete ein *praefectus Mesopotamiae*, der seinen Amtssitz wohl in *Nisibis*

(Nusaybin, Türkei) hatte. Da der Statthalter dem Ritterstand angehörte, wurden folgerichtig nach dem Vorbild von Ägypten zwei Ritter als Kommandeure der in der Provinz stationierten Legionen eingesetzt. Außerdem verfügte die Provinz im Gegensatz zu anderen von Rittern geleiteten über einen eigenen Finanzprokurator der sexagenaren Gehaltsstufe. Sicherlich sollte mit dieser Maßnahme die Macht des Statthalters, dem immerhin zwei Legionen unterstanden, zumindest im Hinblick auf die Finanzen beschränkt werden.

## Moesia, Moesia superior, Moesia inferior

Dank der militärischen Erfolge von Crassus gelangte das Gebiet südlich der unteren Donau in römische Hand. Von 15 n. Chr. an war Mösien Teil eines großen administrativ-militärischen Komplexes, der noch *Achaea* und *Macedonia* umfasste. Allerdings wurde für Mösien ein eigener Substatthalter bestimmt. Von 44 n. Chr. an bildete *Moesia* eine eigenständige Provinz. Domitian teilte die Provinz wohl 85/86 n. Chr. in zwei Provinzen mit Namen *Moesia superior* und *Moesia inferior*. Der Statthalter der *Moesia superior* residierte in *Tomis* (Constanta, Rumänien); sein Kollege in *Viminacium* (Kostolac, Serbien).

## Noricum

Im Jahr 16 v. Chr. fiel eine aus Pannoniern und Norikern bestehende Streitmacht in italisches Gebiet ein. Dies dürfte den unmittelbaren Anlass für die im folgenden Jahr von den Römern durchgeführte große, breit angelegte Offensive im Alpenraum gebildet und den Vorwand für die Annexion einer ganzen Reihe von Territorien geliefert haben. Ziel war es, die italische Halbinsel vor künftigen Einfällen zu schützen, die Alpenübergänge zu kontrollieren und sich den Weg nach Gallien und Germanien zu erleichtern. Zudem waren die Römer fraglos an den bedeutenden Bodenschätzen, die es in *Noricum* gab, interessiert. Das Königreich der keltischen Noriker annektierte Rom 15 v. Chr. friedlich. Wann das ehemalige Königreich in eine reguläre Provinz überführt wurde, ist strittig; auf jeden Fall existierte sie in claudischer Zeit; sie dürfte, wenn nicht auf Augustus, so auf Tiberius zurückgehen. Zu Statthaltern wurden Ritter bestellt.

Als unter Marc Aurel im Zuge der Markomannenkriege die 165/66 n. Chr. in Italien neu ausgehobene *legio II Italica* in *Noricum* stationiert wurde, erhielt die Provinz anstelle der bisherigen Präsidialprokuratoren einen Prätorier zum Statthalter. Als Statthaltersitze kommen die im heutigen Österreich gelegenen Orte *Virunum*, *Ovilava* (Wels) und *Lauriacum* (Lorch) infrage. Plausibel erscheint, dass die Präsidialprokuratoren in *Virunum* ihren Dienstsitz hatten, der möglicherweise mit dem Wechsel von ritterlichen zu senatorischen Statthaltern nach *Ovilava* bzw. *Lauriacum* verlegt wurde. Die übrigen Mandatare dürften in *Virunum* verblieben sein.

## Numidia

Bei der Teilung der Provinzen im Jahr 27 v. Chr. bildete die Provinz *Africa* eine Ausnahme, denn sie verfügte als prokonsulare Provinz über eine Legion. Dies änderte sich erst unter Caius (Caligula), der wohl im Jahr 39 n. Chr. für die *legio III Augusta* einen eigenen, ihm direkt unterstellten Legaten bestellte. Ob den Herrscher bei seiner Entscheidung militärische Erwägungen leiteten, ob er lediglich eine Anomalie ausmerzen oder ob er einem möglichen Umsturz vorbeugen wollte, ist offen. Um sowohl dem Prokonsul als auch dem Legaten der Legion gerecht zu werden, wurde das zur Verfügung stehende Stabspersonal zwischen beiden aufgeteilt.

**Quelle**

Tacitus (ca. 55–um 125 n. Chr.) berichtet in seinen Historien (4,48,1):

Die Legion in Afrika und die dort zum Schutz der Reichsgrenzen bestimmten Hilfskontingente unterstanden unter dem vergöttlichten Augustus und unter Tiberius dem Prokonsul. Hierauf nahm Caius Caesar (= Caligula) … dem Prokonsul die Legion weg und übergab sie einem zu diesem Zweck entsandten Legaten.

Provinzeinrichtung

Die Legion hatte seit der späteren Regierungszeit von Augustus ihr Lager in *Ammaedara* (Haidra, Tunesien), bis sie in flavischer Zeit nach *Lambaesis* (Tazoult-Lambèse, Algerien) verlegt wurde. Das Umfeld des Legionslagers bildete einen eigenen Militärbezirk, in dem der Legionslegat faktisch als Statthalter fungierte. Vermutlich war es Septimius Severus, welcher der Realität Rechnung trug und *Numidia* de jure zur eigenständigen Provinz mit dem Statthaltersitz *Lambaesis* erhob. Dem Statthalter und Legionskommandeur, einem *legatus Augusti* prätorischen Ranges, unterstand auch die gesamte Militärzone im Süden der Nachbarprovinz *Africa proconsularis*.

## Osrhoena

Im Zuge von Trajans Partherfeldzug geriet auch das Königreich Abgars von Osrhoene in das Blickfeld Roms. Der Herrscher konnte offenbar durch Beweise seiner Loyalität eine Invasion verhindern. Das Königreich bewährte sich in der Folgezeit als treuer Klientelstaat. Im Zuge der Thronwirren nach dem Tod von Commodus († 31.12.192 n. Chr.) stand Abgar VIII. auf der falschen Seite. Er unterstützte Pescennius Niger und trat in Verbindung zu dem parthischen Kientelkönigreich *Adiabene*. Die von Septimius Severus beschlossenen Sanktionen fielen glimpflich aus. Im Zuge des 1. Partherkriegs (1. Hälfte 195 n. Chr.) wurde *Osrhoena* Teil der römischen Provinzen. König Abgar VIII. verblieb ein Reich, das aus seiner Residenz *Edessa* (Sanhurfa, Türkei) samt Umland bestand und fortan *regnum Abgari* hieß. Bald nach der Thronbesteigung von Antoninus III. (Caracalla) wurde das Königreich eingezogen und die Stadt *Edessa* zur römischen Kolonie erhoben (212–213 n. Chr.). Unter Gordian III. (238–244 n. Chr.) kam es zur Erneuerung des Königtums; er setzte Aelius Septimius Abgar X., den Enkel von Abgar VIII., als König ein, doch blieb dies Episode. Wenige Jahre später war *Edessa* erneut römische Kolonie.

In der Forschung herrschen unterschiedliche Ansichten über den Status von *Osrhoena* von 195 n. Chr. an. Mehrheitlich geht man davon aus, *Osrhoena* sei als eigenständige Provinz einem Präsidialprokurator unterstellt worden. Indes gibt es gute Gründe dafür, dass das Gebiet zur Provinz *Syria Coele* geschlagen und als Unterprovinz von einem eigenen, dem Statthalter unterstellten Prokurator geleitet wurde. Im 3. Jahrhundert n. Chr. war *Osrhoena* mit *Mesopotamia* vereinigt, wobei wir nicht definitiv wissen, ob dies ununterbrochen der Fall war.

## Pannonia, Pannonia superior, Pannonia inferior siehe Illyricum

## Pontus (et) Bithynia

Zu den wichtigsten Ergebnissen der Neuordnung des Ostens durch Pompeius zählt die Einrichtung der Provinz *Pontus (et) Bithynia*, die in republikanischer Zeit nur *Bithynia* hieß. Bei seinem Tod im Jahr 74 v. Chr. hinterließ der bithynische König Nikomedes IV. sein Reich den Römern. Der Statthalter der Provinz *Asia*, Marcus Iuncus, begann noch im selben Jahr damit, das Königreich als Provinz zu organisieren. Allerdings scheint der im folgenden Jahr ausgebrochene 3. Krieg gegen Mithradates VI., der Anspruch auf das Königreich erhob, die Einführung der römischen Ordnung zunächst verhindert zu haben. Im Winter 65/64 v. Chr. richtete Pompeius unter Einbeziehung von *Pontus* die Provinz ein.

Rund 25 Jahre später entschloss sich Marcus Antonius, *Pontus* unter lokalen Dynasten zu verteilen. Einen namhaften Teil erhielt Dareios (Darius), ein Sohn des Pharnakes und Enkel von Mithradates VI. Eupator. 37/36 v. Chr. setzte Antonius anstelle von Dareios Polemo, einen militärisch bewährten und äußerst loyalen Mann, als König ein. Augustus bestätigte ihn später in dieser Stellung.

Infolge der Neuordnung des Antonius verblieb nur der westlichste Teil von *Pontus* der römischen Provinz. Mit Augustus begann deren allmähliche

Vergrößerung. Die Provinz wurde 27 v. Chr. Volk und Senat zugeteilt. Sie leitete ein Prokonsul prätorischen Rangs, dem seinem Status gemäß ein *legatus proconsulis* und ein *quaestor* zur Verfügung standen. Verwaltungssitz war sicherlich *Nicaea* (*Nikaia*, Iznik, Türkei). Trajan und auch sein Nachfolger Hadrian nahmen die Provinz temporär in ihre Obhut. Gegen Ende der Regierung von Antoninus Pius wurde die Provinz endgültig kaiserlichen Legaten unterstellt.

Das Ende des Königreichs Pontus

Die Geschichte des pontischen Königreichs geht mit Polemo II. zu Ende; er dankte aus unbekannten Gründen ab, und zwar wohl im Jahr 63 n. Chr. Nero stellte daraufhin das Gebiet unter direkte römische Herrschaft (Quelle s. S. 104). Polemos Reich wurde zunächst an Bithynien angegliedert. Später bildete es einen Teil der von Vespasian geschaffenen Provinz *Galatia (et) Cappadocia*. Das Gebiet des ehemaligen polemonischen Reichs wurde *Pontus Polemoniacus* oder *Polemonianus* genannt.

## Pontus

Im 3. Jahrhundert n. Chr. begegnet uns eine neu geschaffene Provinz namens *Pontus*, über deren Geschichte wir kaum etwas wissen. Die Provinz dürfte unter Severus Alexander (222–235 n. Chr.) gegründet worden sein. Nach Ausweis der Statthalterlisten hatte die Provinz *Pontus* Bestand. Sie dürfte im Wesentlichen aus den zuvor zu *Cappadocia* und *Galatia* gehörigen Küstenregionen *Pontus Galaticus* und *Polemoniacus* bestanden haben. Zu Statthaltern wurden Männer aus dem Ritterstand bestellt; sie residierten wohl in *Amasia* (*Amaseia*, Amasya, Türkei).

## Raetia

Der Name der Provinz leitet sich von den *Raeti* her, einer Personengruppe, die sich aus verschiedenen in den Alpen und im Alpenvorland heimischen Ethnien zusammensetzte.

Infolge des von Tiberius und Drusus, den Stiefsöhnen des Augustus, geleiteten Alpenfeldzugs wurde Rätien wie andere Alpenregionen dem Imperium Romanum angegliedert (15 v. Chr.). Strittig ist in der Forschung, ob die Provinz *Raetia*, die nachweislich unter Claudius existierte, bereits unter Augustus eingerichtet wurde oder erst unter Tiberius bzw. Claudius. Folgt man dem Historiografen Velleius Paterculus, einem großen Bewunderer von Tiberius, so wurde die Provinz *Raetia* ebenso wie die Provinz *Noricum* von diesem Prinzeps geschaffen. Allerdings könnte der Schriftsteller damit auch lediglich auf die maßgeblichen Erfolge des Tiberius beim Alpenfeldzug anspielen. Auf jeden

Fall hatte die Herrschaft der Römer in diesem Raum von Augustus an Bestand.

Die Leitung der Provinz wurde einem Präsidialprokurator und damit einem Mann aus dem Ritterstand anvertraut. Anfänglich dürfte *Cambodunum* (Kempten, Deutschland) Sitz der römischen Verwaltung gewesen sein. Später ging der Statthalter seinen Amtsgeschäften in *Augusta Vindelicorum* (auch *Augusta Vindelicum* genannt, Augsburg, Deutschland) nach.

Zunächst bildete die Donau die Grenze der Provinz im Norden. In flavischer Zeit wurde die Nordgrenze Rätiens über die Donau hinaus vorverlegt und mit Lagern gesichert. Unter Domitian schob man im Zuge einer weiteren Expansionsphase die Grenze um rund 30 km in nördliche Richtung vor und sicherte sie militärisch. Um 90 n. Chr. erfolgte die Einrichtung der Kastelle *Biriciana* (Weißenburg, Deutschland) und Heidenheim (Deutschland). Während der Regierungszeit Trajans entstanden weitere Militärlager, welche das Gelände zwischen Weißenburg und Heidenheim sicherten. Nach 115 n. Chr. wurden die Verbindungsstraßen zwischen den Lagern mit Wachtürmen in Steinbauweise versehen. Ob sie hölzerne Vorgänger hatten, ist unklar. Unter Hadrian verdichtete sich das Netz der Militärlager weiter. Zeitgleich, etwa ab 120 n. Chr., entstanden die ersten *villae rusticae* nördlich der Donau. Seinen endgültigen Verlauf erhielt der rätische Limes unter Antoninus Pius. Damals wurde er durch die Anlage der Militärstützpunkte Schwäbisch Gmünd-Schirenhof, Böbingen an der Rems, Aalen, Rainau-Buch und Halheim (alle Deutschland) vorgeschoben und gleichzeitig verkürzt. Eine untergeordnete Rolle könnte gespielt haben, dass die neue Limeslinie am Fuß der Schwäbischen Alb in flacherem und damit in leichter begehbarem Gelände sowie zudem in einer klimatisch gesehen etwas milderen Region verlief. Angemerkt sei, dass das zwischen dem älteren und dem neuen Limesabschnitt gelegene Territorium alsbald besiedelt wurde und bis um die Mitte des 3. Jahrhunderts n. Chr. eine Blütezeit erlebte. Mit der Vorverlegung der rätischen Grenze erreichte man die Anbindung an den neuen, das heißt, den vorgeschobenen obergermanischen Limes.

Einfälle

Unter der Regierung von Marc Aurel verwüsteten oder besetzten Markomannen und ihre Verbündeten Teile der Provinz. Ungefähr 171 n. Chr. konnte eine römische Expeditionsarmee die Feinde verdrängen. Der Einfall hatte gezeigt, dass die in der Provinz stehenden Auxiliareinheiten nicht ausreichten, um Übergriffe abzuwehren. Daher entschloss man sich, zwischen den Legionsstandorten *Argentorate* (Strasbourg, Frankreich) in Obergermanien und *Vindobona* (Wien, Österreich) in Pannonien eine weitere Legion zu stationieren und die 165/166 n. Chr. in *Italia* neu ausgehobene *legio III Italica* nach *Castra Regina* (Regensburg, Deutschland) zu verlegen. Die permanente Anwesenheit einer Legion in der Provinz bedingte einen Wechsel an der Spitze. Fortan leitete ein Senator die Geschicke der Provinz (*legatus Augusti pro praetore*). Unter Kaiser Septimius Severus konnte die Limeslinie um 207 n. Chr. weiter verstärkt werden, indem man eine ca. 120 km lange Steinmauer von der Westgrenze der Provinz im Rotenbachtal bei Schwäbisch Gmünd (Deutschland) bis nach Hienheim an der Donau (gegenüber dem Kastell Eining, Deutschland) errichtete, welche die bisherige Holzpalisade ersetzte.

## Sardinia (et) Corsica

Der Versuch der Karthager, die Insel Sardinen anstelle der für sie verlorenen Insel Sizilien zu einem maritimen Stützpunkt aufzubauen, führte dazu, dass die Römer Sardinien annektierten (238/237 v. Chr.). Zugute kam den Römern die Unzufriedenheit der karthagischen Söldner und der Städte auf der Insel. Zusammen mit Sardinien kam damals (oder bald darauf) auch das benachbarte Eiland Korsika unter römische Herrschaft. Damit waren die zweit- und die drittgrößte Insel des Mittelmeeres zwar in römischem Besitz, aber noch lange nicht befriedet.

Aufstände

Die Römer hatten es in den folgenden Jahren fast kontinuierlich mit Aufständen zu tun, die in teilweise schweren Kämpfen niedergerungen werden mussten. 228 v. Chr. schuf man in Rom zwei neue Präturen, je eine für *Sardinia (et) Corsica* und für *Sicilia*. Von 227 v. Chr. an wurde regelmäßig ein Prätor oder Konsul mit der Leitung der Provinz *Sardinia (et) Corsica* beauftragt, der zunächst in *Nora*, später in *Caralis* (*Carales*, Cagliari, Sardinien, Italien) residierte. Offenbar hielt man die permanente Anwesenheit eines Imperium-Trägers, und damit eines Befehlshabers, für notwendig. Immerhin erhoben sich weiterhin Teile der Bevölkerung. Erwähnt seien nur die schwersten Aufstände. 216/215 v. Chr. kam es bald nach der für die Römer verheerenden Niederlage in Apulien bei *Cannae* (Italien) zu einer von den Karthagern unterstützten Erhebung auf Sardinien, doch konnte T. Manlius Torquatus den Römern den Sieg sichern. Im Jahr 177 v. Chr. brach auf Sardinien erneut eine äußerst ernste Rebellion aus, in deren Folge so viele Gefangene von den siegreichen Römern auf den Märkten in *Italia* und Rom feilgeboten wurden, dass der Preis für Sklaven einbrach. Dennoch kam es weiterhin zu Revolten, die letztlich immer von Rom niedergeschlagen wurden. In Ausnahmefällen entsandte man zwei Magistrate, um der Lage auf den Inseln Herr zu werden.

Bei der Teilung der Provinzen im Jahr 27 v. Chr. wurde die Inselprovinz den *provinicae publicae* zugeteilt, also fortan von einem Prokonsul geleitet, aber bereits 6 n. Chr. infolge von Unruhen und Piraterie dem Prinzeps überstellt. Damals dürfte die gemeinsame Verwaltung der beiden Inseln aufgelöst worden sein. Jede der Inseln wurde fortan wohl von einem Präfekten, seit Claudius von einem Prokurator geleitet. Nero überantwortete *Sardinia* als Ausgleich für *Achaea* dem Senat; eine Maßnahme, die Kaiser Vespasian widerrief, das heißt von ca. 67 bis maximal 73 n. Chr. leiteten Prokonsuln *Sardinia*. Die Inseln Sardinien und Korsika könnten anlässlich ihrer Überstellung an Volk und Senat zur Zeit Trajans erneut zu einer Verwaltungseinheit zusammengeschlossen worden sein. Möglicherweise wurde die Provinz unter Hadrian wieder dem Herrscher unterstellt. Unter Marc Aurel war sie zeitweise Volk und Senat anvertraut, später abermals kaiserliche Provinz.

Da die Bezeichnung *Sardinia* sowohl für *Sardinia (et) Corsica* als auch für die *Sardinia* allein Usus war, ist es schwer festzustellen, zu welcher Zeit die Inseln zu einer Provinz vereinigt waren und wann nicht, zumal es an einschlägigen Informationen mangelt. Der kaiserzeitliche Statthalter von *Sardinia* residierte wie seine republikanischen Vorgänger in *Caralis*, während sein korsischer Kollege seinen Sitz in *Aleria* (Aléria, Korsika, Frankreich) gehabt haben dürfte. Der gesellschaftliche Rang des Statthalters richtete sich nach der Zuständigkeit von Senat/Volk oder Herrscher. Während die Prokonsuln meist den Konsulat bekleidet hatten, gehörten die Präsidialprokuratoren zu den Prokuratoren der centenaren Gehaltsstufe. Erst nachdem die von Marc Aurel Senat und Volk übergebene Inselprovinz erneut in kaiserliche Obhut gekommen war, leiteten sie Präsidialprokuratoren der ducenaren Gehaltsgruppe.

## Sarmatia siehe Marcomannia

## Sicilia

Der infolge des 1. Punischen Krieges von Hamilkar (um 270–229 v. Chr.) und Caius Lutatius Catulus im Jahr 241 v. Chr. ratifizierte Friedensvertrag zwang die Karthager zur Räumung Siziliens, während *Sardinia* (und sicherlich *Corsica*) sowie Nordafrika den Karthagern verblieben. Die Ostküste der sizilischen Insel beherrschten weiterhin Roms Verbündete, die Stadt *Messana* (Messina, Italien) und Hieron II. von Syrakus. Die übrige Insel kam unter römische Herrschaft. Vermutlich sahen es die Römer zunächst als genügend an, ihren Herrschaftsanspruch durch die Anwesenheit eines *quaestor classici* auf der Insel zu verdeutlichen. Welche Aufgaben ihm im Einzelnen zufielen, wissen wir nicht. Immerhin ist bemerkenswert, dass man einen Mandatar ohne Imperium entsandte. Dies zeigt, dass man auf eine militärische Präsenz auf der Insel verzichtete, andererseits aber Abgaben einforderte, denn anders ist die Anwesenheit eines Quästors, dessen primäre Aufgabe der Finanzsektor war, schwerlich zu erklären. Erst 227 v. Chr. wurde erstmals ein Prätor entsandt, der anfänglich überwiegend oder zur Gänze als militärischer Befehlshaber agierte. Der Grund für die Entsendung eines Mandatars mit Imperium dürfte sowohl in der aktuellen politischen Lage im Mittelmeerraum zu finden sein als auch in der Notwendigkeit, auf der Insel Recht zu sprechen, denn fraglos hatte sich dort eine ganze Reihe römischer Bürger, insbesondere Kaufleute, niedergelassen, die ihre Rechtsangelegenheiten vor Ort geregelt wissen wollten. Auf jeden Fall war mit der Entsendung eines Imperium-Trägers der Weg zur Etablierung einer Provinz *Sicilia* im territorialen und rechtlichen Sinn eingeschlagen. Eine Besonderheit Siziliens zur Zeit der Republik stellt die Entsendung eines zweiten Quästors dar. Seit wann es diesen gab, ist fraglich. Die Quästoren hatten ihren Dienstsitz in *Lilybaeum* (Marsala, Italien) und in *Syracusae* (Siracusa, Italien). Seit 218 v. Chr. gehörten auch die zuvor unter der Kontrolle Karthagos stehenden maltesischen Inseln zur Provinz *Sicilia*. Nachdem sich Hierons Enkel und Nachfolger für Karthago erklärt hatte, entschlossen sich die Römer, das Königreich zu erobern; es wurde 212 v. Chr. der römischen Provinz einverleibt.

Nach der Niederwerfung des Sklavenaufstandes in den Jahren 135–134 v. Chr. oblag es dem Prokonsul P. Rupilius zusammen mit einer Zehnerkommission, die Verwaltung Siziliens zu reformieren. Das seinen Namen tragende Gesetz (*lex Rupilia*) regelte die grundlegenden Dinge des Miteinanders, namentlich das Steuer- und Gerichtswesen.

27 v. Chr. kam Sizilien unter die Hoheit des Senates, der in der Regel einen ehemaligen Prätor zum *proconsul provinciae Siciliae* bestellte. Damit lag die Sorge um die Provinz in den Händen von Mandataren, denen ein Imperium eignete, das es ihnen gestattete, auch militärisch zu agieren. Der Prokonsul dürfte, wie schon seine Vorgänger, seinen Amtssitz in der heutigen Stadt Siracusa gehabt haben. Ihm standen ein Quästor und ein Legat zur Seite.

## Syria, Syria Coele, Syria Phoenice

Eines der wichtigsten Ergebnisse der Neuordnung des Ostens durch Pompeius bildete 64/63 v. Chr. die Einrichtung der Provinz *Syria*, die im Wesentlichen das Kernland des Seleukidenreichs diesseits des Taurus-Gebirges umfasste. Marcus Antonius, an den *Syria* durch den Vertrag von *Brundisium* (Brindisi, Italien) fiel, übergab Teile Syriens und Phöniziens an die Ptolemäerin Kleopatra VII. Im Jahr 27 v. Chr. behielt Augustus diese strategisch bedeutende Provinz unter seiner Obhut.

Im Laufe der Zeit vergrößerte sich das Gebiet der Provinz. Spätestens seit Augustus gehörte die *Cilicia Pedias* dazu, ebenso wurden nach und nach diverse Städte und Klientelfürstentümer der Provinz zugewiesen. Auch übte der Statthalter von *Syria* über benachbarte, von Präfekten geleitete Subprovinzen die Oberhoheit aus. Entsprechend ihrer strategischen Bedeutung wurde die kaiserzeitliche Provinz Statthaltern konsularen Rangs anvertraut. 194 n. Chr. teilte Septimius Severus die Provinz, um die Macht des Statthalters zu beschneiden, insbesondere um die Gefahr von Usurpationen zu verringern. Den unmittelbaren Anlass bildete die Parteinahme der Provinz bzw. ihres Statthalters für Septimius Kontrahenten Pescennius Niger. *Syria* wurde in zwei eigenständige Provinzen namens *Syria Coele* und *Syria Phoenice* aufgespalten. *Syria Coele* leitete fortan ein ehemaliger Konsul, ihre Schwesterprovinz *Phoenice* hingegen ein Mandatar im prätorischen Rang. Der Statthalter von *Syria Coele* residierte wohl wie der Statthalter der ungeteilten Provinz *Syria* in *Antiochia* am Orontes (Antakya, Türkei). Zum Verwaltungssitz von *Syria Coele* wurde *Heliopolis* (Baalbek, Libanon) oder *Tyrus* (*Tyros*, Sour, Libanon) bestimmt.

## Thracia

Dank der proromischen Haltung der Könige der Odrysen konnte das Reich auch nach den Erfolgen von Crassus im Donauraum als von Rom abhängiges Klientelkönigtum fortbestehen. Im Jahr 13 n. Chr. teilte Augustus das Reich unter den beiden Brüdern Cotys und Rhascuporis auf. Bei dieser Gelegenheit kamen wohl die bislang von den Odrysen kontrollierten griechischen Küstenstädte unter direkte römische Herrschaft. Thronstreitigkeiten führten zu einem erneuten Eingreifen Roms. Tiberius setzte nach der Ermordung von Cotys VIII. einen Reichsverweser ein, da die Kinder des Königs noch klein waren. Schließlich stellte Caius (Caligula) das Königtum wieder her, indem er Rhoemetalces, dem Sohn von Cotys VIII. und Antonia Thryphaena (Tochter von Polemo I. von *Pontus* und Pythodoris), die Königswürde verlieh (ca. 38 n. Chr.). Nach einem Aufstand gegen Rom wurde Thrakien unter Claudius als Provinz *Thracia* dem Imperium Romanum eingegliedert (45/46 n. Chr.). Zahlreiche Veteranen wurden dort angesiedelt, die einen kaum zu überschätzenden Beitrag zur Romanisierung leisteten. Die Provinz leitete zunächst ein Prokurator der ducenaren Gehaltsstufe. Unter Trajan erfolgte der Wechsel von Präsidialprokuratoren zu Statthaltern senatorischen Rangs (vor 114 n. Chr.). Sitz des Statthalters war die Stadt *Perinthus* (*Perinthos,* Marmara Ereğlisi, Türkei). Allerdings ist fraglich, ob die Statthalter dort die gesamte Kaiserzeit über residierten.

Zur Zeit Trajans dürfte die Halbinsel *Chersones* aus der Provinz *Thracia* herausgenommen worden sein. Sie wird als von einem kaiserlichen Prokurator geleiteter kaiserlicher Domänenkomplex weiter bestanden haben oder als Unterprovinz der Provinz *Asia* angeschlossen worden zu sein. Freilich ist nicht auszuschließen, dass die Halbinsel *Chersones* zeitweise eine eigenständige Provinz bildete.

## Tres Eparchiae

Während der Regierungszeit von Antoninus Pius (138–161 n. Chr.) bildeten *Cilicia, Lycaonia* und *Isauria* eine Provinz namens *Tres Eparchiae* (Hauptstadt: *Tarsus* in der heutigen Türkei). Ihre Einrichtung dürfte unter Hadrian (117–138 n. Chr.) erfolgt sein. Die Provinz hatte nicht lange Bestand, denn sie scheint 148/149 n. Chr. aufgegeben worden zu sein. Offenbar erfolgte zu Beginn des 3. Jahrhunderts n. Chr. ein erneuter Zusammenschluss der *Tres Eparchiae*, der aber 238 n. Chr. aufgegeben wurde. ■

## Literaturhinweise

**Haensch, R.,** Capita provinciarum. Statthaltersitze und Provinzverwaltung in der römischen Kaiserzeit. Kölner Forschungen 7, Mainz 1997.

**Lepelley, C. (Hrsg.),** Rom und das Reich in der hohen Kaiserzeit. 44 v. Chr. – 260 n. Chr. Bd. 2: Die Regionen des Reiches. Aus dem Französischen und Englischen übersetzt v. P. Riedlberger, München, Leipzig 2001.

**Meyer-Zwiffelhoffer, E.,** Imperium Romanum. Geschichte der römischen Provinzen. Beck Wissen, München 2009.

# Tabellarische Übersicht über die Provinzen

Vorbemerkung: In der folgenden Tabelle wird nicht auf territoriale Veränderungen wie etwa Gebietszuwächse oder -umlegungen eingegangen.

Grundsätzlich ist die Etablierung einer Provinz ein Vorgang, der mehrere Jahre dauerte. Je nachdem, wie weit ein Gebiet entwickelt war, brauchte es mehr oder weniger Zeit, bis die römische Ordnung umgesetzt und eine entsprechende Infrastruktur aufgebaut war. Deshalb sollte dem Datum der Einrichtung einer Provinz nicht zu viel Gewicht beigemessen werden, zumal Provinz-Ären zeigen, dass für die Menschen entscheidend war, wann sie unter römische Herrschaft kamen, und nicht, ab welchem Zeitpunkt diese in Form einer regulären, zivilrechtlich verwalteten Provinz ausgeübt wurde.

An der Tabelle lässt sich ablesen, dass die Einrichtungen von Provinzen von Augustus an von dem Engagement einzelner Herrscher abhingen. So gründete Claudius, dem auch sonst eine ganze Reihe von administrativen Innovationen zuzuschreiben ist, mehrere Provinzen. Seit dem Ende des 2. Jahrhunderts n. Chr. ist eine Tendenz zur Verkleinerung von Provinzen festzustellen.

| | | |
|---|---|---|
| 241 v. Chr. | *Sicilia* | der von den Karthagern kontrollierte Teil der Insel wird römisch; allmählicher Aufbau einer Provinzorganisation |
| 238/236 v. Chr. | *Sardinia (et) Corsica* | Annexion der Inseln, allmählicher Aufbau einer Provinzorganisation |
| 197 v. Chr. | *Hispania citerior und ulterior* | nachdem die Römer seit 218 v. Chr. in Hispanien Krieg geführt hatten, wurden zwei hispanische Provinzen geschaffen; unter Augustus Neukonstitution der hispanischen Provinzen |
| 176 v. Chr. | *Gallia Cisalpina* | 176 v. Chr. steht das gesamte gallische Gebiet diesseits der Alpen unter römischer Kontrolle; 42 v. Chr. Aufhebung des Provinzstatus und Anbindung des völlig romanisierten Gebiets an *Italia* |
| 167 v. Chr. | *Illyricum* | Einteilung in drei Bezirke und Einführung einer Steuerordnung; wann *Illyricum* als Provinz eingerichtet wurde, ist strittig; Weiteres s. unter *Pannonia* (9 n. Chr.) |
| 148 v. Chr. | *Macedonia* | als Provinz konstituiert unter Einschluss von *Epirus* und *Illyricum*; seit 167 v. Chr. übte Rom bereits eine indirekte Herrschaft in *Macedonia* aus |
| 146 v. Chr. | *Africa (vetus)* | nach der Zerstörung Karthagos wird Roms erste Provinz auf afrikanischem Boden gegründet; später mit *Africa nova* zu einer Provinz (*Africa proconsularis*) zusammengeschlossen |
| 146 v. Chr. | *Achaea* | dem Statthalter von *Macedonia* unterstellt; 27 v. Chr. als eigene Provinz eingerichtet |
| 133 v. Chr. | *Asia* | Attalos III. vererbt sein Reich den Römern; die Provinzeinrichtung erfolgt rund vier Jahre später (129 v. Chr.) |
| um 118 v. Chr. | *Gallia Narbonensis (Gallia Transalpina)* | nach der Eroberung des am Mittelmeer gelegenen Teils von Gallien (125–121 v. Chr.) wird 118 v. Chr. eine erste Bürgerkolonie gegründet; somit wird die Provinzeinrichtung in dieser Zeit oder kurz zuvor erfolgt sein |

| | | |
|---|---|---|
| 81/80 v. Chr. | *Cilicia* | vermutlich nach dem 2. Mithradatischen Krieg als Provinz eingerichtet; Auflösung um 44/43 v. Chr.; 72 n. Chr. Neugründung; Weiteres s. *Tres Eparchiae* (unter Hadrian (?)) |
| 74 v. Chr. | *Bithynia*<br>*(Pontus et Bithynia)* | der bithynische König Nikomedes IV. vererbt sein Reich den Römern; der 3. Mithradatische Krieg verhindert zunächst die Gründung einer Provinz; 65/64 v. Chr. schafft Pompeius die Provinz unter Einbeziehung von *Pontus* |
| 74 v. Chr. | *Cyrenae* | 96 v. Chr. vererbt Ptolemaios Apion sein Reich den Römern; Ausübung der direkten Herrschaft ab 74 v. Chr.; 27 v. Chr. mit *Creta* zu einer Provinz zusammengeschlossen |
| 66 v. Chr. | *Creta* | unterworfen und als Provinz eingerichtet; bildet seit 27 v. Chr. mit *Cyrenae* eine Provinz |
| 64/63 v. Chr. | *Syria* | im Zuge der Neuordnung des Ostens durch Pompeius entsteht die Provinz *Syria*; 194 n. Chr. Teilung in die beiden Provinzen *Syria Coele* und *Syria Phoenice* |
| 58 v. Chr. | *Cyprus* | die Insel wird nach ihrer Annexion der Provinz *Cilicia* zugeschlagen; Rückgabe an die Ptolemäer (47–30 v. Chr.), dann erneut römische Provinz |
| 46 v. Chr. | *Africa (nova)* | Caius Iulius Caesar organisiert das östliche Numidien und das Gebiet der *Emporia* als Provinz; 35 v. Chr. mit *Africa vetus* zur *Africa proconsularis* vereinigt |
| 30 v. Chr. | *Aegyptus* | erobert und als Provinz eingerichtet |
| 25/24 v. Chr. | *Galatia* | nach dem Tod von Amyntas wird dessen Reich als Provinz konstituiert |
| 16–13 v. Chr. | *Gallia Aquitanica*<br>*Gallia Belgica*<br>*Gallia Lugdunensis* | wohl während des Aufenthalts von Augustus in Gallien Schaffung der Provinzen, die oft gemeinschaftlich *Tres Galliae* genannt werden |
| 15 v. Chr. | *Noricum* | annektiert; Datum der Überführung in eine reguläre Provinz strittig (unter Tiberius?) |
| 15 v. Chr. | *Raetia* | annektiert; das Datum der Provinzeinrichtung ist strittig (unter Tiberius?) |
| 14 v. Chr. | *Alpes maritimae* | annektiert; Provinzeinrichtung unter Nero oder schon unter Claudius? |
| um 13 v. Chr. | *Hispania Lusitania*<br>*Hispania Baetica*<br>*Hispania Tarraconensis* | Augustus ordnet die Verhältnisse auf der Iberischen Halbinsel neu; es entstehen drei Provinzen |
| 6 n. Chr. | *Iudaea*<br>*(Syria Palaestina)* | als Unterprovinz von *Syria* eingerichtet; zwischen 41 und 48 n. Chr. von Agrippa I. regiert; dann wohl erneut Subprovinz von *Syria*, ca. 73/74 n. Chr. als eigene Provinz gegründet; unter Hadrian in *Syria Palaestina* umbenannt |
| 9 n. Chr. | *Dalmatia*<br>*Pannonia* | infolge von Aufständen wird *Illyricum* in zwei Militärbezirke aufgegliedert, die wohl in flavischer Zeit zu regulären Provinzen erhoben wurden; aus *Pannonia* entstanden unter Trajan die Provinzen *Pannonia superior* und *inferior* |
| 14 n. Chr. | *Germania inferior*<br>*Germania superior* | Einrichtung der beiden germanischen Heeresbezirke; 84/85 n. Chr. als Provinzen konstituiert |
| um 18 n. Chr. | *Cappadocia* | als Subprovinz von *Syria* oder als prokuratorische Provinz organisiert |
| 43 n. Chr. | *Britannia* | Eroberung des Südostens der Insel und umgehende Einrichtung als Provinz; unter Septimius Severus oder Caracalla Teilung in *Britannia superior* und *inferior* |

| | | |
|---|---|---|
| 43 n. Chr. | *Lycia (et) Pamphylia* | nach vorhergegangener Annexion wird *Lycia* als Provinz organisiert; strittig ist, ob *Lycia* von Anfang an mit der Landschaft *Pamphylia* (die seit 43 v. Chr. zu *Asia* gehörte) zu einer Provinz vereinigt ist |
| 43 n. Chr. | *Mauretania Tingitana*<br>*Mauretania Caesariensis* | nach dem gewaltsamen Tod des letzten Königs (wohl Anfang 40 n. Chr.) sollte dessen Reich provinzialisiert werden; infolge von Widerstand war dies erst rund drei Jahre später möglich |
| 44 n. Chr. | *Moesia* | als eigene Provinz konstituiert; von 15 n. Chr. an war Mösien Teil eines großen administrativ-militärischen Komplexes, der auch *Achaea* und *Macedonia* umfasste; wohl 85/86 n. Chr. geteilt in *Moesia superior* und *inferior* |
| 45/46 n. Chr. | *Thracia* | nach einem Aufstand annektiert und als Provinz eingerichtet |
| unter Claudius | *Alpes Poeninae* | die Provinz entsteht durch die Abtrennung des Wallis von der Provinz *Raetia*; mit den *Alpes Graiae* zeitweise oder permanent vereinigt |
| unter Claudius | *Alpes Graiae* | das Gebiet der Ceutroner wurde wohl unter Claudius als Provinz organisiert |
| um 63 n. Chr. | *Alpes Cottiae* | nach dem Tod von Cottius II. wird dessen Reich in eine Provinz umgeformt |
| 106 n. Chr. | *Arabia* | nach vorangegangener Annexion wird das Reich der Nabatäer als Provinz eingerichtet |
| 106 n. Chr. | *Dacia* | nach schweren Kriegen erobert und als Provinz eingerichtet; wohl 118 n. Chr. Teilung in *Dacia inferior* und *superior*, vor April 123 n. Chr. Schaffung der *Dacia Porolissensis* (aus *Dacia superior* ausgegliedert); unter Marc Aurel Zusammenschluss zur Provinz *Tres Daciae* |
| 114 n. Chr. | *Armenia* | eingenommen; Aufbau einer Provinzorganisation; existierte nur kurze Zeit, da nach Trajans Tod aufgegeben |
| 114 n. Chr. | *Mesopotamia* | eingenommen; Aufbau einer Provinzorganisation?; existierte nur kurze Zeit, da nach Trajans Tod aufgegeben |
| 116 n. Chr. | *Assyria* | eingenommen; Aufbau einer Provinzorganisation?; existierte nur kurze Zeit, da nach Trajans Tod aufgegeben |
| unter Trajan (?) | *Epirus* | *Epirus*, das zu *Macedonia* gehörte, wird (eventuell schon unter Nero) als eigenständige Provinz konstituiert |
| unter Hadrian (?) | *Tres Eparchiae* | *Cilicia*, *Lycaonia* und *Isauria* bilden kurzzeitig eine Provinz |
| Marc Aurel | *Marcomannia*<br>*Sarmatia* | ob Marc Aurel die Gründung dieser Provinzen plante, ist strittig; auf jeden Fall wurden sie nie eingerichtet |
| 195 n.Chr. | *Osrhoena* | *Osrhoena* wird entweder als Subprovinz *Syria Coele* angegliedert oder als eigene Provinz konstituiert |
| Septimius Severus (?) | *Numidia* | der 39 n. Chr. eingerichtete Militärbezirk wird in eine reguläre Provinz überführt |
| um 214 n. Chr. | *Hispania superior Callaecia* | entstanden durch Ausgliederung von *Asturia (et) Callaecia* aus der Provinz *Hispania citerior Tarraconensis*; hatte nicht lange Bestand |
| unter Severus Alexander | *Pontus* | entstanden wohl aus aus *Galatia (et) Cappadocia* ausgegliederten Teilen |
| 249/250 n. Chr. oder etwas früher | *Caria et Phrygia* | entstanden durch Auskoppelung aus der Provinz *Asia* |
| um 275 n. Chr. | *Novempopuli* | das Territorium der *Novempopuli* könnte unter Aurelian (270–275 n. Chr.) oder unter Probus (276–282 n. Chr.), also vor der Provinzreform Diokletians, von dem Gebiet nördlich der Garonne losgelöst und als eigene Provinz eingerichtet worden sein |

Mare Germanicum
Eburacum
BRITANNIA
Londinium
Oceanus Atlanticus
Mare Britannicum
GERMANIA INFERIOR
Vetera
Colonia Claudia Ara Agrippinensium
GALLIA BELGICA
Bonna
GALLIA LUGDUNENSIS
Lutetia
Augusta Treverorum
Mogontiacum
GERMAN MAGNA
Liger
Rhenus
Castra Regina
Argentorate
Augusta Vindelicum
Mare Cantabricum
GALLIA AQUITANICA
GERMANIA SUPERIOR
Cambodunum
Vindobona
RAETIA
NORICUM
Lugdunum
ALPES GRAIAE ET POENINAE
Axima
Virunum
Legio
Iberus
Segusio
ALPES COTTIAE
Mediolanum
Rhodanus
Padus
GALLIA NARBONENSIS
ALPES MARITIMAE
Arelate
Cemenelum
Ravenna
Romula
LUSITANIA
Tagus
Augusta Emerita
HISPANIA TARRACONENSIS
Tarraco
CORSICA
Alalia
Salonae
Mare Adriaticum
Ostia
Roma
Tiberus
Corduba
BAETICA
Baleares
SARDINIA
Nova Carthago
Carales
Tingi
Mare Ibericum
Mare Tyrrhenum
MAURETANIA TINGITANA
Volubilis
Iol caesarea
Segesta
MAURETANIA CAESARIENSIS
Cirta
NUMIDIA
Lambaesis
Carthago
SICILIA
Syracusae
Thysdrus
Mare Nostrum
Lepcis Magna
AFRICA PROCONSULARIS
Das römische Reich in seiner größten Ausdehnung (ca. 117 n. Chr.)
Reichsgrenze
Provinzgrenze
Städte

Potaissa
DACIA
Apulum
Sarmizegetusa
Viminacium
Danuvius
Tomis
Durosturum
Novae
MOESIA INF.
Pontus Euxinus
Mare Caspium
ARMENIA
THRACIA
Byzantium
PONTUS ET BITHYNIA
Perinthus
ACEDONIA
Thessalonike
Nicomedia
Ancyra
GALATIA
CAPPADOCIA
Nicopolis
Satala
Mare Aegaeum
ASIA
Pergamon
Melitene
Caesarea
Samosata
Edessa
Nisibis
Singara
Hatra
Antiochia
Zeugma
Corinthus
Athenae
Ephesus
LYCIA ET PAMPHYLIA
Tarsus
Euphrates
MESOPOTAMIA
ACHAEA
Perge
Halikarnassos
Sparta
Rhodos
Patara
Myra
CILICIA
Antiochia
SYRIA
Tigris
Dura Europos
Ktesiphon
CYPRUS
Raphanaea
Palmyra
Babylon
CRETA
Gortyna
Paphus
Euphrates
Bostra
Caesarea
Cyrene
Hierosolyma
IUDAEA
Alexandria
Petra
CYRENAICA
ARABIA
Memphis
AEGYPTUS
Nilus
Edfu
Sinus Arabicus
0 200 400 600 km

# Glossar

| | |
|---|---|
| *adventus* | Ankunft |
| *aerarium* | Schatzkammer, Staatskasse |
| *apparitor* | Gehilfe |
| *Augustus* | dem ersten Prinzeps am 16. Januar 27 v. Chr. neben weiteren Auszeichnungen vom Senat zuerkannter Ehrenname, später ebenso wie *Caesar* Titel der römischen Herrscher |
| *auxilia* | Auxiliareinheiten; sogenannte Hilfstruppen, bestehend aus *cohortes* (Infanterieeinheiten), *cohortes equitatae* (teilberittenen Truppen) und *alae* (Reitereinheiten); die Stärke betrug ca. 500 oder etwa 1000 Mann |
| *beneficiarius* | aufgrund eines Privilegs (*beneficium*) von seinen gewöhnlichen Dienstpflichten freigestellter und zu besonderen Aufgaben abkommandierter Soldat |
| *caput provinciae* | Hauptstadt einer Provinz |
| *caput viae* | Ausgangspunkt einer Straße |
| *census* | Volkszählung, Vermögensschätzung |
| *civitas* | Gemeinde, zu einer soziopolitischen Gemeinschaft vereinigte Personen; Zentralort eines Bezirks |
| *civitas foederata* | Gemeinwesen, mit dem ein Bündnis (*foedus*) bestand |
| *civitas Romana* | das römische Bürgerrecht, siehe dazu Cicero, Über die Gesetze 2,5: *m.E. gibt es zwei Vaterländer, eines von der Natur her und eines bezüglich des Bürgerrechts* |
| *cognomen* | Beiname; zum Beispiel: Agrippa, Cicero, Nero |
| *conductor* | Pächter |
| *consilium* | Rat, Versammlung der Ratgeber |
| *consilium provinciae* | Landtag einer Provinz |
| *consul ordinarius* | Konsul, der zu Beginn des Amtsjahres den Konsulat antritt, auch eponymer (namengebender) Konsul genannt |
| *consul suffectus* | der nachgewählte Konsul (im Gegensatz zum *consul ordinarius*, dem zuerst gewählten Konsul) |
| *conventus* | Versammlung, Konvent, Gerichtsbezirk |
| *cornicularius* | *cornicularii* sind in der Reichs- und Heeresverwaltung tätig. Sie fungierten als Leiter der Schreibbüros sowohl in internen als auch in externen Angelegenheiten und trugen entsprechende Verantwortung. |
| *corrector* | Korrektor, Verbesserer |
| *curator* | Kurator, Fürsorger |
| *decemviri* | Dezemvirn, Kollegium von zehn Männern |
| *decurio* | Ratsherr, Mitglied des städtischen Rats; beim Militär: Führer einer Reiterabteilung |
| Denar (*denarius*) | s. Sesterz |
| *dilectus* | Aushebung von Soldaten |
| *domus Augusta, domus imperatoria* | das kaiserliche Haus |
| *duovir (duumvir, IIvir)* | städtisches Amt, „Bürgermeister" |
| *eparcheía* | Provinz, Verwaltungseinheit, Region |
| *eques Romanus* (Plural: *equites Romani*) | Angehöriger des Ritterstandes, römischer Ritter |
| *equites singulares* | aus den Auxiliareinheiten ausgewählte Reiter, die dem Statthalter als Gardereiterei dienten; nicht zu verwechseln mit den *equites singulares Augusti*, der berittenen Garde des Herrschers |
| *excusatio* | Entschuldigung; Bitte, ein Amt nicht ausüben zu müssen |
| *exercitus Romanus* | die Gesamtheit der römischen Streitkräfte, bestehend aus Fußtruppen, Reitereinheiten, gemischten Verbänden, Flotten |
| *fasces* | Rutenbündel, aus deren Mitte ein Beil herausragt |
| *fiscus* | Einkünfte, Kasse des Herrschers |
| *flamen* | Priester, Flamen |

| | |
|---|---|
| *haruspex* | Opferschauer |
| *imperium* | Amtsgewalt der höchsten Magistrate; beinhaltet das Recht zur Heerführung und Rechtsprechung; seit der Zeitenwende auch territorial gebraucht (Herrschaftsgebiet) |
| *imperium proconsulare maius* | allen anderen Imperiumsträgern übergeordnete Gewalt des Herrschers |
| *ingressus* | Eintritt (insbesondere eines Statthalters in die Provinz) |
| *ius gladii* | Schwertrecht; das Recht, Todestrafen zu verhängen |
| *ius Latii* | latinisches Bürgerrecht; es garantierte ehemaligen munizipalen Magistraten den Erhalt des römischen Bürgerrechts |
| *koinón* | Gemeinde, Bund |
| Konsular | Senator, der den Konsulat bekleidet hat |
| latinisches Recht | s. *ius Latii* |
| *legatus Augusti pro praetore (provinciae)* | Statthalter einer kaiserlichen Provinz; Rang: Senator, ehemaliger Prätor oder Konsul |
| *legatus iuridicus* | vom Herrscher bestellter Senator, der den Statthalter in der Rechtsprechung entlastete |
| *legatus legionis* | Legionslegat, Kommandeur (nicht Kommandant!) einer Legion |
| *legio* | Legion, eine ca. 4200–5000 Mann starke Infanterieeinheit mit einer 120 Mann starken Reiterabteilung. Normalerweise hatten allein römische Bürger Zugang zum Dienst in den Legionen.<br>Die Benennung einer Legion besteht aus einer Ziffer (z.B. *legio I*) und seit Beginn der Kaiserzeit einem Beinamen. Zusätzlich zu ihrem dreigliedrigen Namen können Truppen noch ehrenhalber weitere Titel führen. |
| *leuga* | Flächenmaß; eine Leuge wird für gewöhnlich 7500 römischen Fuß = 1,5 römischen Meilen gleichgesetzt (rund 2222 m) |
| *lex* | Gesetz |
| *lictor* | Amtsdiener eines römischen Magistraten |
| *mandata* | Instruktionen, Dienstanweisungen |
| *mos maiorum* | Brauch, Sitte der Vorfahren |
| *nomen gentile* | Familienname, zum Beispiel: Antonius, Iulius, Tullius; s. *tria nomina* |
| *officiales* | im *officium* beschäftigte Personen |
| *officium* | Dienst, Pflicht, Amt; räumlich: Büro, Stabsgebäude, Verwaltung |
| *ordo decurionum* | städtischer Rat |
| *ordo equester* | Ritterstand |
| *ordo senatorius* | Senatorenstand |
| *pagus* | der nicht urbanisierte Gau, Bezirk |
| *patrimonium* | Vermögen, insbesondere das kaiserliche Privatvermögen |
| *populus Romanus* | das römische Volk |
| *praefectus* | Aufseher, Vorsteher, militärischer Befehlshaber |
| *praenomen* | Vorname; zum Beispiel: Lucius, Marcus, Titus; s. *tria nomina* |
| *praeses (provinciae)* | Vorsteher einer Provinz, Statthalter; in der späteren Kaiserzeit übliche Bezeichnung für Provinzstatthalter gleich welchen Ranges |
| *praetor* | Prätor |
| *praetor peregrinus* | Fremdenprätor |
| *praetor urbanus* | Stadtprätor |
| Präsidialprokurator | Statthalter einer kaiserlichen Provinz; Rang: Ritter |
| Prätorier | Senator, der die Prätur bekleidet hat |
| *princeps* | der Erste, das Oberhaupt, der Angesehenste, Vornehmste; Bezeichnung zum Beispiel für den römischen Herrscher, die Führer des Senats, der *civitates* |
| *probatio* | Tauglichkeitsprüfung |
| *proconsul* | Statthalter einer Volk und Senat gehörigen Provinz; Rang: Senator |
| *procurator Augusti (provinciae)* | Statthalter einer kaiserlichen Provinz; Rang: Ritter |
| *provincia* (Plural: *provinciae*) | Aufgabengebiet eines Magistraten; territorial: Verwaltungseinheit |

| | |
|---|---|
| *provincia inermis* | von Truppen entblößte Provinz; gemeint ist: eine Provinz, in der keine Legion stationiert ist |
| *publicanus* | Steuerpächter |
| *quaestor* | Quästor |
| Quästorier | Senator, der die Quästur bekleidet hat |
| *regio* | Bezirk, Gebiet |
| *repetundae* | Anklage wegen Erpressung |
| *res publica* | Staatswesen |
| *sacerdos* | Priester |
| *senatus consultum* | förmlicher Beschluss des römischen Senats |
| *septemvir epulonum* | Mitglied des aus sieben Männern bestehenden Priesterkollegiums, das die öffentlichen Essen bei Götterfesten besorgte |
| Sesterz (*sestertius*) | römische Münze (meist aus Messing); in der Kaiserzeit galt folgendes Wertverhältnis: 4 Sesterzen = 1 Denar (Silbermünze); 100 Sesterzen = 1 Aureus (Goldmünze); 4 Asse (Kupfermünzen) = 1 Sesterz |
| *sors* | Los |
| *summa honoraria, summa legitima* | Eintrittsgeld (zu zahlen bei Aufnahme in den Stadtrat, bei Übernahme einer städtischen oder sakralen Würde) |
| *tria nomina* | dreiteiliger Name römischer Bürger bestehend aus *praenomen* (Vornamen), *nomen gentile* (Familiennamen) und *cognomen* (Beinamen) |
| *via publica* | auf *solum publicum* (öffentlichem, d.h. staatlichem Grund) erbaute Straße |
| *victimarius* | Opferdiener |

# Quellen und Literatur

## Antike Autoren

Die Romrede des **Aelius Aristides**. Herausgegeben, übersetzt und mit Erläuterungen versehen von R. Klein, Darmstadt 1983.

**Appian** von Alexandria, Römische Geschichte. Zweiter Teil: Die Bürgerkriege. Übersetzt von O. Veh, durchgesehen, eingeleitet und erläutert von W. Will. Bibliothek der griechischen Literatur 27, Stuttgart 1989.

**Augustus**, Meine Taten, nach dem Monumentum Ancyranum, Apolloniense und Antiochenum. Lat.-griech.-dt., übersetzt und herausgegeben von E. Weber, 6. Aufl. München 1999 (Studienausgabe 2004).

C. Iulius **Caesar**, Der Bürgerkrieg mit den Berichten über den Alexandrinischen, Afrikanischen und Spanischen Krieg. Übersetzt von H. Simon, Bremen 1964.

**Cassius Dio**, Römische Geschichte. Übersetzt von O. Veh, 5 Bände, 2. überarbeitete Aufl. eingeleitet von H. J. Hillen, Berlin 2012.

M. Tullius **Cicero**, An seine Freunde. Lat.-dt., herausgegeben von H. Kasten, 3. Aufl. München 1980.

M. Tullius **Cicero**, Die politischen Reden. Lat.-dt., herausgegeben, übersetzt und erläutert von M. Fuhrmann, 3 Bände, Darmstadt 1993.

M. Tullius **Cicero**, Atticus-Briefe. Herausgegeben von H. Kasten, 5. Auflage Düsseldorf, Zürich 1997.

M. Tullius **Cicero**, Über die Gesetze. Lat.-dt., herausgeben, übersetzt und erläutert von R. Nickel, 3. Aufl. München, Zürich, Berlin 2013.

Corpus Iuris civilis: **Digesten**. Gemeinschaftlich übersetzt und herausgegeben von O. Behrends, R. Knütel, B. Kupisch, H.H. Seiler, Heidelberg 1995ff. (bislang sind die Bücher 1–34 in 5 Bänden erschienen).

**Dionysius** (Halicarnassensis), The Roman Antiquities, 7 Bände, griech.-engl., übersetzt von E. Cary auf Basis der Übersetzung von E. Spelman, London 1960ff., Nachdruck Cambridge, Mass. 2001ff.

**Eutropius**, Breviarum ab urbe condita. Herausgegeben von C. Santini, Stuttgart, Leipzig 1992.

**Historia Augusta**, Römische Herrschergestalten. Band 1: Von Hadrian bis Alexander Severus; Band 2: Von Maximinus Thrax bis Carinus. Übersetzt von E. Hohl, bearbeitet und erläutert von E. Merten und A. Rösger, Zürich, München 1976 (Bd. 1) und 1985 (Bd. 2).

**Juvenal**, Satiren. Lat.-dt., herausgegeben, übersetzt und mit Anmerkungen versehen von J. Adamietz, Darmstadt 1993.

T. **Livius**, Römische Geschichte, 45 Bücher. Lat.-dt., herausgegeben von H.J. Hillen, 1.–4. Aufl. Darmstadt 1974–2000.

C. Caecilius **Plinius** Secundus, Briefe. Lat.-dt., herausgegeben von H. Kasten, 8. Aufl. Zürich 2003.

**Plutarch**, Große Griechen und Römer. Übersetzt und mit Anmerkungen versehen von K. Ziegler und H. J. Hillen, 6 Bände, 3. überarbeitete Aufl. Mannheim 2010.

T. Catius **Silius Italicus**, Punica. Das Epos vom Zweiten Punischen Krieg. Lat. Text mit Einleitung, Übersetzung, kurzen Erläuterungen, Eigennamenverzeichnis und Nachwort von H. Rupprecht, 2 Bände, Mitterfels 1991.

**Strabon**s Geographica. Text mit Übersetzung und Kommentar, herausgegeben von St. Radt, 10 Bände, Göttingen 2002–2011.

C. **Suetonius** Tranquillus, Die Kaiserviten und Berühmte Männer. Lat.-dt., herausgegeben und übersetzt von H. Martinet, Düsseldorf, Zürich 1997.

P. Cornelius **Tacitus**, Annalen. Lat.-dt., herausgegeben von E. Heller, 6. Aufl. Mannheim 2010.

P. Cornelius **Tacitus**, Historien. Lat.-dt., herausgegeben und übersetzt von J. Borst unter Mitarbeit von H. Hross und H. Borst, 7. Aufl. Mannheim 2010.

### Auflösungen der Abkürzungen für Editionen von Inschriften und Papyri

| | |
|---|---|
| AE | L'Année Épigraphique |
| CIL | Corpus inscriptionum Latinarum |
| OGIS | Orientis graeci inscriptiones selectae |
| P.Yadin | The Documents from the Bar Kokhba Period in the Cave of the Letters – Greek Papyri (P.Yadin), ed. N. Lewis; Aramic and Nabatean Signatures and Subscriptions, ed. Y. Yadin, J.C. Greenfield, Jerusalem 1989 |
| P.Yale | Yale Papyri in the Beinecke Rare Book and Manuscript Library. Bd. I ed. J.F. Oates, A.E. Samuel, C.B. Welles, New Haven-Toronto 1967 (Nr. 1–85); Bd. II ed. S.A. Stephens, Chico 1985 (Nr. 86–136) |
| RIB | The Roman Inscriptions of Britain |
| SEG | Supplementum Epigraphicum Graecum |

Die lateinischen Inschriften sind online verfügbar unter: http://www.manfredclauss.de (geprüft 11.3.2016). Hier finden sich zu den jeweiligen Inschriften bibliografische Angaben, oft auch Fotos und Verweise auf weitere online-Publikationen.

### Verwaltung des Imperium Romanum, Provinzeinrichtung

Alpers, M., Das nachrepublikanische Finanzsystem. Fiscus und Fisci in der frühen Kaiserzeit. Untersuchungen zur antiken Literatur und Geschichte 45, Berlin, New York 1995.

Ausbüttel, F.M., Die Verwaltung des römischen Kaiserreiches. Von der Herrschaft des Augustus bis zum Niedergang des Weströmischen Reiches, Darmstadt 1998.

Barrandon, N., Kirbihler, F., Administrer les provinces de la République romaine. Actes du colloque de l'université de Nancy II, 4–5 juin 2009, Rennes 2010.

Bost, J.-P., Fabre, G., Aux origines de la province de Novempopulanie: Nouvel examen de l'inscription d'Hasparren. Aquitania 6, 1988, S. 167–178.

Braunert, H., Der römische Provinzialzensus und der Schätzungsbericht des Lukas-Evangeliums. Historia 6, 1957, S. 192–214 = ders., Politik, Recht und Gesellschaft in der griechisch-römischen Antike. Gesammelte Aufsätze und Reden, hrsg. v. K. Telschow und M. Zahrnt. Kieler Historische Studien 26, Stuttgart 1980, S. 213–237.

Burton, G.P., Powers and Functions of Proconsuls in the Roman Empire, 70–260 A.D. Diss. Phil. Oxford 1973.

Burton, G.P., Provincial Procurators and the Public Provinces. Chiron 23, 1993, S. 13–28.

Cotton, H.M., Cassius Dio, Mommsen and the quinquefascales. Chiron 30, 2000, S. 217–234.

Deininger, J., Die Provinziallandtage der römischen Kaiserzeit von Augustus bis zum Ende des dritten Jahrhunderts n. Chr. Vestigia 6, München 1965.

Demougin, S., Les débuts des provinces procuratoriennes, in: I. Piso (Hrsg.), Die römischen Provinzen. Begriff und Gründung, Cluj-Napoca 2008, S. 65–79.

Eck, W., Die Verwaltung des römischen Reiches in der hohen Kaiserzeit. Ausgewählte und erweiterte Beiträge, 2. Bd. , hrsg. v. R Frei-Stolba, M.A. Speidel. Arbeiten zur römischen Epigraphik und Altertumskunde 3, Basel 1997.

Eck, W. (Hrsg.), Lokale Autonomie und römische Ordnungsmacht in den kaiserzeitlichen Provinzen vom 1. bis 3. Jahrhundert. Schriften des Historischen Kollegs, Kolloquien 42, München 1999.

Eck, W., Die politisch-administrative Struktur der kleinasiatischen Provinzen während der hohen Kaiserzeit, in: G. Urso (Hrsg.), Tra Oriente e Occidente. Indigeni, Greci e Romani in Asia minore. Atti del convegno internazionale, Cividale del Friuli, 28–30 settembre 2006. I convegni della Fondazione Niccolò Canussio 6, Pisa 2007, S. 189–207.

Eck, W., Die Benennung von römischen Amtsträgern und politisch-militärisch-administrativen Funktionen bei Flavius Iosephus – Probleme der korrekten Identifizierung. Zeitschrift für Papyrologie und Epigraphik 166, 2008, S. 218–226.

Eck, W., Ämter und Verwaltungsstrukturen in Selbstverwaltungseinheiten der frühen römischen Kaiserzeit, in: Th. Schmeller, M. Ebner, R. Hoppe (Hrsgg.), Neutestamentliche Ämtermodelle im Kontext. Quaestiones Disputatae 239, Freiburg, Basel, Wien 2010, S. 9–33.

Edelmann-Singer, B., Koina und Concilia. Genese, Organisation und sozioökonomische Funktion der Provinziallandtage im römischen Reich. HABES 57, Stuttgart 2015.

Eich, P., Eich, A., Attius Cornelianus, *v.p. praeses provinciae Pamfiliae* (mit einer Appendix von M. Waelkens). Chiron 42, 2012, S. 109–130.

Elster, M., Die Gesetze der mittleren römischen Republik, Darmstadt 2003.

Engesser, F., Der Stadtpatronat in Italien und den Westprovinzen des römischen Reiches bis Diokletian. Diss. (masch.) Freiburg i.Br.1957.

Franke, Th., Die Legionslegaten der römischen Armee in der Zeit von Augustus bis Traian. Bochumer historische Studien, Alte Geschichte 9, Bochum 1991.

Funke, P., Rom und das Nabatäerreich bis zur Aufrichtung der Provinz Arabia, in: H.-J. Drexhage, J. Sünskes (Hrsgg.), Migratio et Commutatio. Studien zur Alten Geschichte und deren Nachleben. Festschrift Thomas Pekáry, St. Katharinen 1989, S. 1–18.

Gebhardt, A., Imperiale Politik und provinziale Entwicklung. Untersuchungen zum Verhältnis von Kaiser, Heer und Städten im Syrien der vorseverischen Zeit. Klio. Beiträge zur Alten Geschichte, Beih. N.F. 4, Berlin 2002.

Günther, S., „Vectigalia nervos esse rei publicae". Die indirekten Steuern in der Römischen Kaiserzeit von Augustus bis Diokletian. Philippika, Marburger altertumskundliche Abhandlungen 26, Wiesbaden 2008.

Haensch, R., Das Statthalterarchiv. Zeitschrift der Savigny-Stiftung für Rechtsgeschichte 109, 1992, S. 209–317.

Haensch, R., Capita provinciarum. Statthaltersitze und Provinzialverwaltung in der römischen Kaiserzeit. Kölner Forschungen 7, Mainz 1997.

Haensch, R., Heinrichs, J. (Hrsg.), Herrschen und Verwalten. Der Alltag der römischen Administration in der Hohen Kaiserzeit. Kölner Historische Abhandlungen 46, Köln, Weimar, Wien 2007.

Herrmann, P., Hilferufe aus römischen Provinzen. Ein Aspekt der Krise des römischen Reiches im 3. Jhdt. n. Chr. Sitzungsber. Joachim Jungius-Gesellschaft der Wissenschaften e.V., Hamburg, Jg. 8, Heft 4, Hamburg 1990.

Horstkotte, H., Die 1804 Konventseingaben in P.Yale 61. Zeitschrift für Papyrologie und Epigraphik 114, 1996, S. 189–193.

Hurlet, F., *Pro consule vel pro praetore?* À propos des titres et des pouvoirs des gouverneurs prétoriens d'Afrique, de Sicile et de Sardaigne-Corse sous la République romaine (227–52 av. J.-C.). Chiron 42, 2012, S. 97–108.

Jacques, F., Les curateurs des cités dans l'Occident romain de Trajan à Gallien. Études prosopographiques, Paris 1983.

Jördens, A., Eine kaiserliche Konstitution zu den Rechtsprechungskompetenzen der Statthalter. Chiron 41, 2011, S. 327–355.

Kolb, A. (Hrsg.), Herrschaftsstrukturen und Herrschaftspraxis: Konzepte, Prinzipien und Strategien von Herrschaftsorganisation und Administration im römischen Kaiserreich, Berlin 2006.

Kovacs, P., Some Notes on the Division of Illyricum, in: I. Piso (Hrsg.), Die römischen Provinzen. Begriff und Gründung, Cluj-Napoca 2008, S. 237–248.

Lehnen, J., *Adventus principis.* Untersuchungen zu Sinngehalt und Zeremoniell der Kaiserankunft in den Städten des Imperium Romanum. Prismata, Beiträge zur Altertumswissenschaft 7, Frankfurt a.M. u.a. 1997.

Lepelley, C. (Hrsg.), Rom und das Reich in der hohen Kaiserzeit. 44 v. Chr. – 260 n. Chr. Bd. 2: Die Regionen des Reiches. Aus dem Französischen und Englischen übersetzt v. P. Riedlberger, München, Leipzig 2001.

Meyer-Zwiffelhoffer, E., *Politikōs árchein.* Zum Regierungsstil der senatorischen Statthalter in den kaiserzeitlichen griechischen Provinzen. Historia Einzelschriften 165, Stuttgart 2002.

Meyer-Zwiffelhoffer, E., Imperium Romanum. Geschichte der römischen Provinzen, München 2009.

Nicolet, C. (Hrsg.), Rome et la conquête du monde méditerranéen, 267–27 avant J.-C. Bd. 2: Genèse d'un Empire. Nouvelle Clio 8 bis, Paris 1978.

Nicolet, C., L'origine des regiones Italiae augustéennes. Cahiers du Centre Gustave Glotz 2, 1991, S. 73–97.

Sänger, P., Kommunikation zwischen Prätorianerpräfekt und Statthalter: Eine Zweitschrift von IvE la 44. Chiron 40, 2010, S. 89–101.

Schulz, R., Herrschaft und Regierung. Roms Regiment in den Provinzen in der Zeit der Republik, Paderborn u.a. 1997.

Stauner, K., Das offizielle Schriftwesen des römischen Heeres von Augustus bis Gallienus (27 v. Chr.–268 n. Chr.). Eine Untersuchung zu Struktur, Funktion und Bedeutung der offiziellen militärischen Verwaltungsdokumentation und zu deren Schreibern, Bonn 2004.

Strauch, D., Römische Politik und griechische Tradition. Die Umgestaltung Nordwest-Griechenlands unter römischer Herrschaft. Quellen und Forschungen zur Antiken Welt 22, München 1996.

Thomasson, B.E., Legatus. Beiträge zur römischen Verwaltungsgeschichte. Acta Instituti Romani Regni Sueciae, Ser. IN 8°, XVIII, Stockholm 1991.

Vitale, M., Eparchie und Koinon in Kleinasien von der ausgehenden Republik bis ins 3. Jh. n. Chr. Asia minor Studien 67, Bonn 2012.

Weber, E., Die Anfänge der Provinz Noricum, in: I. Piso (Hrsg.), Die römischen Provinzen. Begriff und Gründung, Cluj-Napoca 2008, S. 225–235.

Wendt, Chr., *Sine fine.* Die Entwicklung der römischen Außenpolitik von der späten Republik bis in den frühen Prinzipat, Berlin 2008.

Wesch-Klein, G., Provincia. Okkupation und Verwaltung der Provinzen des Imperium Romanum von der Inbesitznahme Siziliens bis auf Diokletian. Ein Abriß. Antike Kultur und Geschichte 10, Münster 2008.

## Städte, Siedlungen, Verwaltungseinheiten

Beltrán Lloris, F., An Irrigation Decree from Roman Spain: The Lex Rivi Hiberiensis. The Journal of Roman Studies 96, 2006, S. 147–197.

Galsterer, H., Civitas. Der Neue Pauly 2 (1997), S. 1224–1226.

Galsterer, H., Pagus. Der Neue Pauly 9 (2000), S. 146–147.

Galsterer, H., Wie funktioniert eine römische Stadt? Die administrative Infrastruktur römischer Gemeinden. Kölner Jahrbuch 45, 2010 (= Zwischen Orient und Okzident. Festschrift für Hansgerd Hellenkemper, hrsg. v. F. Naumann-Steckner, B. Päffgen, R. Thomas), S. 257–265.

von Petrikovits, H., Kleinstädte und nichtstädtische Siedlungen im Nordwesten des Römischen Reiches, in: H. Jahnkuhn, R. Schützeichel und F. Schwind (Hrsgg.), Das Dorf der Eisenzeit und des frühen Mittelalters. Abhdl. d. Akad. d. Wiss. in Göttingen, Phil.-hist. Kl., 3. Folge Nr. 101 (1977), S. 86–135 = ders., Beiträge zur römischen Geschichte und Archäologie II. Beihefte Bonner Jahrbücher 49, Köln, Bonn 1991, S. 17–54.

Wolff, H., Civitates ohne städtischen Zentralort, in: F.-R. Erkens, H. Wolff (Hrsg.), Von Sacerdotium und Regnum. Geistliche und weltliche Gewalt im frühen und hohen Mittelalter. Festschrift für Egon Boshof zum 65. Geburtstag, Köln, Weimar, Wien 2002, S. 3–10.

## Einzelne Provinzen, Regionen

Alföldy, G., Bevölkerung und Gesellschaft der römischen Provinz Dalmatien. Mit einem Beitrag von A. Mócsy, Budapest 1965.

Alföldy, G., Noricum. The Provinces of the Roman Empire, London, Boston 1974.

Alföldy, G., Die Romanisierung in den Donauprovinzen Roms, in: P. Kneissl, V. Losemann (Hrsgg.), Alte Geschichte und Wissenschaftsgeschichte. Festschrift für Karl Christ zum 65. Geburtstag, Darmstadt 1988, S. 1–21.

Alföldy, G., Der Status der Provinz Baetica um die Mitte des 3. Jahrhunderts, in: R. Frei-Stolba, M.A. Speidel (Hrsgg.), Römische Inschriften – Neufunde, Neulesungen und Neuinterpretationen. Festschrift für Hans Lieb. Zum 65. Geburtstag dargebracht von seinen Freunden und Kollegen. Arbeiten zur römischen Epigraphik und Altertumskunde 2, Basel 1995, S. 29–42.

Alföldy, G., Städte, Eliten und Gesellschaft in der Gallia Cisalpina. Epigraphisch-historische Untersuchungen. HABES 30, Stuttgart 1999.

Alföldy, G., Provincia Hispania superior. Heidelberger Akad. d. Wiss., Phil.-hist. Kl., Schriften 19, Heidelberg 2000.

Bechert, T., Die Provinzen des Römischen Reiches. Einführung und Überblick. Zaberns Bildbände zur Archäologie, Mainz 1999.

Behrwald, R., Der Lykische Bund. Untersuchungen zu Geschichte und Verfassung. Antiquitas 1, 48, Bonn 2000.

Brandt, H., Gesellschaft und Wirtschaft Pamphyliens und Pisidiens im Altertum. Asia Minor Studien 7, Bonn 1992.

Brandt, H., Kolb, F.. Lycia et Pamphylia. Eine römische Provinz im Südwesten Kleinasiens, Mainz 2005.

Brodersen, K., Das römische Britannien. Spuren seiner Geschichte, Darmstadt 1998.

Cancik, H., Hitzl, K. (Hrsgg.), Die Praxis der Herrscherverehrung in Rom und seinen Provinzen, Tübingen 2003.

Chapell, L.St., Romanization in Dacia. Diss. University of California 2005.

Cornwell, H., The King Who Would Be Prefect: Authority and Identity in the Cottian Alps. The Journal of Roman Studies 105, 2015, 41–72.

Cotton, H., Some Aspects of the Roman Administration of Judaea/Syria-Palaestina, in: W. Eck (Hrsg.), Lokale Autonomie und römische Ordnungsmacht in den kaiserzeitlichen Provinzen vom 1. bis 3. Jahrhundert. Schriften des Historischen Kollegs, Kolloquien 42, München 1999, S. 75–91.

Creighton, J., Britannia. The Creation of a Roman Province, London, New York 2006.

Daubner, F., Bellum Asiaticum. Der Krieg der Römer gegen Aristonikos von Pergamon und die Einrichtung der Provinz Asia. Quellen und Forschungen zur Antiken Welt 41, 2. überarb. Aufl. München 2006.

Dmitriev, S., The End of *provincia Asia*. Historia 50, 2001, S. 468–478.

Dmitriev, S., The History and Geography of the Province of Asia during its First Hundred Years and the Provincialization of Asia minor. Athenaeum 93,1, 2005, S. 71–133.

Dobó, A., Die Verwaltung der römischen Provinz Pannonien von Augustus bis Diokletianus: Die provinziale Verwaltung, Amsterdam 1968.

Drexhage, H.W., Wirtschaftspolitik und Wirtschaft in der römischen Provinz Asia in der Zeit von Augustus bis zum Regierungsantritt Diokletians, Bonn 2007.

Eck, W., Augustus und die Großprovinz Germanien. Kölner Jahrbuch 37, 2004, S. 11–22.

Eck, W., Rom und Judaea. Fünf Vorträge zur römischen Herrschaft in Palaestina. Tria Corda, Jenaer Vorlesungen zu Judentum, Antike und Christentum 2, Tübingen 2007.

Ferrary, J.-L., Les gouverneurs des provinces romaines d'Asie Mineure (Asie et Cilicie), depuis l'organisation de la province d'Asie jusqu'á la première guerre de Mithridate (126–88 av. J.-C.). Chiron 30, 2000, S. 161–193.

Freeman, P., The Province of Cilicia and its Origins, in: ders., D. Kennedy (Hrsgg.), The Defence of the Roman and

Byzantine East. Proceedings of a Colloquium held at the University of Sheffield in April 1986. British Inst. of Arch. at Ankara, Monograph No. 8. BAR Int. Ser. 297 (i), Oxford 1986, S. 253–275.

Graßl, H., Der Prozess der Provinzialisierung im Ostalpen- und Donauraum im Bild der neueren Forschung, in: Chr. Franek, S. Lamm, T. Neuhauser, B. Porod, K. Zöhrer (Hrsgg.): Thiasos. Festschrift für Erwin Pochmarski zum 65. Geburtstag, Wien 2008, S. 343–348.

Gray, E.W., M.'Aquillius and the Organization of the Roman Province of Asia, in: Proceedings of the X[th] International Congress of Classical Archaeology, Ankara-İzmir 1973, Ankara 1978, 2, S. 965–977.

Groag, E., Die römischen Reichsbeamten von Achaia bis auf Diokletian. Schriften der Balkankommission, Antiquarische Abteilung 9, Wien 1939.

Gudea, N., Lobüscher, Th., Dacia. Eine Provinz zwischen Karpaten und Schwarzem Meer. Orbis provinciarum, Mainz 2006.

Jones, C., Events Surrounding the Bequest of Pergamon to Rome and the Revolt of Aristonicos: New Inscriptions from Metropolis. Journal of Roman Archaeology 17, 2004, S. 480–481.

Jördens, A., Statthalterliche Verwaltung in der römischen Kaiserzeit. Studien zum praefectus Aegypti. Historia 175, Stuttgart 2009.

Kaizer, T., Facella, M., Kingdoms and Principalities in the Roman Near East. Oriens et Occidens 19, Stuttgart 2010.

Kallet-Marx, R.M., From Hegemony to Empire. The Development of the Roman Imperium in the East from 148 to 62 B.C., Berkeley, Los Angeles, Oxford 1995.

Kirner, G.O., Strafgewalt und Provinzialherrschaft. Schriften zur Rechtsgeschichte 109, Berlin 2004.

Kolb, F., Lykiens Weg in die römische Provinzordnung, in: N. Ehrhardt, L.M. Günther (Hrsgg.), Widerstand – Anpassung – Integration. Die griechische Staatenwelt und Rom. Festschrift für Jürgen Deininger zum 65. Geburtstag, Stuttgart 2002, S. 203–221.

Kreuter, S., Die Beziehungen zwischen Rom und Kreta vom Beginn des zweiten Jahrhunderts v. Chr. bis zur Einrichtung der römischen Provinz, in: Chr. Schubert, K. Brodersen (Hrsgg.), Rom und der griechische Osten. Festschrift für Hatto H. Schmitt zum 65. Geburtstag, Stuttgart 1995, S. 135–150.

Kruse, Th., Der königliche Schreiber und die Gauverwaltung. Untersuchungen zur Verwaltungsgeschichte Ägyptens in der Zeit von Augustus bis Philippus Arabs (30 v. Chr.–245 n. Chr.). Archiv für Papyrusforschung und verwandte Gebiete, Beih. 11, Stuttgart, Leipzig 2002.

Le Roux, P., L'armée romaine et l'organisation des provinces ibériques d'Auguste à l'invasion de 409. Publication du Centre Pierre Paris 8. Collection de la Maison des Pays ibériques 9, Paris 1982.

Letta, C., Segenni, S. (Hrsgg.), Roma e le sue province. Dalla prima guerra punica a Diocleziano. Studi superiori/967, Studi storici, Rom 2015.

MacAdam, H.I., Studies in the History of the Roman Province of Arabia. The Northern Sector. BAR Int. Ser. 295, Oxford 1986.

Marek, Chr., Geschichte Kleinasiens in der Antike. Unter Mitarbeit von P. Frei, München 2010.

Marksteiner, T., Lykien. Ein archäologischer Führer, Wien 2010.

Mileta, Chr., Zur Vorgeschichte und Entstehung der Gerichtsbezirke der Provinz Asia. Klio 72, 1990, 2, 427–444.

Morabito, St., Entre Narbonnaise et Italie: le territoire de la province des Alpes Maritimae pendant l'Antiquité romaine (Ier s. av. J.-C.-Ve s. apr. J.-C.). Gallia 67, 2, 2010, S. 99–124.

Oltean, I.A., Dacia. Landscape, Colonisation and Romanisation, London 2007.

Papazoglou, F., Quelques aspects de l'histoire de la province de Macédoine. ANRW 2,7,1, 1979, S. 302–369.

Piso, I., An der Nordgrenze des Römischen Reiches. Ausgewählte Studien (1972–2003). HABES 41, Stuttgart 2005.

Potts, D.T., Mesopotamia, Iran and Arabia from the Seleucids to the Sasanians, Farnham 2010.

Riggs, Chr. (Hrsg.), The Oxford Handbook of Roman Egypt, Oxford 2012.

Sartre, M., L'Orient romain. Provinces et sociétés provinciales en Méditerranée orientale d'Auguste aux Sévères (31 avant J.-C.–235 après J.-C.), Paris 1991.

Šašel Kos, M., Pannonia or Lower Illyricum? Tyche 25, 2010, S. 123–130 mit Taf. 14.

Sasse, M., Geschichte Israels in der Zeit des Zweiten Tempels. Historische Ereignisse, Archäologie, Sozialgeschichte, Religions- und Geistesgeschichte, 2. Aufl. Neukirchen-Vluyn 2009.

Schmitt, H.H., Rom und Rhodos. Geschichte ihrer politischen Beziehungen seit der ersten Berührung bis zum Aufgehen des Inselstaates im römischen Weltreich. Münchener Beiträge zur Papyrusforschung und antiken Rechtsgeschichte 40, München 1957.

Schmitt, T., Provincia Cilicia. Kilikien im Imperium Romanum von Caesar bis Vespasian, in: T. Schmitt, W. Schmitz, A. Winterling (Hrsgg.), Gegenwärtige Antike – antike Gegenwarten. Kolloquium zum 60. Geburtstag von R. Rilinger, München 2005, S. 189–222.

Schrapel, Th., Das Reich der Kleopatra. Quellenkritische Untersuchungen zu den ‚Landschenkungen' Mark Antons. Trierer Historische Forschungen 34, Trier 1996.

Schulz, R., Herrschaft und Regierung. Roms Regiment in den Provinzen in der Zeit der Republik, Paderborn u.a. 1997.

Schürer, E., The History of the Jewish People in the Age of Jesus Christ, 3 Bände, überarbeitet und hrsg. von G. Vermes, F. Millar, M. Goodman, Edinburgh 1973–1987.

Seeman, C., Rome and Judea in Transition. Hasmonean Relations with the Roman Republic and the Evolution of the High Priesthood, New York u. a. 2013.

Speidel, M.A., Der römische Neubeginn im Gebiet der Helvetier und in der Vallis Poenina, in: ders., Heer und Herrschaft im römischen Reich der Hohen Kaiserzeit. Mavors Roman Army Researches 16, Stuttgart 2009, S. 545–562.

Speidel, M.A., Early Rule in Commagene, in: ders., Heer und Herrschaft im römischen Reich der Hohen Kaiserzeit. Mavors Roman Army Researches 16, Stuttgart 2009, S. 563–580.

Speidel, M.A., Cappadocia – Vom Königreich zur Provinz, in: ders., Heer und Herrschaft im römischen Reich der Hohen Kaiserzeit. Mavors Roman Army Researches 16, Stuttgart 2009, S. 581–594.

Staehelin, F., Geschichte der kleinasiatischen Galater, 2. Aufl. Leipzig 1907, Nachdruck Osnabrück 1973.

Strobel, K., Augustus und die Annexion des Alpenbogens. Die Einrichtung der Provinzen Raetia und Noricum. Germania 87, 2, 2009 (2012), S. 437–509.

Sullivan, R.D., Near Eastern Royalty and Rome. 100–30 B.C., Toronto 1990.

Varga, R., The Peregrini of Roman Dacia (106–212), Cluj-Napoca 2014.

Vasile, L., The Coming of Rome in the Dacian World, Konstanz 2000.

Vismara, C., Pergola, Ph., Istria, D., Martorelli, R., Sardinien und Korsika in römischer Zeit. Aus dem Italienischen und Französischen von A. Rottloff, Darmstadt 2011.

Wenning, R., Das Ende des nabatäischen Königreichs, in: A. Invernizzi, J.-F. Salles, Arabia antiqua. Hellenistic Centres around Arabia. Serie Orientale Roma 70,2, Roma 1993, S. 80–103.

Whittaker, Ch.R., Land and Labour in North Africa. Klio 60, 2, 1978, S. 331–362.

Wilkes, J.J., Dalmatia, London 1969.

Wörrle, M., Pergamon um 133 v. Chr. Chiron 30, 2000, S. 543–576.

## Untersuchungen zu den Amtsträgern einzelner Provinzen

Alföldy, G., Fasti Hispanienses. Senatorische Reichsbeamte und Offiziere in den spanischen Provinzen des römischen Reiches von Augustus bis Diokletian, Wiesbaden 1969.

Dąbrowa, E., The Governors of Roman Syria from Augustus to Septimius Severus. Antiquitas 1,45, Bonn 1998.

Eck, W., Jahres- und Provinzialfasten der senatorischen Statthalter von 69/70 bis 138/39. Chiron 12, 1982, S. 281–362.

Eck, W., Jahres- und Provinzialfasten der senatorischen Statthalter von 69/70 bis 138/39, II. Chiron 13, 1983, S. 147–237.

Eck, W., Die Statthalter der germanischen Provinzen vom 1.–3. Jahrhundert. Epigraphische Studien 14, Köln, Bonn 1985.

Fitz, J., Die Verwaltung Pannoniens in der Römerzeit, 3 Bände, Budapest 1993–1994.

Hirschfeld, O., Die kaiserlichen Verwaltungsbeamten bis auf Diocletian, 2. neubearb. Aufl. Berlin 1905.

Piso, I., Fasti provinciae Daciae I. Die senatorischen Amtsträger. Antiquitas 1,43, Bonn 1993.

Piso, I., Fasti provinciae Daciae II. Die ritterlichen Amtsträger. Antiquitas 1,60, Bonn 2013.

Sherk, R.K., Roman Galatia: The Governors from 25 B.C. to A.D. 114. ANRW 2,7,2, 1980, S. 954–1052.

Thomasson, B.E., Fasti Africani. Senatorische und ritterliche Amtsträger in den römischen Provinzen Nordafrikas von Augustus bis Diokletian. Acta Rom-4°, 53, Stockholm 1996.

## Raum, Grenzen, Verkehrswege

Bartenstein, F., Bis ans Ende der bewohnten Welt. Die römische Grenz- und Expansionspolitik in der augusteischen Zeit. Quellen und Forschungen zur Antiken Welt 59, München 2014.

Castellvi, G., Comps, J.-P., Kotarba, J., Pezin, A. (Hrsgg.), Voies romaines du Rhône á l'Èbre: Via Domitia et Via Augusta, Paris 1997.

Chevallier, R., Les voies romaines, Paris 1997.

Elton, H., Frontiers of the Roman Empire, London 1996.

Frei-Stolba, R. (Hrsg.), Siedlung und Verkehr im römischen Reich. Römerstrassen zwischen Herrschaftssicherung und Landschaftsprägung. Akten des Kolloquiums zu Ehren von Prof. H.E. Herzig vom 28. und 29. Juni 2001 in Bern, Bern u. a. 2004.

Heinz, W., Reisewege der Antike, Darmstadt 2003.

Hekster, O. Kaizer, T. (Hrsgg.), Frontiers in the Roman World. Proceedings of the Ninth Workshop of International Network Impact of Empire (Durham, 16–19 April 2009), Leiden 2011.

Isaac, B., The Meaning of the Terms limes and limitanei. The Journal of Roman Studies 78, 1988, S. 125–147.

Klose, G. (Hrsg.), Grenzen des Römischen Imperiums, Mainz 2006.

Kolb, A., Transport und Nachrichtenverkehr im Römischen Reich. Klio, Beih. N.F. 2, Berlin 2000.

Koschik, H. (Hrsg.), „Alle Wege führen nach Rom ...". Internationales Römerstraßenkolloquium Bonn. Materialien zur Bodendenkmalpflege im Rheinland Heft 16, Pulheim (Brauweiler) 2004.

Radke, G., Viae publicae Romanae. RE Suppl. 13 (1973), S. 1417–1686.

Rathmann, M., Straßen. Der Neue Pauly 12,2 (2003), S. 1130–1159.

Rathmann, M., Untersuchungen zu den Reichsstraßen in den westlichen Provinzen des Imperium Romanum. Beih. Bonner Jahrbücher 55, Mainz 2003.

Rathmann, M., Die Reichsstraßen der Germania Inferior. Bonner Jahrbücher 204, 2004, S. 1–45.

Rathmann, M. (Hrsg.), Wahrnehmung und Erfassung geographischer Räume in der Antike, Mainz 2007.

Schreiber, H., Auf Römerstraßen durch Europa, Erftstadt 2005.

Whittaker, C.R., Frontiers of the Roman Empire. A Social and Economic Study, Baltimore 1994.


## Handel, Wirtschaft, Zölle, Steuern


Alföldy, G., Römische Sozialgeschichte, 4. völlig überarbeitete Aufl. Stuttgart 2011.

Badian, E., Zöllner und Sünder. Unternehmer im Dienst der römischen Republik. Übersetzt von W. Will, St. Cox, Darmstadt 1997.

Drexhage, H.-J., Konen, H., Ruffing, K., Die Wirtschaft des römischen Reiches (1.–3.Jahrhundert). Eine Einführung, Berlin 2002.

Eck, W., Cn. Calpurnius Piso, cos. ord. 7 v. Chr., und die lex portorii provinciae Asiae. Epigraphica Anatolica 15, 1990, S. 139–146.

Engelmann, H., Knibbe, D. (Hrsgg.), Das Zollgesetz der Provinz Asia. Eine neue Inschrift aus Ephesos. Mit einem Beitrag von F. Hueber. Epigraphica Anatolica 14, 1989.

Froehlich, S., Das Zollpersonal an den römischen Alpenstraßen nach Aguntum und Virunum. Klio 96, 1, 2014, 67–92.

Göttlicher, A., Fähren, Frachter, Fischerboote. Antike Kleinschiffe in Wort und Bild. BAR Int. Ser. 1922, Oxford 2009.

Heil, M., Einige Bemerkungen zum Zollgesetz aus Ephesos. Epigraphica Anatolica 17, 1991, S. 9–18.

Kritzinger, P., Schleicher, F., Stickler, T. (Hrsgg.), Studien zum römischen Zollwesen, Duisburg 2015.

Malmendier, U., Societas publicanorum. Staatliche Wirtschaftsaktivitäten in den Händen privater Unternehmer, Köln, Wien 2002.

Ruffing, K., Wirtschaft in der griechisch-römischen Antike, Darmstadt 2012.

Wolters, R., Vectigal, tributum und stipendium – Abgabenformen in Republik und Kaiserzeit, in: H. Klinkott, S. Kubisch, R. Müller-Wollermann, Geschenke und Steuern, Zölle und Tribute. Antike Abgabenformen in Anspruch und Wirklichkeit. Culture and History of the Ancient Near East 29, Leiden, Boston 2007, S. 407–430.


## Akkulturation


Alföldy, G., Romanisation – Grundbegriff oder Fehlbegriff? Überlegungen zum gegenwärtigen Stand der Erforschung von Integrationsprozessen im römischen Weltreich, in: Zs. Visy (Hrsg.), Limes XIX. Proceedings of the XIX[th] International Congress of Roman Frontier Studies held in Pécs, Hungary, September 2003, Pécs 2005, S. 25–56.

Botermann, U., Wie aus Galliern Römer wurden, Stuttgart 2005.

Gruen, E.S., The Hellenistic World and the Coming of Rome, 2 Bände, Berkeley, Los Angeles, London 1984.

Kreikenbom, D., Mahler, K.-U., Schollmeyer, P., Weber, Th.M., Augustus – Der Blick von außen. Die Wahrnehmung des Kaisers in den Provinzen des Reiches und in den Nachbarstaaten. Akten der internationalen Tagung an der Johannes Gutenberg-Universität Mainz vom 12. bis 14. Okt. 2006, Wiesbaden 2008.

Mattingly, D.J., Dialogues in Roman Imperialism. Power, Discourse and Discrepant Experience in the Roman Empire, Ann Arbor 1997.

Schuler, Chr., Ländliche Siedlungen und Gemeinden im hellenistischen und römischen Kleinasien. Vestigia 50, München 1998, S. 219–225.

Thüry, G.E., „Provinzialrömische Kultur" – was ist das? Aspekte des Phänomens in Noricum und Westpannonien, in: F. Lang, St. Traxler, E.M. Ruprechtsberger, W. Wohlmayr (Hrsgg.), Ein kräftiges Halali aus der Römerzeit! Norbert Heger zum 75. Geburtstag. Schriften zur Archäologie und Archäometrie der Paris Lodron-Universität Salzburg 7, Salzburg 1014, S. 273–288.


## Atlanten


Talbert, R.J.A. (Hrsg.), Barrington Atlas of the Greek and Roman World, Princeton, Oxford 2000.

Wittke, A.-M., Olshausen, E., Szydlak, R., Historischer Atlas der antiken Welt. Unter Mitarbeit von V. Sauer und weiteren Fachwissenschaftlern. Der Neue Pauly Suppl. 3, Stuttgart 2007.

# Abbildungsnachweis

S. 25, 41: *Wikimedia Commons*; S. 112: *WBG-Archiv*; S. 126: *akg images*
Karte S. 152/153: Peter Palm, Berlin

Zeitfracht Medien GmbH
Ferdinand-Jühlke-Straße 7
99095 Erfurt, Deutschland
produktsicherheit@kolibri360.de